山东理工大学 2018 年学生工作研究课题《高校辅导员语系养现状及提升路径探究》总结性成果，编号：sdutxg20180102

高校辅导员工作语言的应用艺术策略

刘明卿 著

吉林文史出版社

图书在版编目（CIP）数据

高校辅导员工作语言的应用艺术策略 / 刘明卿著

. — 长春：吉林文史出版社，2024.3

ISBN 978-7-5752-0116-2

Ⅰ.①高… Ⅱ.①刘… Ⅲ.①高等学校 - 辅导员 - 工作 - 研究 Ⅳ.① G645.1

中国国家版本馆 CIP 数据核字 (2024) 第 063247 号

高校辅导员工作语言的应用艺术策略

GAOXIAO FUDAOYUAN GONGZUO YUYAN DE YINGYONG YISHU CELÜE

著　　者：刘明卿
责任编辑：吕　莹
出版发行：吉林文史出版社
电　　话：0431-81629359
地　　址：长春市福祉大路 5788 号
邮　　编：130117
网　　址：www.jlws.com.cn
印　　刷：河北万卷印刷有限公司
开　　本：710mm×1000mm 1/16
印　　张：16
字　　数：220 千字
版　　次：2024 年 3 月第 1 版
印　　次：2024 年 3 月第 1 次印刷
书　　号：ISBN 978-7-5752-0116-2
定　　价：98.00 元

在当今社会，语言已经不仅仅是简单的交流工具，更是一种情感、思想和文化的载体。在高等教育领域，辅导员作为学生与学校之间的桥梁，其语言的应用尤为关键。如何运用语言，使其成为促进学生成长、解决问题、传递信息的有效工具，是每一位辅导员都需要深入思考的问题。本书旨在探讨辅导员在日常工作中如何更加科学、艺术地运用语言，以达到更好的工作效果。笔者希望通过对语言策略的深入研究，为辅导员提供一种新的视角和方法，帮助他们更好地完成自己的工作任务，更好地服务学生。

在现实中，辅导员面临着各种各样的挑战。如何与来自不同背景、有着不同需求的学生有效沟通，如何在处理学生问题时既保持公正又能给予学生关心和支持，如何在日常管理中既维护学校的规章制度又不失人情味，均为辅导员在工作中经常遇到的问题。而语言，作为辅导员与学生之间最直接的交流工具，其重要性不言而喻。在现代社会，随着信息技术的发展，语言的形式和内容都发生了巨大的变化。如何适应这种变化，如何在新的语境中找到适合自己的语言策略，是辅导员需要不断探索和学习的内容。希望本书能为辅导员提供一个新的思考方向，帮助他们在日常工作中更好地运用语言、更好地完成自己的使命。

在高等教育的大背景下，辅导员作为学生与学校之间的纽带，其工作的重要性不言而喻。本书第一章，首先对高校辅导员的工作进行了总论，从辅导员工作的概述到其工作职责与角色定位，为读者对辅导员的认知打下了坚实的基础。第二章，深入探讨了辅导员工作语言的理论，包括其主要类别、基本特征、风格以及特点，帮助辅导员更加明确自己在沟通中应该如何运用语言。第三章则重点关注辅导员工作语言的训练，无论是口语、书面语言还是肢体语言，都有其独特的训练方法和技巧。第四章，笔者对话语亲和力的影响因素进行了分析，并提出了一系列有效的提升策略。进入网络时代，辅导员工作面临着新的挑战和机遇。第五章为读者展示在这一背景下，辅导员工作语言艺术的应用，以及如何应对网络语言带来的影响。在第六章，笔者深入探讨了非语言交际在辅导员工作管理中的实践运用策略，帮助辅导员更加全面地掌握与学生沟通的技巧。第七章，重点研究了高校辅导员与学生之间交谈对策，从谈心工作的开展到有效的谈话交流对策，为辅导员提供实用的建议和指导。

本书期望能为辅导员提供全面、系统的指导及实质性参考，帮助他们更好地完成自己的工作，更好地服务学生。但是由于笔者自身精力与时间有限，在撰写本书的过程中仍有许多不足之处，敬请广大读者批评指正！

目录

第一章 高校辅导员工作总论

第一节 辅导员工作的概述

一、辅导员的基本内涵

在现代的高校辅导员工作中，辅导员需要具备较高的政治素养和严格的工作作风，要求他们德才兼备，并具有一定的相关专业知识和学习经验。高校辅导员的职责类似其他学龄阶段的班主任，他们通过相关的工作制度来对一个或多个班级的学生进行道德品质的培育和道德思维的养成。辅导员扮演了大学生价值观、道德观和世界观塑造的引导者的角色，除了在日常教学与生活中提供学术指导，还帮助学生树立正确的价值观，培养他们的道德思维能力。这直接影响了大学生的全面发展，因为大学不仅是知识传授的场所，还是品格和社会责任感培养的摇篮。辅导员的工作需要高度的责任感和耐心，不仅要关注学生的学术进步，还要关心他们的心理健康。[①]大学生面临的学业压力和生活挑战是很大的，

[①] 陈虹，赵鹏. 高校辅导员工作理论与实务知识 [M]. 天津：天津社会科学院出版社，2021：3.

辅导员的支持和关怀可以帮助学生更好地应对诸多挑战。

　　高校选取合适的辅导员应有一系列相应的要求和标准，旨在确保辅导员能够有效地履行其工作职责，除了提供最基本的学术指导外，还要培养学生的道德和政治观念。辅导员需要具备较高的政治素养，他们需要深刻理解当代社会主义核心价值观，并能将当代社会主义核心价值观融入日常教育工作。辅导员应该成为核心价值观的践行者，通过自身的言行影响学生，引导他们树立正确的价值观和世界观。辅导员需要具备一定的业务能力和教育水平，只有具备相关的专业知识和教育经验，才能够有效地辅导学生，帮助他们解决学业和生活中的问题。辅导员还需要自律，对自己有更高的要求，以树立榜样，激励学生追求卓越。从整体角度上来看，辅导员的职责主要分为以下几个方面。

（一）指导学生树立正确观念

　　高校辅导员制度的一个主要任务是帮助高校学生树立正确的世界观、人生观、价值观。这一任务的实现对于培养有道德觉悟和社会责任感的公民具有至关重要的意义。在中国，该任务还特别强调了在中国共产党领导下走中国特色社会主义道路以及实现中华民族伟大复兴的共同理想和坚定信念。辅导员的工作是不仅要在学术上指导学生，更要在思想上积极引导他们追求更高的目标，使学生中的先进分子树立共产主义的远大理想，并确立马克思主义的坚定信念，有助于学生的个人成长，还有助于社会的进步和发展。辅导员还肩负着培育"四有"青年的责任，鼓励学生在党和国家的领导下追求更高的人生目标和树立正确的人生理想，从而确保学生毕业后更好地适应时代和社会的要求，为社会的建设和发展做出积极贡献。[①]要实现这一理想化的结果，学生需要树立

---

① 陈虹，赵鹏．高校辅导员工作理论与实务知识 [M]．天津：天津社会科学院出版社，2021：13．

正确的三观，通过相关的学习来培养正确正当的价值取向。辅导员在此过程中发挥着关键作用，他们通过个人示范和教育指导，引导学生坚定地走中国特色社会主义道路，坚决拥护党和国家，服从党的安排，听从党的指挥，坚定党的全面领导，坚持和发展中国特色社会主义道路。

（二）经常性地开展谈心活动，引导学生树立良好的道德品质

高校辅导员的职责之一是帮助高校学生养成良好的道德品质，为实现该目标，辅导员应经常性地开展谈心活动，建立师生之间的信任和沟通。辅导员通过谈心活动，引导学生形成良好的心理品质，如自尊、自爱、自律和自强的优良品格，提高学生的自我认知和情感管理能力，增强他们克服困难、经受考验、承受挫折的能力。辅导员还需有针对性地帮助学生处理学习成才、择业交友、健康生活等方面的具体问题，结合面对面的谈话和开展各种活动，引导学生提高自身的道德素养。谈心活动和指导不仅有益于个人成长，还有助于培养学生的爱国主义精神，促使学生逐渐明白，只有具备良好的道德品质和社会责任感，才能为国家和社会的平稳发展做出贡献。辅导员的工作有助于提高学生的思想认识和精神境界，提升他们的社会生存能力。辅导员对学生的职业道德加以培养，在为社会提供具备道德修养的人才方面起到了关键作用。具备良好道德品质的毕业生在职场中更容易受到尊重和信任，从而提高了他们的职业发展前景。

（三）及时处理突发事件，维护校园安全与稳定

高校辅导员不仅需要了解学生的思想动态，还要关注学生关心的热点问题和焦点问题，从而及时进行教育和引导，化解潜在的矛盾冲突，参与处理可能发生的突发事件，从而维护校园的安全和稳定。辅导员通过日常的工作，帮助学生对政治、经济和文化等领域有一定的了解。他们将热点新闻引入课堂，引导学生正确看待事物，认识世界，有助于学

生更好地理解复杂的社会现实，培养学生的社会责任感和全面素养。如此一来，辅导员帮助学生加强知识储备和形成正向的价值观念，有助于预防校园内出现不安全因素。因此，高校辅导员除了关注学生的学业，还应关注学生的思想政治状况和社会适应能力。做好辅导员工作有助于提高学生的社会意识和综合素养，培养出具备正确价值观和全面素质的新一代公民，同时有助于校园内的和谐与安全。

（四）引导学生勤工俭学，减轻学生经济压力

高校辅导员在工作中还要着力落实对经济困难学生的资助工作，组织高校学生的勤工助学计划，积极支持经济困难的学生完成他们的学业。辅导员需要及时了解并发现那些在经济上存在困难的学生，经济困难可能会对学生的学业产生不利影响，而辅导员的介入可以为他们提供必要的指导意见和帮助。通过引导学生积极参与勤工俭学，辅导员可以助力学生克服学业中的经济压力，顺利完成学业。高校辅导员在学生全面发展方面的责任，不仅包括思想政治教育，还包括关心学生的生活和经济情况。辅导员通过积极的资助和勤工助学计划，为存在经济困难的学生提供帮助和支持，可以缓解学生的经济压力，让他们能够更专注于学业。

（五）开展就业指导与服务工作

高校辅导员在工作中积极开展就业指导与服务工作，旨在为学生提供高效优质的就业指导和信息服务，促使学生顺利融入职场，帮助他们树立正确的就业观念。辅导员的任务之一是帮助学生树立正确的就业观念和就业意识，组织相关的就业指导工作，引导学生认识到自身发展的缺陷和不足，以及未来发展的方向，帮助学生更全面地了解自己的职业兴趣和能力，从而更好地规划未来的职业道路。同时，辅导员还通过提供信息服务，帮助学生获取有关就业市场的最新信息，为他们提供职业

建议，鼓励他们积极寻找实习和工作机会，有助于他们增强工作热情和职业道德。

（六）指导学生党支部与班委会建设，培养学生骨干

高校辅导员在教育工作中应指导学生党支部与班委会建设，同时积极培养学生骨干，以激发学生参与各类活动的积极性和主动性。辅导员的工作涉及组织学生党支部与班委会的建设，通过培养学生党员和班级干部，为校园的组织和管理提供坚实的基础，进而促进学生参与和领导各种社会活动，培养学生的领导能力和组织协调能力。辅导员借助学生会和班级干部，也可以积极了解普通学生的需求和问题。多方面的了解有助于制订更有针对性的教育计划和活动，以提高教学的有效性。辅导员的介入有助于学校教学的顺利实施，确保学生得到全面的教育和发展。

二、高校辅导员的产生

辅导员制度的产生和发展经历了一段漫长的历程。1953 年，清华大学和北京大学首先向国家提出试点请求，特别是清华大学的校长蒋南翔在此方面发挥了积极作用。随后，许多其他高校也开始建立起了类似的辅导员制度，此种初期的尝试旨在更好地满足高校学生的思想政治教育和管理需求，以培养更具社会责任感和良好道德品质的新一代公民。然而，辅导员制度的正式全面实施直到 1961 年才提上日程，国家提出了在各高校设立专职辅导员的计划。这一决策标志着辅导员制度得到了官方认可和全面推广，成为高等教育体系中不可或缺的一部分。专职辅导员的设立有助于更好地管理和引导学生，帮助他们树立正确的思想观念和价值观念，从而更好地融入社会和为国家的发展做贡献。

三、以"课程化"为标志的新时代高校辅导员工作

自 21 世纪以来，中国国内和国际环境都经历了深刻的变革，对大学生的思想观念和价值取向产生了重大影响。该时期也产生许多新问题，使高校思想政治教育面临更艰巨的挑战。在此背景下，高校辅导员工作逐渐走向课程化，这是一个新兴领域，东西方都没有丰富的经验可供借鉴。因此，高校辅导员工作的课程化成为辅导员工作发展的新趋势和新产物。高校辅导员工作的课程化意味着将思想政治教育纳入更系统化、有计划性的课程体系中，以更好地引导学生形成正确的思想观念和价值观念，这主要是应对当今社会复杂变化的一种措施，旨在提高教育的针对性和实效性。因此，高校辅导员工作的课程化是在新时代背景下为适应社会发展和应对新挑战而采取的重要举措。

（一）课程化的概念界定

"课程"一词的起源可以追溯到唐朝，在《诗经·小雅·巧言》的注释中，唐朝的学者首次使用了"课程"一词，用以解释"奕奕寝庙，君子作之"这句话。在英语中，"课程"（curriculum）一词源自拉丁语，通常被理解为"学习的进程"或"学习的路线"，即"学程"。无论是不同历史时期还是同一历史时期，人们对于课程观的理解都存在差异，甚至对立。因此，直到今天，"课程"一词仍没有在学术界获得一个明确定义。课程的定义因文化和教育体系的不同而有所变化，但它始终是教育领域中的重要概念，用以指导学习和教育的进程。

（二）高校辅导员工作课程化教学模式的教学实例

1.贯彻课程化教学原则

（1）以人为本的原则。在高校辅导员工作的课程化模式中，大学生和辅导员是双方的主体，而全面发展是关键目标。全面发展意味着满足

双方各个方面的需求，提升素质，挖掘潜力，实现双赢。课程化模式的核心是为了大学生和辅导员的全面发展创造有利条件和良好环境，包括建立完善的结构和机制，确保他们在多方面、多层次的需求得到满足，同时能够提高他们的素质和能力。因此，课程化教学的发展应该始终以大学生和辅导员的全面发展为出发点和归宿，将其置于工作的核心位置。

（2）导向性原则。导向性原则强调了评价的客观性和激励效应，有助于激发辅导员的积极性，提高工作质量。评价是课程化模式的重要环节，而客观的评价是确保评价公平、准确和激励的基础。导向性原则要求建立科学、适用和规范的评价指标体系与标准，以确保评价过程是科学的、可操作的，并符合规范，从而更好地指导辅导员的工作，让其明确工作方向，提高工作效率。导向性原则还强调了多层次、多渠道、全方位的评价活动。这意味着评价应该综合考虑来自不同方面的信息，避免主观臆断，确保评价结果客观准确。只有在这种客观、公平、合理的评价环境下，辅导员才能被有效地激励，提高教学积极性，为大学生和自身的全面发展做出更大的贡献。

（3）可比性原则。可比性原则强调了评价指标的科学性和可比性，有助于确保评价的公平性和准确性。可比性原则要求根据辅导员工作的基本特点和具体工作要求来制定课程评价指标，所以评价指标应该具有一定的普适性，可以适用于不同辅导员的工作。这样，无论是在时间上还是在空间上，不同辅导员的工作都可以进行比较，确保评价的可比性。可比性原则也要求在工作质量方面体现可比性，评价不应仅限于定性指标，还应该包括定量指标，以打破以往工作评价过于主观的局面。通过将定性指标进行定量化研究，可以尽量减少评价主体的主观性，避免出现评价偏见，如首因效应、近因效应和晕轮效应等。

2.把握课程化教学的特点

（1）发展性。高校辅导员工作课程化教学的特点之一是其发展性，要求辅导员工作的课程化模式需要遵循先进认识论的基本原理，即实践—认识—再实践—再认识的循环过程。实践是课程化模式发展的起点，辅导员通过实践可以积累经验，发现问题，尝试解决方法，从而逐渐形成更科学、更有效的工作方式。认识是实践的反思和总结，辅导员需要对实践中的经验进行深入思考，分析成功与失败的原因，形成理论认识，为工作提供理论支持。再实践是在认识的基础上进行的新一轮实践活动，通过运用新的理论认识，辅导员可以改进工作方式，提高工作质量。再认识是对新一轮实践的反思和总结，同时为下一轮实践提供新的理论指导。

（2）科学性。科学性要求详细制定与规划辅导员的日常工作内容，并采用科学的教学标准来监督和评价工作效果。通过课程的形式可以将辅导员的工作内容系统化地呈现出来，包括工作目标、内容、方法、评价等方面，有助于辅导员清晰地了解自己的工作任务，提高工作的针对性和计划性。采用确切的教学标准来监督和要求辅导员的工作，可以确保工作的质量和效果。标准化的评价体系有助于客观地评判辅导员的工作，避免主观因素的干扰，促进工作的科学性和规范性。高校辅导员的工作与教学过程有相似之处，都涉及知识传授、引导学生、评价学生等教育活动。将辅导员的工作视为一种教学活动，可以更好地理解辅导员的教育使命，使其履行教师角色更加切实可行。

（3）普适性。高校辅导员工作课程化模式具有普适性，主要是因为它是对高校辅导员工作方式和途径的创新，适用于不同层次和类型的学校，包括高职高专学校和本科院校的辅导员。该模式为各类学校提供了一个通用的框架，可根据实际情况进行定制和整合。不同学校可能有不同的教育理念、学科设置和学生特点，但辅导员工作的核心目标是相似的，即引导学生全面成长。因此，高校辅导员工作课程化模式的普适性提供了一个通用的教学框架，包括工作目标、内容、方法和评价标准，可以在不同学校之间进行共享和借鉴。各个学校可以根据自己的实际情况进行适当的调整和定制，以满足特定学校的需求。即使在模式的基础上进行一些修改，也可以取得事半功倍的效果。从国内一些推行辅导员工作课程化模式的学校的应用效果来看，该模式在不同类型的高校中都取得了一定的成功，表明其在不同背景下具备较强的普适性。

3.明确课程化教学的意义

教育部于 2017 年修订了《普通高等学校辅导员队伍建设规定》，明确规定了辅导员具有教师和管理人员双重身份。然而，实际情况却显示，在国内各大高校中，辅导员的角色定位存在着不清晰和不准确的问题。在很多高校中，辅导员往往扮演着多重角色，但这些角色往往相互冲突，导致他们难以明确自己的定位。他们在学校中被称为"边缘人"，既要完成学校各级党政管理部门布置的工作，又要处理本院系的各项事务，承担着学生的各种需求。因此，辅导员往往变成了学生的"保姆"、校职能部门的"勤务兵"、院系的"办事员"，丧失了作为教育工作者的专业性。另外，辅导员无法像专业任课教师一样为自己的工作找到合适的价值归宿。他们被迫将大部分精力用在管理工作上，而无法为教书育人这一重要任务提供足够的时间和精力，导致辅导员队伍在教育事业中的地位和待遇相对较低。规划和开展辅导员工作课程化教学可以为解决有关问题提供可行的途径，通过将辅导员的日常工作内容整合到课程中，并采用教分和评价标准来监督和考核他们的工作，可以更好地强化辅导员的教师和管理人员双重身份，有助于改善辅导员的职业地位，并提高他们的工作质量。

21 世纪的教育领域正在不断发展，并且课程改革逐渐深入。传统的课程观念，即课程等同于学科，已经被新的课程理念突破。现今的课程理念认为，课程包括知识、经验，以及学校组织的有计划的教育和教学活动。随着我国各大高校积极进行课程改革，以学生发展为主导的教育教学趋势愈加明显，综合性、社会化、生活化的特点也日益凸显。为了与课程改革和发展的趋势相适应，高校辅导员工作课程化改革进一步强调了对新课程观的认识。辅导员将自己日常需要处理的具体工作，根据新的课程理念进行整合，形成了领域广泛、跨学科、多层次的模块课程，且此类课程稳定、容易实施和推广，利于促进辅导员工作的质量和效率的提高。高校辅导员工作课程化改革的实施，不仅符合当今教育的发展趋势，还有助于更好地满足学生的需求和提升辅导员的专业水平。

高校辅导员的职业化和专业化是当前教育领域中的重要课题，辅导员的职责不仅局限于管理和服务学生，还包括指导学生的成长和发展，提供心理咨询和学业辅导等多方面工作。因此，辅导员需要具备高度的专业知识和技能，更需要在职业化方面取得社会地位和尊重。在辅导员职业化方面，需要将辅导员的工作变为一个可以长期从事的稳定职业，使辅导员能够通过工作获得成就感和事业感。辅导员工作课程化的实施提供了实现这一目标的途径，将辅导员的工作内容和职责转化为具体的课程，可以为辅导员提供明确的工作任务和标准，使其更好地发挥专业优势，提高自身职业发展的机会。辅导员工作课程化也有助于构建辅导员的专业知识体系和课程体系，辅导员需要掌握各种教育、心理学、社会工作等领域的知识，以更好地满足学生的需求。通过课程化改革，可以将这些知识系统地整合到课程中，为辅导员提供系统化的培训和教育，有助于提升其专业水平。另外，辅导员工作课程化能够有效推动辅导员的社会声望和经济地位的提高，一旦辅导员的工作得到课程化支持，将更容易被量化和衡量，从而更容易获得社会的认可和尊重。

第二节 高校辅导员工作职责与角色定位

一、高校辅导员的工作职责

（一）文件规定的工作职责

我国的高校辅导员角色正在不断演进，从过去的单一思想政治教育蜕变成了多角色综合型的高校教师。尽管高校辅导员的地位和待遇有所提升，但他们仍然承担着繁重的工作任务，对辅导员队伍的工作积极性造成了严重的影响。因此，如何明确定义辅导员的工作任务、建立完善的考核制度、提高辅导员的整体素质成为各大高校亟须探讨的课题。为贯彻中共中央、国务院《关于进一步加强和改进大学生思想政治教育的意见》，教育部于 2017 年修订了《普通高等学校辅导员队伍建设规定》（以下简称《规定》）。该《规定》明确了高校辅导员的九项工作职责，为辅导员队伍的建设提供了指导和规范。以下为其中七项职责。

1. 思想理论教育与价值引领

高校辅导员的使命是引导学生深刻领会中国特色社会主义和中国梦的内涵，并传达社会主义核心价值观，旨在帮助学生坚定对中国特色社会主义道路、理论、制度和文化的信心，树立正确的世界观、人生观和价值观。辅导员应该深入了解学生的思想行为特点和思想政治状况，因为不同的学生有不同的需求和问题。通过有针对性的指导和咨询服务，辅导员可以帮助学生处理好思想认识、价值取向、学习生活、职业规划、人际关系等多个方面的具体问题。

2. 党团与班级建设

高校辅导员在学生骨干遴选、培养，学生入党积极分子培养，学生党员发展与教育管理服务，以及学生党支部和班团组织建设等方面扮演着重要角色。有关工作可以积极激发学生的潜力，培养出杰出的学生骨干和党员，推动学校组织建设与管理的提升，为学生提供更多的发展机会和服务，促进校园的全面发展和学生的成长。

3. 学风建设

辅导员的工作在学风建设中占有重要地位，辅导员深入了解学生专业情况，激发学生学习兴趣，引导他们养成良好的学习习惯及掌握正确的学习方法，帮助学生开展科技学术实践活动，创造积极的学习氛围。以上举措有助于提高学生学术素养，培养终身学习的意识，促进学风优良，并推动学校的学术和科研水平的提升。

4. 学生日常事务管理

辅导员负责入学和毕业教育，组织军事训练，管理奖学金和助学金评选，指导学生办理助学贷款，组织勤工俭学活动，提供困难学生帮扶以及生活指导。结合日常事务管理工作，辅导员帮助学生成功渡过学术和生活上的难关，促进学生之间和谐互助。

5. 校园危机事件应对

辅导员应适当组织安全教育，参与危机事件工作预案的制定和执行，进行初步处理，稳定局势，及时上报信息，参与后期应对和总结研究。有关工作有助于确保校园安全，保护学生和教职员工的生命财产安全，同时提高学校危机事件的管理和应对水平。

6. 职业生涯规划与就业创业指导

辅导员应为学生提供科学的职业生涯规划与就业指导，帮助学生树立正确的就业观念。辅导员还应引导学生考虑到国家的需求，选择到基层、西部或祖国急需的地方发展，为社会和国家的发展做出积极贡献，这也有助于学生更好地规划自己的未来，实现就业和创业的目标。[1]

---

[1] 李俊鹏. 当代高校辅导员工作与专业化发展研究 [M]. 北京：中国原子能出版社，2022：24.

7.理论和实践研究

辅导员需要不断学习理论知识，参与相关学科的学术交流，并积极参与校内外的教育与管理课题研究和项目工作，提升自身在教育以及语言工作领域的专业知识和研究能力，从而更好地指导学生，推动高校教育工作不断发展和创新。

（二）工作职责范畴的解读

1.对学生进行思想政治教育

高校辅导员的主要任务之一是进行思想政治教育，这是一项极为重要的使命。辅导员的角色虽然可能发生了一些变化，但其核心使命始终是以严格贯彻我国教育方针为基础，主要以思想政治教育为导向，推动学生的全面德育成长。大学生在实际生活和学习中，往往面临着各种思想和道德方面的挑战，思想政治教育的重要性因此凸显出来。高校设立辅导员一职，旨在通过他们的指导，帮助学生树立正确的世界观、人生观、价值观，促使学生更加健康地成长和发展。辅导员与学生之间的联系频繁，他们能够在第一时间获得学生的信息，通过亲密互动了解学生的思想状况，深入了解学生的需求，与他们共同探讨生活和情感问题，并协助他们理智解决所面临的困难，从而有助于维护校园的和谐与稳定。辅导员的工作需要坚守正确的理论路线，以科学合理的方式引导和指导青年学生。他们需要不断提升自己的专业知识和教育技能，以更好地履行自己的职责。思想政治教育作为高校工作的核心，需要高校辅导员积极投入其中，确保学生获得全面的教育，培养他们成为有社会责任感和道德素质的公民。

2.积极辅导学生心理

近年来，我国面临西方文化和外来文化的影响，特别是互联网的普及，对青年学生的价值观念产生了深远的影响。学生的精神支柱变得脆弱，心灵也更加空虚，导致许多不健康的心理问题层出不穷。因此，大学生心理健康教育成为各大高等院校亟须重视的工作之一。基于此，高等院校辅导员的角色也面临着新的挑战，传统的思想政治教育方式已经无法满足学生全面发展的需求。辅导员需要更多地关注学生的心理健康，提供综合性的管理和支持。他们不仅要履行好学生思想政治教育的职责，还要引导学生的思想，确保他们心理健康。综合性发展的方式要求辅导员更加关注学生的情感和心理状态，引导他们形成积极向上的心态，同时提供有效的心理健康教育和咨询服务，帮助学生树立正确的人生观和价值观，增强抵御外部负面影响的能力，从而更好地适应大学生活的挑战。

3. 管理好大学生的日常工作

高等院校辅导员的工作涵盖了广泛的学生管理任务，包括评先评优、学习管理、档案管理、党团活动等方面。辅导员在学校管理中担当着独一无二的角色，与学生保持密切的联系和沟通，起到了学校与学生之间的重要桥梁作用。辅导员的工作重点之一是评先评优，即对学生的学业表现进行评估和奖励，因此需要积极了解学生的学术成绩和学术进展，为优秀的学生提供奖励和激励，鼓励他们在学业上不断进步。同时，要关注学业不如意的学生，并提供必要的帮助和支持，帮助他们克服困难，提高学术水平。辅导员还承担着学生的学习管理工作，需要关注学生的学习计划和进度，确保学生按时完成学业要求，协助学生解决学习中遇到的问题，为他们提供学术指导和辅导。辅导员同时负责学生档案管理工作，要维护学生的个人信息和学术记录。他们需要确保学生的档案资料完整、准确，并协助学生处理相关事务，如证书申领、转专业等。辅导员在学校的党团活动中同样发挥着重要作用，应帮助学生组织和参与各类活动，培养他们的综合素质和领导能力。

4. 积极引导大学生就业

在大学学习期间，学生所积累的知识和经验将为他们未来的职业生涯奠定基础，因此，辅导员需要在这个关键时刻发挥作用，帮助学生做出明智的职业决策。辅导员可以通过分析学生所学专业的就业形势来提供建议，充分了解各行各业的就业趋势，包括哪些领域有更多的职位机会，哪些领域需要怎样的人才，以及未来的发展潜力，从而帮助学生更好地选择适合自己兴趣和能力的职业方向。辅导员可以帮助学生制订个人职业规划，与学生一起讨论学生的职业目标和愿望，帮助他们明确自己的职业发展方向。然后，辅导员可以协助学生制订实际的职业发展计划，包括提高自己的技能和知识，积累相关工作经验，寻找实习和工作机会等。辅导员还可以为学生提供就业指导和职业准备方面的帮助，包括编写简历、准备面试、提供面试技巧和建议，以及了解职场礼仪等，使学生可以更加自信地面对就业过程中的各种挑战。辅导员还可以引导学生抓住良好的就业机会，适当提供信息和资源，帮助学生了解不同的职业领域，发现适合自己的职位，并协助他们申请工作或实习机会。这样一来，辅导员可以帮助学生实现顺利就业，为他们的未来职业生涯打下坚实的基础。

二、辅导员的角色定位

（一）政治思想领航者

思想政治教育是辅导员的传统职责，但在新的历史时期，辅导员需要更加深入地发挥政治思想领航者的角色，将思想政治教育融入日常工作中，引导大学生正确认识和理解马克思主义，以及当代中国的发展和面临的挑战。辅导员需要成为政治思想的引领者，成为大学生的榜样，引导他们树立坚定正确的政治方向。只有拥有清晰的政治方向，辅导员才能更好地引导学生。辅导员需要加强理论学习，提高理论素养。思想政治工作是一项高度理论性的工作，因此辅导员必须具备一定的马克思主义理论基础，对中国特色社会主义理论体系有深入的理解，这有助于更好地用理论指导实践，并向学生传授正确的政治观念。辅导员应注重工作研究和不断创新，不能陷入日常琐碎事务的泥沼中，而是应当把握思想政治教育规律和学生成长规律。辅导员通过工作研究，能更好地适应不同学生的需求，有效地引导他们。辅导员需要注重工作方法，以提高工作的实效性。思想政治工作远非简单的灌输，而是应当自然地融入学生成长的各个方面。辅导员应该采用灵活而有效的方式，增强亲和力、感染力和可信度。通过与学生建立积极互动，辅导员能够更好地向学生传递思想政治教育的价值观。

（二）学习成才指导者

大学生的主要任务是学习，而辅导员需要在学生的不同学年阶段发挥不同的指导作用，帮助他们实现学业和成才的目标。对于一年级的学生，辅导员的角色是培养学习兴趣和积极学习态度的引导者，可以通过与新生的沟通和互动，帮助他们明确大学期间的目标，引导他们建立正确的学习期望和目标。一年级的学生通常需要适应新的学术环境和学习方式，辅导员可以提供学习策略和资源，帮助他们顺利过渡到大学生活。对于二年级的学生，辅导员的角色是指导他们坚定专业信念，努力掌握扎实的专业基础和培养缜密的学科思维。该阶段的学生应当逐渐明确自己的专业兴趣和方向，辅导员可以提供专业方向的建议和资源，帮助学生更好地理解和深入学习自己的专业领域。对于三年级的学生，辅导员的角色任务是指导他们积极参加活动，特别是本专业范畴下的科研锻炼和社会实践。该阶段学生应当开始积累实际经验，为将来的职业生涯做好准备。辅导员可以提供有关科研项目和实践机会的信息，鼓励学生积极参与，并帮助他们规划实践活动。对于四年级的学生，辅导员的角色是指导他们理论联系实际，通过专业实习和就业培训完成知识向实践的转化。该阶段学生即将步入社会，需要面对就业和职业规划的挑战。辅导员可以提供就业指导、实习机会和职业规划支持，帮助学生顺利过渡到职场。此外，辅导员需要关心学生的学习生活，成为他们的人生导师和知心朋友，包括帮助学生制订学习规划、职业规划，督促指导他们完成学业，解决学习和生活上的问题。辅导员还应积极参与学生的第二课堂活动，进一步有效推动学生的全面发展和素质提升。

（三）人生发展引导者

在大学里，辅导员是学生接触最多的老师之一，其扮演着多重角色，其中之一是学生人生发展的引导者，要求辅导员具备高尚的品德修养和良好的行为作风，以榜样的形象影响学生的成长和发展。辅导员在学生的大学生活中作为引导者角色，通过言传身教，塑造学生的品德和价值观，帮助他们树立正确的世界观、人生观和价值观。辅导员还需要在学生的职业规划和就业方面发挥积极作用，应该为学生提供科学、系统和有针对性的职业规划指导，帮助学生评估自己的优势和兴趣，及时获取就业信息，拓宽就业渠道。通过与学生的密切接触，辅导员可以更好地了解他们的职业需求，为他们提供个性化的职业规划建议。辅导员还需要关注学生的生活情况，奖励和帮助表现出色和困难的学生。为了做到公平和公正，辅导员需要更多地了解学生的真实情况，与他们建立信任和认同的关系。结合心理辅导和个性化指导，辅导员可以帮助学生应对生活和职业中的挑战，建立健全的诚信成长档案，提供有效的职业规划服务。

（四）事务工作管理者

负责管理各种事务性工作是辅导员工作的多重职责之一，在学风建设、班级管理、评奖评优、勤工俭学、党员培养等方面，辅导员都发挥着重要作用。他们的努力和关心贯穿校园生活的方方面面，为学生提供了良好的学习和发展环境。然而，辅导员在处理事务性工作时，不应只停留在简单的管理和繁忙中，还应该以科学的思维方式，思考如何使学生事务性工作更加科学化和规范化，以确保高效的管理。辅导员可以通过深入了解学生的需求、借鉴最佳实践以及应用科学的学生发展理论，来提高事务性工作的质量。他们可以制定更有效的流程和政策，确保事务性工作能够更好地服务于学生的成长和发展。辅导员不断提升管理工作的科学性，可以更好地履行自己的职责，为学生的全面发展和成功做出更大的贡献。因此，辅导员不仅是教育者和引导者，还是高校管理队伍中不可或缺的一部分。

尽管大学生具备完全行为能力，但他们的安全和健康问题仍然是学校和社会广泛关注的焦点，辅导员有责任引导学生学会保护自身的安全和健康。辅导员应该具备咨询和辅导学生心理健康的能力，能够及时发现学生心理问题，并提供支持和指导。辅导员不仅要在日常工作中与学生建立信任关系，还应该与心理健康专业人员合作，提高对学生心理危机干预的能力，确保学生的心理健康得到关注和照顾。辅导员需要加强对学生的安全教育，应该通过多种渠道引导学生树立安全意识和自我保护意识，教育他们如何在校园和社会中避免危险。辅导员可以组织安全教育讲座、开展安全演练等活动，提高学生的安全意识，让他们明白保护自己是每个人的责任。对于涉及违法违规违纪的学生，辅导员不能护短遮丑，而应该依法依规处理。辅导员要遵守学校的管理规定，确保学生的行为在法律和规章制度的框架内。辅导员需提高风险防控意识，关注可能面临危险的学生，及时采取预防措施，制定安全预案，并与学校的保卫部门协调合作，确保大型活动的安全进行，主要包括对校园内外的风险因素进行评估，以减少学生在校园生活中可能遇到的安全问题。

三、辅导员的素质要求

辅导员必须具备一系列职业素质和能力，以有效地开展工作，促进大学生的全面成长和发展，辅导员的职责和功能包括思想政治教育、德育工作、学生日常事务管理、相关学生服务的提供等多个方面。

（一）辅导员的职业能力要求

1.思想政治教育能力的要求

辅导员应该深入了解学生的家庭情况、个人特长等基本信息，从而更好地把握学生的思想特点和动态，个性化地为学生提供思想政治教育，根据他们的需求和背景，帮助他们树立正确的世界观、人生观和价值观，培养对中国特色社会主义和中国梦的认同感。辅导员需要具备收集信息的能力，可以通过日常观察、谈心谈话、问卷调查等方式，收集学生的基本信息和思想动态，及时了解学生的需求和困惑，有针对性地进行教育和引导，解答学生的疑问。辅导员应该熟练掌握主题教育、个别谈心、党团活动、社会实践活动等思想政治教育的基本方法，根据不同情况和学生需求，选择合适的教育方法，确保思想政治教育的有效性。辅导员需要广泛深入地开展谈心活动，通过与学生的亲近互动，引导他们养成良好的心理品质，包括自尊、自爱、自律、自强等优良品格。

2.党团和班级建设能力要求

辅导员需要做好学生骨干的遴选、培养和激励工作，对学生骨干进行全面考核，考察他们的思想政治素质、道德品质、工作能力和发展潜力等方面的基本素质。辅导员应该激发学生骨干的积极性，使他们能够主动参与班团事务，为党组织和学校的建设贡献力量。辅导员需要做好学生入党积极分子的培养和教育工作，教育引导学生坚定理想信念，增强党性修养，确立入党的坚定动机；组织学生学习党的理论知识，培养他们的党性意识，为入党提供坚实的理论基础。辅导员应该指导学生党员的发展和管理服务工作，熟悉党员发展的环节和程序，能够综合考察学生的先进性和纯洁性，确保入党工作的公平和公正。辅导员还需要利用各种教育载体，激发党员的学习积极性和主动性，帮助他们不断提高政治觉悟和党性修养。辅导员需要指导学生党支部和班团组织的建设，选好、配强党支部和班团组织负责人，积极推动组织生活等工作创新。

他们还应该发挥学生党员的先锋模范作用和党支部的战斗堡垒作用，引领学生积极投身到党组织和班团组织的工作中，为校园党建工作的蓬勃发展贡献力量。

3.学业指导能力要求

辅导员要掌握学生所学专业的培养计划、专业前景等信息，以便为学生提供有针对性的指导和建议；培养学生的学习兴趣，指导他们养成良好的学习习惯，规范学习方式和行为，以确保学生能够在所学专业中取得更好的成绩。同时，辅导员还应该组织开展学风建设，营造浓厚的学习氛围，帮助学生更好地融入专业学习和发展中。

4.日常事务管理能力要求

辅导员要积极开展新生入学教育，通过主题班会、参观实践、讲座报告等形式，帮助新生熟悉大学生活，适应新的环境；还要关注毕业生，提供离校教育、管理和服务，确保他们顺利毕业并为踏入社会做好准备。辅导员负责组织学生军训工作，根据宣讲和谈心等方式，鼓励学生积极参与军训，锻炼身体和意志。辅导员在奖励评优和奖学金评审工作中应保证公平公正的原则，确保兼顾每一位学生的需求；同时，为学生提供基本咨询和生活指导，解答日常问题，帮助学生维护自身权益。辅导员还要指导学生开展宿舍文化建设，促进学生之间的和谐相处，解决宿舍内的矛盾。

（二）辅导员的职业素质

1.政治素质

辅导员的政治素质是其工作的重要基础，包括政治理论水平、思想觉悟程度和道德水平，三个方面相辅相成，共同影响着辅导员在学生工作中的表现和作用。由于辅导员的工作对象是大学生，而大学阶段正是他们的世界观、人生观和价值观逐步成熟和完善的时期，大学生在这一阶段面临各种思想和价值观的冲击，容易受到外部思潮的影响。因此，辅导员需要不断学习社会主义基本理论知识，深入了解党的各项路线纲领和方针政策，以便能够在教育和指导学生时提供正确的理论引导和坚定的理想信念。虽然政治理论水平的高低是重要的，但它不能完全决定辅导员工作的成败。辅导员还需要将理论知识与实际工作相结合，运用系统、科学、扎实的马克思主义知识来引导学生解决思想和政治方面的问题，辅导员需要具备较高的思考和领悟能力，将理论知识转化为实际行动的指南。辅导员要积极思考、认真领悟，使理论真正成为推动实践的动力，从而提高政治素质。身为高校辅导员应注重自身的修养，培养高尚的品德风范和工作作风，以身作则，成为学生的良好榜样。辅导员在言行中所体现出来的思想境界和道德水平对学生工作而言是一种直接而有力的教育。

2.思想素质

辅导员的思想素质包括三个主要方面：树立科学的世界观、人生观和价值观；拥有高度的责任感、事业心和奉献精神；保持优良的思想作风和工作作风。辅导员树立科学的世界观、人生观和价值观意味着应该具备对事物客观、科学的认知，不受个人主观情感的左右，能够根据马克思主义的基本原理，正确看待世界，塑造正确的人生观和价值观，进而引导学生建立正确的思想基础，培养积极向上的人生观。辅导员需要拥有高度的责任感、事业心和奉献精神，热爱学生，愿意为学生的成长和发展付出辛勤努力，包括不怕吃苦、勤奋工作、无私奉献、勇于探索、不断创新的品质。只有这样，辅导员才能真正关心学生，积极投入工作，发挥自己的专业优势，帮助学生解决问题，实现全面发展。辅导员需要保持优良的思想作风和工作作风，包括实事求是、讲究民主、严于律己、宽以待人、谦虚谨慎、精益求精等品质。辅导员的言行举止直接影响到学生，他们需要成为学生的楷模，以身作则，传递正确的价值观念和道德观念。

3. 文化素质

当前，高等教育正不断强调素质教育的重要性，注重培养学生的全面素质，强调培养学生的创造意识和能力。在此背景之下，辅导员的角色愈加重要，他们需要具备高水平的文化素质，以引导学生不断追求知识和探索，促进学生的全面发展和提高。对教育学、管理学、思想政治工作原理、青年心理学等领域的了解是辅导员的基本要求，辅导员需要熟悉教育规律，明确核心价值取向，例如，认可每个学生都有自我表达和自我实现的权利，理解学生在学习和适应过程中可能面临的困难是个人成长中的自然阶段。专业知识使辅导员能够更好地理解学生的需求，为他们提供有效的指导和支持。辅导员还应当具备广泛的兴趣爱好和丰富的社会科学知识，将思想性、教育性和娱乐性相结合，通过健康愉悦的活动提高学生的思想政治觉悟。辅导员可以借助广博的知识和兴趣爱好，与学生建立更紧密的联系，促进他们的全面发展。[1]辅导员应当具备科学与人文精神，注重传承民族传统文化和世界文化，提高自身的教学水平和教学能力。不仅如此，辅导员还需要了解和关注学生感兴趣的各个领域，例如体育知识等。

4. 心理素质

良好的心理素质体现在坚忍的意志品格、开放稳重的性格特征和乐观向上的心境状态上，拥有良好的心理素质，辅导员能够更好地履行职责，与学生建立良好的关系，处理工作中的挑战和压力。在面对各种困难和挑战时，辅导员需要保持坚忍的意志和坚定的毅力，必须具备攻克难关、不畏困难的勇气，以确保工作的顺利进行。坚忍的品格使辅导员能够在成功和失败、顺境和逆境中保持冷静，善于自我控制情绪，做出

---

[1]周岚峰. 高校辅导员工作理论与实务[M]. 西安：西安交通大学出版社，2011：17.

明智的决策。^①辅导员不仅要视学生为受教育对象，更应将他们看作朋友，坦诚地沟通和信交流，更好地与学生建立亲近关系，为其提供支持和指导，帮助他们解决问题。同时，具有吸引力的性格也会让学生更愿意倾听和与辅导员合作。辅导员需要积极看待工作中的挑战，保持乐观的态度，充分发挥积极性和创造性，以更高的效率克服困难。积极的心态有助于辅导员在工作中保持稳定，帮助学生解决问题，并且在应对工作压力和挑战时更加坚强。在面对复杂问题和压力时，辅导员需要学会自我心理调节，保持冷静和平和，这样在危急时刻，才能够镇定自若，积极寻求解决问题的方法。

---

① 王书会，陈鉴，高平平，等．现代高校辅导员工作理论与实务 [M]．成都：四川科学技术出版社，2008：24.

第二章　高校辅导员工作语言的理论

第一节　高校辅导员工作语言的主要类别

　　高校辅导员工作语言是辅导员进行学生工作的基本工具，它在工作中具有多重作用，主要分为组织性语言、揭示性语言、评断性语言三个类别。组织性语言是辅导员用来组织、协调学生工作活动，推动工作进程的语言，通过清晰的组织性语言，辅导员能够有效地安排各项工作，确保工作顺利进行。揭示性语言在辅导员工作中也起到重要作用，主要用于阐释、揭示各类学生工作内容和知识原理。辅导员通过揭示性语言，能够向学生传达重要的信息和知识，帮助他们理解和掌握相关内容。评断性语言在高校辅导员工作中也不可或缺，用于评价学生的表现和行为，帮助他们改进和进步。辅导员通过评断性语言，能够向学生提供有建设性的反馈，鼓励他们在学业和生活中做出积极的改变。

一、组织性语言

　　高校辅导员工作语言中的组织性语言，类似教师在教学中用来引导学生的语言。组织性语言帮助辅导员组织和引导学生参与各项学习和发展活动，反映了辅导员的工作方式和目标。

（一）组织性语言的基本作用

1.协调活动

在辅导员的工作中，组织性语言具有重要的协调作用，有助于统筹和引导学生参与各项学习和发展活动，确保工作进程有序。辅导员使用组织性语言来协调与学生的互动，指导学生参与不同活动，规划学习进程，以及处理各项工作任务，协调性功能表现为辅导员通知学生参与特定活动、明确工作要求和时间安排、传达工作流程等。辅导员应用组织性语言，能够协调学生之间的合作与互动，保持工作有秩序、高效、有节奏。

2.指导与推动活动进程

辅导员需要使用明确的语言来指导学生的学习活动，确保学生了解应该做什么以及为什么要这样做。这种指导性语言不仅是传达任务要求，还包括启发性的指导，帮助学生更好地理解学习过程和目标。不论是通过直接要求还是通过启发式方法，辅导员的主导作用都体现为如何使学生的学习活动顺利进行，从而达到更好的成果。[①]组织性语言的指导作用有助于辅导员与学生之间建立积极的互动关系，提高学生的学习动力和效果，帮助学生明确学习任务、时间安排和方法，使教育活动更加有序和高效。

（二）组织性语言的分类

1.指令语

辅导员常常需要使用指令语来引导学生参与不同的学习活动，从而协调和推动整个学生工作的进程。指令语通常是面向全体学生发出的，

---

① 张慧玉. 组织话语与组织管理：一种跨学科研究进路 [M]. 杭州：浙江大学出版社，2020：10.

也可以用于个别学生或部分学生，以满足不同情境下的需求。指令语主要分为两种类型，一种是要求学生做某事，如鼓励学生积极参与辅导活动，提出学习计划等；另一种是制止学生做某事，例如阻止学生不良行为，规范学生的行为。辅导员可以通过指令语引导学生按照预定的目标和规则行动，促进学生工作的有序进行，达到更好的工作效果。因此，高校辅导员工作语言中的指令语不仅能协调学生工作活动，还有助于推动工作进展，确保工作的有序进行，同时能够进一步建立辅导员与学生之间的有效沟通、交流与合作。为了提升指令语的效能，高校辅导员在使用时应注意三点（见图 2-1）。

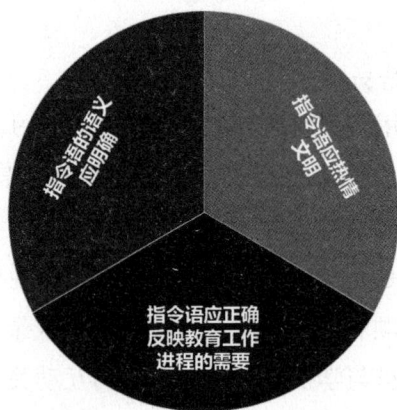

图 2-1　高校辅导员使用指令语时应注意的点

高校辅导员工作语言中的指令语，突显了辅导员的教学意图和采用的教育方法，不仅充分反映了教育工作的发展进程，还在组织和协调教育活动方面发挥着关键作用。辅导员发出明确的指令，可以引导学生朝着既定目标前进，确保学生工作有序推进。这有助于建立高效的工作流程，的促进辅导员与学生之间的互动和合作，推动教育事业不断发展。

2.引导语

高校辅导员工作语言中的引导语，在引导学生研究课题时具有关键作用。这种语言工具常常用于课题的开头或在课题学习过程中穿插使用，其主要目的是为学生设立问题情景或课题学习情景，以激发学生的学习动机和持续学习兴趣。引导语的魅力在于它的简短和吸引力，像是一首戏曲或歌曲中的引子或过门，必须简洁扼要，不能太长，以免分散学生的注意力。然而，它必须具有足够的吸引力，能够吸引学生的兴趣，引导他们主动参与课题的学习和研究。引导语还具有前奏性和过渡性，能够帮助将不同环节的课题学习有机衔接起来，确保学生在整个研究过程中保持关注，并围绕课题目标进行有序学习。引导语的表述方式较为丰富，有以下几种。

（1）交代式。高校辅导员在工作中使用引导语时，可以采用不同的方式来引导学生进入课题研究。其中一种方式是交代式引导语，其主要特点是通过直接、清晰的语言交代相关信息，以帮助学生迅速理解并进入课题学习的状态。交代式引导语注重提供有关课题的背景材料、学习目的、要求和学习方式等信息，通常采取开门见山、单刀直入的方式，直截了当地传达重要内容，以确保学生在开始学习新教材时有明确的准备。其特点是简明扼要，不拐弯抹角，学生能够迅速了解要学习的内容和目标，有助于培养学习兴趣。交代式引导语在高校辅导员工作中常用于介绍新课题或新学习内容，其直接性和清晰性有助于学生迅速进入学习状态，提高学习效率。因此，辅导员可以通过巧妙运用这种引导语，帮助学生更好地理解和应对他们所面临的学习任务，促进他们的学术发展和自我提升。

（2）设问式。设问式引导语是高校辅导员工作语言中一种引人注目的方式，通过提出有趣而深思熟虑的问题，辅导员可以吸引学生的注意力，激发他们的思考和讨论。设问式引导语的特点在于常常以明知故问的方式提出问题，不仅为学生提供了学习的切入点，还能引发学生的好奇心和求知欲。设问式引导语有助于打破学生的思维定式，鼓励他们主动参与讨论和思考，从而促进他们的学习和成长。辅导员在使用这种引导语时，需要根据具体情况选择合适的问题，确保问题具有启发性和引导性，能够引导学生深入思考，并激发他们的学术兴趣和独立思考能力。辅导员通过巧妙运用设问式引导语可以更好地与学生互动，促进他们的学习和发展。

（3）比较式。比较式的引导语是比较旧课与新课之间的相似点或相异点，有效引导学生进入新课题的学习。比较式引导语常常利用学生已经掌握的知识作为起点，帮助他们建立对新知识的框架和理解。通过比较式引导语，辅导员可以加强学生对知识的联系和融会贯通，促使他们更好地理解和吸收新的学习内容。比较式引导语的优势在于它能够提高学生的学习效率和自信心，使他们更容易适应新的学习任务。

（4）情景式。情景式引导语通过描绘生动的情景和意境，将学生引入与学习课题相关的情感和氛围，能够激发学生的情感共鸣，使他们更容易产生学习的兴趣和热情。情景式引导语有助于营造积极的学习氛围，让学生在轻松、愉快的情境中展开学习，提高他们的学习效果。因此，情景式引导语不仅可以增强学生的学习动力，还可以帮助他们更好地理解和消化所学内容，提高学习的质量和效率。情景式引导语的运用需要辅导员具备丰富的想象力和表达能力，以便将学生带入生动的学习场景。

二、揭示性语言

在对学生辅导和指导的过程中，揭示性语言是用来解释教材内容、澄清概念、阐明原理和规律的语言，有助于学生更深刻地理解知识和思想观念。辅导员需要善于运用揭示性语言，将复杂的学科知识以简洁明了的方式传达给学生，辅导员需要具备深刻的学科素养和出色的语言表达能力。

（一）揭示性语言的基本作用

1.阐明课题具体内容

揭示性语言在高校辅导员的工作中，主要用于阐明课题的具体内容。对于学生而言，新的学科和知识领域往往是未知的，充满了挑战。辅导员的任务之一就是通过揭示性语言，将知识呈现给学生，让他们能够理解和掌握。揭示性语言通过清晰而详细的描述，帮助学生建立起对课题的基本认识。它可以将抽象的概念和理论转化为具体的案例和例子，以便学生更容易理解。例如，当辅导员解释一门新的学科时，他们可以通过揭示性语言来描述该学科的核心概念、重要原理和相关实际应用，有助于学生建立起课题的整体框架。揭示性语言可以帮助学生厘清课题的结构和内在联系，学科常常包括多个不同但相关的概念和部分，需要在学习过程中有机地连接在一起。通过揭示性语言，辅导员可以向学生展示这些概念之间的逻辑关系和内在联系，使学生能够更好地理解知识的组织方式，有助于他们更深入地学习。最重要的是，揭示性语言有助于突出课题的关键要点和重点。学科中常常存在着一些关键的理论或原理，对于学生来说尤为重要。辅导员可以通过揭示性语言强调这些关键要点，使学生能够更集中精力，理解和掌握其中最重要的内容。

2.论证课题的真理性与价值

揭示性语言通过合理的论证，可以帮助学生理解和接受所学知识的正确性和真理性。学生常常怀疑和质疑新知识，他们需要确凿的证据和逻辑来支持所学的观点。辅导员可以运用揭示性语言来进行深入的论证，解释为什么某个概念或原理是正确的，为什么某个理论是可信的，有利于学生建立对知识的信心，增强对学科的理解和认同感。揭示性语言的论证作用有助于培养学生的思维能力，通过向学生展示如何合理地论证和推理，辅导员可以引导他们形成批判性思维和分析问题的能力。这是至关重要的，因为学生需要在学术和职业生涯中不断面对新的问题和挑战，只有具备良好的思维能力，才能更好地解决这些问题。揭示性语言的论证作用还有助于激发学生的求知欲望，当学生意识到知识是可以被证明和辩护的，他们通常会更加积极主动地参与到学习中。他们可能会提出更多的问题，追求更深入的理解，因为他们知道通过合理的论证可以找到答案。

（二）揭示性语言的分类

1.阐释语言

阐释语言用于直接陈述、解释和阐发教材内容及相关疑难问题。辅导员的工作是引导学生学习和理解知识，而阐释语言正是帮助学生解答问题、弄清楚概念和原理的重要工具。当学生遇到难以理解的内容或存在疑惑时，辅导员可以使用阐释语言来明确解释，提供清晰的答案，帮助学生消除困惑。阐释语言有助于增强教师的指导作用，尽管高校鼓励自主学习，但教师仍然扮演着关键的指导角色。阐释语言帮助辅导员有效地传达教育内容和重要信息，确保学生正确理解和掌握知识。辅导员能够通过精确的解释，引导学生走上正确的学习路径，确保他们不会偏离目标。清晰的解释和阐释有助于学生更容易地掌握知识，减少误解和混淆，有助于提高学生的学习效率，使他们更加自信和积极地面对学术挑战。

2.启迪语言

在高校辅导员的工作中，运用启迪语言有助于激发学生的思考和探索欲望，促使他们更深入地理解知识和发展自己的思维能力。启迪语言的使用要求辅导员了解学生的状况，了解每位学生的学术水平和学习需求，以便为他们提供有针对性的启迪。不同学生可能需要不同层次和类型的启迪，因此，辅导员应根据学生的个体差异进行调整。辅导员需要对所教授的知识领域有深刻的理解，以便能够提出恰当的问题，给出提示。只有理解了知识的本质和内在联系，才能为学生提供有益的启迪。

辅导员应该在教学过程中随时把握机会，根据学生的反应和情况提出启迪性问题，这需要辅导员具备较高的应变能力和丰富的教学经验。

（1）启迪语言的内容应有价值。高校辅导员在运用启迪语言时，需要确保其内容具有实际价值和知识引导作用。启迪语言常以问题的形式呈现，因此，所选择的问题必须具备开启学生思维的潜力，能够成为他们深入学习和思考的催化剂。如果问题不具备这样的价值，那么即使使用了启迪语言，也难以真正激发学生的学习兴趣和主动思考的欲望。因此，高校辅导员在运用启迪语言时，应精心挑选问题，确保其能够帮助学生更好地理解知识、拓展思维，而不仅仅是空洞的提问形式。

（2）启迪语言的内容应有层次。高校辅导员在运用启迪语言时，需要确保其内容具有层次性，而层次性体现在问题的提出与解答过程中，通常包括三个关键层次。第一个层次是认定方面的问题，即要明确"是什么"。通过此层次的问题，学生可以对知识点或概念有一个基本的认识，有助于建立知识的基础。第二个层次是分析和论证性问题，通常涉及"为什么"或"如何"。此类问题要求学生深入思考和分析，以解释为什么某个观点或现象存在，或者如何应用某一概念或原理。第三个层次是联系实际并加以练习或运用的问题，该层次要求学生将所学知识应用到实际情境中，从而巩固和加深他们的理解，促使学生更深入地思考，使知识得以实际应用。

（3）启迪语言应具有智慧性、趣味性。智慧性的启迪语言应该能够激发学生的思考欲望，挑战学生的思维，引导他们思考问题的多个层面，从而促使他们更深入地理解和掌握知识，有助于培养学生的批判性思维和解决问题的能力。趣味性的启迪语言应该能够吸引学生的兴趣，可以通过使用有趣的比喻、故事、案例或引人入胜的问题来实现。当学生发现学习过程有趣时，他们更有动力去参与和探索，进而利于提高他们的学习积极性和投入度。

三、评断语言

评断语言反映了辅导员对学生、教育事务以及学术状况的认知和评价，评断语言不仅在教学中发挥作用，还在辅导员的日常工作中起到关键作用。评断语言在教学中用于表明辅导员对学生的认可或批评，当学生表现出色时，辅导员的肯定性评断可以激励他们继续努力，增强自信心。反之，批评性评断则可以指导学生改进不足之处，提高表现水平，积极反馈和建设性的评价有助于塑造学生的学习态度和品德。评断语言还在辅导员的日常工作中用于对教育事务和学术内容的评价，辅导员可以使用肯定的评断语言来鼓励和推动学生参与学术活动，激发他们的学术兴趣。同时，对于学术内容的评价也可以指导学生选择适合自己的学科领域，提供有关课程和研究方向的建议。最重要的是，评断语言在学生情感和意志的塑造方面具有潜在的影响力。积极的评断语言可以激发学生的学习动力，帮助他们应对挑战。相反，负面的评价可能会影响学生的情感状态，降低他们的学习热情。因此，辅导员需要谨慎选择和使用评断语言，以确保其对学生产生积极而持久的影响。

（一）围绕教育目的

教学工作通常具有明确的目标和目的，因此使用评断语言必须与这些目标保持一致，以有效地推动学生的发展和学术进步。评断语言应该与教学目的相契合，辅导员在教育和指导学生时，需要清楚地了解他们的需求和目标。无论是鼓励学生积极参与学术活动，还是提供批评性反馈以帮助他们改进，都应该以帮助学生实现他们的学术和职业目标为导向，评断语言应该成为达到这些目标的工具和手段。评断语言的使用应当注重策略性，辅导员需要根据不同的情境和学生，灵活地选择评断语言的表达方式。在鼓励学生时，可以使用积极的、肯定的语言，以增强他们的自信心和动力。在需要提供指导和改进时，可以采用建设性的、具体的评价，帮助学生发现问题并提供解决方案。

评断语言不仅是一种反映教育和教学效果的手段，更是塑造学生品德和推动其学术发展的关键元素。辅导员的肯定与否定对学生具有引导作用，当辅导员肯定学生的回答或作品时，这种积极的反馈会激发学生的自信和积极性，让他们相信自己的努力是有价值的。相反，辅导员的批评和指出错误则是为了引导学生去纠正错误并改进，让他们明白哪些方面需要加强，以提高自己的学术水平。评断语言可以用来塑造学生的品德和道德观念，辅导员通过赞扬、鼓励学生的积极行为和品质，可以帮助他们发展良好的品德和价值观。同时，对学生的不当行为进行批评和反馈也有助于他们认识到自己的不足之处，并有所改进。评断语言还可以用来促进学生的思维和学术发展，辅导员对学生的作品或表现进行评论，可以引导他们深入思考，提高分析和批判性思维能力；对学生的著作或研究进行评价，有助于他们提高学术水平，不断完善自己的研究能力。

（二）恰当地使用褒贬语

褒贬语言是对学生学习成果、能力和品德行为的评价，辅导员经常需要使用它来表达自己的看法。褒贬语言使用得当能够激励学生的积极性，促使他们自觉地提高自我标准，从而提高学业表现水平和品格修养。在使用褒贬语言时，最基本的要求是真诚和准确。辅导员的评价应该真实地反映学生的实际表现，不偏袒，不虚伪。准确的评价可以帮助学生明确自己的优点和不足，有助于他们更好地认识自己，提高自我管理和成长。褒贬语言的使用需要注意分寸和界限，评价应该公正和客观，不过度夸大或贬低学生的表现。适度的褒扬和批评有助于建立学生的自尊心和自信心，同时避免了过于严厉或过于宽松的态度。出于爱心和善意也是使用褒贬语的关键，辅导员应该理解学生的成长过程中可能会出现的挫折和困难，给予他们关爱和支持。褒贬语言不仅仅是评价，更是鼓励和激励学生的工具，应该用爱心和善意来引导学生前进。

褒语言可以肯定学生的积极性因素，辅导员通过赞扬学生在学习和生活中所展现出的积极品质和态度，可以让他们感受到认可和鼓励，从而增强自信心和自尊心，正面的反馈可以促使学生继续保持积极性，并不断努力进取。褒语言在评价时不是简单的肯定，而是要简要阐述理由和积极因素的价值。通过明确地表达为什么学生的积极品质或表现值得赞扬，可以帮助学生更好地理解自己的优势和长处。理由性的褒扬有助于学生更深入地认识自己，为学生未来的学习和成长制定明确的目标和方向。褒语言在使用时应富有幽默感，活泼有趣，不是教条式的结论。幽默的褒扬可以使学生感到轻松和愉快，减轻他们的紧张和焦虑感。

高校辅导员在工作中既需要善于使用褒语言，又需要注意妥善使用批评语。使用批评语的目的在于指出问题，但这并不意味着要指责学生。批评语言的使用需要真诚、谨慎，绝不能伤及学生的人格和家庭。批评语言要注重真诚感和分寸感，批评的目的是帮助学生认识到问题所在，而不是打击他们的自尊心。因此，批评应该是真诚的，表达出辅导员对学生的关心和期望。批评语言也要注意分寸，不应该过于尖锐或严厉，而是要以建设性的方式指出问题，并提供改进的建议。真诚感和分寸感能够让学生更容易接受批评，积极面对自己的不足，并愿意改进。在批评学业上的问题时，要注意不随意联系学习态度和智力水平。批评应该具体针对学术表现或行为，而不是对学生的整体品质进行贬低。辅导员应该明确指出学生在学习中的问题，并鼓励他们寻找解决问题的方法。同时，不要轻易断定学生的学习态度和智力水平，因为这可能会给学生带来不必要的负担和压力。辅导员在使用批评语时，要特别注意不损害学生的自尊心。学生的自尊心是脆弱的，过度的批评和指责会让他们感到自卑和失落。因此，批评语的使用应该避免伤害学生的自尊心，而是要引导他们积极思考和改进。

（三）正确处理理性因素与情感因素的关系

评断语言通常包含了理性和情感两种因素，人们在运用评断语言时，有的倾向于强调理性，有的则更注重感情。这种脱节可能导致某些评断语言失去平衡，要么显得冷漠，要么显得偏颇，而理性和情感在评断语言中的统一是非常重要的。偏重于理性的评断语言强调事实的真相和客观性，注重准确的描述和分寸的掌握，通常基于客观的数据和证据，对学生的表现进行公正而客观的评价。其优点在于能够提供明确的反馈，帮助学生了解问题的实质，避免情绪化的评价。然而，如果过于理性，可能会显得冷漠和不理解学生的情感需求，难以引起学生的共鸣。另外，偏重于情感的评断语言注重情感的表达和共鸣，能够拉近师生关系，激发学生的积极性和情感共鸣，使学生感受到被理解和鼓励。然而，过于感性的评断语言可能导致主观性和情绪化的评价，失去了客观性和准确性。此种情况下，评价可能会受到情感的左右，难以提供具体的改进建议。为了达到评断语言的平衡，辅导员应该兼顾理性和情感。评价应该基于客观的事实和数据，但也要考虑学生的情感需求。辅导员可以通过表达理解和鼓励的方式来平衡这两种因素。例如，在指出问题的同时，可以表达对学生的信任和支持，提供积极的反馈和建议。辅导员还可以运用适当的语言和措辞，使评价更具感染力和共鸣，但不失客观性和准确性。

在高校辅导员的工作语言中，体现理性因素和情感因素的统一并非一项简单的任务，需要辅导员具备多方面的素质和技能，包括理论思想水平、处世态度和情感的控制力等复杂因素。辅导员需要具备高水平的理论思考能力，包括对教育心理学、沟通理论、学生发展等方面的深刻理解。理论知识可以帮助辅导员更好地分析学生的需求和问题，制订合适的辅导计划，并在评断语言中准确地反映出理性因素。理论的指导还可以帮助辅导员明晰自己的教育价值观和教育目标，从而更好地引导学生。在与学生互动时，积极的态度能够传递给学生信心和动力，帮助他们面对挑战。处世态度也涵盖了对学生的尊重和关怀，这有助于建立师生之间的信任关系，使学生更愿意接受评断和建议。情感的控制力是非常关键的，辅导员需要学会在情感表达中把握分寸，既要表达理解和支持，又要保持客观和公正。情感的过度表达可能导致评断失去客观性，而过于冷漠则会影响师生关系。

高校辅导员在工作中经常面对多样化的学生，每个学生都有不同的特点和需求。面对此种差异性需要辅导员在使用语言时，统一理性和情感因素，以确保对每个学生的评断都是公平和有益的。对于所有学生都应该给予关爱和支持，辅导员需要克服自然的心理反应，不受外貌、智力或其他外在因素的干扰。评断语言的使用应该基于客观的事实和情况，而不是主观的偏见。辅导员还应该表现出高度的理性和情感统一，理性因素确保评断语言是准确和公正的，而情感因素则让学生感受到支持和理解。理性因素与情感因素的平衡可以帮助建立信任关系，激发学生的积极性，进而促使他们更愿意接受辅导和建议。

如果辅导员在评价学生时未能正确统一理智和情感，可能会出现两种不利的情况。一方面，对喜欢的学生过于偏袒的表扬可能会导致学生的虚荣心膨胀。当学生过度受到赞扬时，他们可能会产生不切实际的自信，而不再努力提高自己的能力，这可能会在一定程度上导致他们在面对失败时感到沮丧或不知所措。另一方面，对不喜欢的学生过于偏颇的批评可能会引发学生的自卑和敌对情绪。学生可能会感到不被理解和不受欢迎，从而对学校产生消极的态度。此种情况可能导致学生对学校产生不满，甚至影响他们的学业表现。因此，辅导员在使用评断语言时，必须非常慎重，确保评价是公平、客观和准确的。评价应该基于学生的实际表现和努力程度，而不是个人喜好或偏见。除此之外，评价应该体现出对学生的理解和支持，以激发他们的积极性和自信心，而不是削弱他们的自尊心。只有通过正确统一理智和情感，辅导员才能真正帮助学生实现个人成长和学术成功。

第二节　高校辅导员工作语言的基本特征

语言是一种全民族的交际工具，然而，行业和领域因工作性质不同导致对语言的要求也不同，从而使得各行各业都具有特殊的语言特点。教育领域也不例外，教学语言作为教育工作的基本工具，具有一些独特的特质，主要是为了满足教育工作的需要和教育目标的实现。对教学语言的要求是多层次的，可以将其分成三个层级。

高校辅导员工作语言的第一级要求是符合教学语言的基本特征，而基本特征包括规范性、明晰性、教育性和启发性。规范性要求语言符合教育工作的组织化要求，以确保教学任务的有效完成。明晰性是为了在有限时间内清晰地传达信息，提高学生的学习效率。教育性是指语言应具备教育价值，能够促进学生的思考和成长。启发性要求语言能够激发学生的兴趣，引导他们积极参与学习过程。基本特征是教育工作的本质和规律所决定的，辅导员的工作语言应当满足这些特征，以有效地完成辅导和指导学生的任务。

高校辅导员工作语言的第二级要求是具有一定的艺术魅力。虽然教学用语应符合基本特征，但为了增强吸引力，必须追求简洁、生动、严密和情感丰富。简洁的语言能够剔除烦冗和芜杂，使信息更易理解；生动的表达方式能够使学习变得更加有趣，激发学生的兴趣；严密的逻辑结构有助于确保信息的准确传达；情感丰富的语言能够让学生更好地理解和感受知识。具有艺术魅力的工作语言使辅导员能够在与学生的互动中创造积极、愉快的学习氛围，提升学生的学习效果，还能够让学习成为一种愉悦的体验，激发他们更大的学习热情。因此，辅导员的工作语言不仅需要满足基本特征，还需要具备艺术魅力，以创造更丰富、更有吸引力的教育环境。

高校辅导员工作语言的第三级要求是形成一定的风格。每位辅导员都拥有独特的个性和素质，此类因素会深刻地影响他们的工作语言。在长期的教育工作中，辅导员的个人特征会逐渐显现，并逐步完善，形成独具特色的工作风格，充分反映了辅导员的专业素养和工作经验，还代表了他们的个人魅力和成熟度。形成一定的风格是辅导员职业发展的重要标志之一，独特的工作风格能够帮助辅导员更好地与学生建立亲近的联系，建立信任和共鸣，使得辅导员在教育工作中更加自信和有效。不同的辅导员可以通过他们独特的语言风格，为学生提供多样化的支持和指导，满足不同学生的需求。

一、规范性

辅导员在与学生互动的过程中，不仅传授知识，还通过自己的言行举止为学生树立道德榜样，从而体现了"为人师表"的理念。高信誉的辅导员能够更深刻地影响学生，激发他们的学习动力和道德觉悟。教学语言作为辅导员与学生交流的主要工具，具有直接而深远的影响力。辅导员的语言应该反映他们的专业知识和教育理念，以及对学生的关心和支持。辅导员能够通过言传身教，在学生心中树立积极的榜样，鼓励他们成长为品德高尚、知识渊博的人。高校辅导员工作语言不仅仅是传授知识的工具，更是树立榜样、引导学生道德成长的媒介。

高校辅导员每天都在与学生交流互动，他们在工作中所使用的语言也具有极大的示范作用。辅导员的工作语言不仅影响到学生的工作质量，还会深刻地影响到学生的语言态度、能力和习惯。因此，辅导员使用的工作语言应该成为学生使用祖国语言的典范。首要的是，辅导员的工作语言必须符合语言规范的要求，规范性的具体要求如下。

（一）语音与词汇的规范性

高校辅导员的工作语言应当采用国家通用的标准语言，也就是普通话。在使用普通话时，最重要的方面是要注意语音和词汇的规范性。语音要准确，发音清晰，以确保有效的沟通和理解。同时，使用标准的词汇和表达方式有助于确保信息的清晰传达，避免歧义和误解。辅导员使用规范的普通话可以为学生树立良好的语言榜样，帮助他们提高语言能力，并且为促进全民族语言的规范化和传承做出贡献。

1.普通话是中华民族的共同语言

高校辅导员的工作语言应当遵循国家通用的标准语言，也就是普通话，旨在促进全国人民的交流和沟通，以及确保我国的经济和文化的发展。汉语方言的复杂性曾经导致不同地区之间的语言隔阂，影响了人们的交往和合作。因此，推广普通话成了一个紧迫的任务。我国的《宪法》明确规定了国家推广全国通用的普通话的义务，而党和政府也一直非常重视这项工作。从国务院的指示到教育部的通知，都明确要求各级学校在一定时间内推广普通话的使用。这些规定不仅对教育部门有要求，还明确提到了语文教师以及其他科目教师使用普通话的要求。

作为高校辅导员，必须认真对待这项任务。尽管有些老年教师可能乡音难改，但他们有义务积极学习普通话，使用普通话、辅导员的示范作用在这方面尤为重要，学生每天都在聆听辅导员的教导，辅导员教学语言不仅关系到他们的学习质量，还会影响他们对使用祖国语言的态度和能力。因此，辅导员必须以身作则，使用规范的普通话，为学生树立良好的语言榜样。尽管有些辅导员可能认为使用方言更能表达自己的教学，但广大高校辅导员必须认识到，使用普通话不仅是一项国家要求，还是一种为学生提供更广泛沟通机会的方式。不会说普通话或者语言不符合规范性的辅导员，将无法满足社会的要求，也无法为学生提供更好的语言示范。因此，高校辅导员应该积极学习和使用普通话，遵循党和政府的要求，为学生提供良好的语言示范，以促进普通话的规范化和传承，推动我国的现代化进程。只有通过共同努力，才能实现"推行普通话，人人方便"的目标，从我做起，为我国语言文化的繁荣做出贡献。

2.使用普通话能消除方言为教育工作带来的障碍

方言的使用在一些情况下存在一定的局限性和不便之处，特别是在教学领域。在教育工作中，普通话的使用被视为一项国家要求，主要是为了促进全国范围内的交流和理解，确保国内各地的学生都能够受益于高质量的教育。然而，使用方言进行教学可能会带来一些问题。

方言的使用会限制辅导员的地域选择，如果一位辅导员只能说某一方言，那么在被分配到另一个方言区域任教时，可能会面临教学上的困难。学生可能难以理解其授课内容，导致学习效果下降，也可能会在一定程度上影响到辅导员的职业发展，因为他们可能需要频繁调动或调整工作地点。方言教学无法为学生提供标准的语言示范，一些辅导员虽然可以流利地使用方言进行教学，但无法为学生提供正确的语音和语法示范，导致学生在语言表达方面出现问题，影响他们的语言能力和沟通能力的提高。使用方言教学不符合教学语言的规范性要求，虽然在一些地方使用本地方言进行教学不会影响信息的传递，但它仍然不符合教学语言规范性的要求。这种教学方式可能不受学生欢迎，尤其是在城市学校中，可能会影响辅导员的威信。

作为高校辅导员，需要认识到使用普通话的重要性，并积极学习和使用普通话。尽管方言是文化遗产的一部分，但在教育领域，使用普通话是为了更好地完成教学任务，给学生提供更广泛的学习机会，以及确保教育的规范性和质量。只有通过遵循国家要求，使用普通话作为教学语言，辅导员才能更好地为学生提供教育服务，促进他们的综合素质提高。

3.辅导员应用普通话有利于在学生中推行普通话

使用方言进行教学不仅会给教育工作带来一系列困难，还会对在学生中推广普通话的工作产生不利影响。因此，辅导员需要认识到在教育领域使用普通话的重要性，并积极学习和使用普通话。标准语的普及程度是衡量一个国家教育水平的基本指标之一，在教育发达的国家，学会标准语是孩子们上学的首要任务之一。因此，辅导员作为教育工作者，应该为学生树立标杆，积极倡导和使用普通话作为教学语言，这有利于提高教育水平，还有利于提高学生的语言素养和交际能力。学会普通话对于学生未来的职业发展至关重要，在现代社会中，人际交往频繁，不会说普通话可能会成为学生职业发展的一大障碍。许多职业，如外交官员、教师、律师、演员、播音员以及服务行业的从业人员，都需要具备流利的普通话口语能力。因此，教育工作者应该鼓励学生学会普通话，以提高他们未来就业的竞争力。辅导员不会说普通话会影响在学生中推广普通话的工作，学生在教育环境中受到辅导员的言传身教的影响，如果辅导员不能正确、流利地使用普通话，学生学习普通话的积极性可能会受到影响。因此，辅导员在语言方面的表率作用至关重要，他们应该以身作则，积极学习和使用普通话，以示范给学生正确的语言表达方式。

（二）语法、逻辑的规范性

高校辅导员的工作语言不仅是为了传达信息，还需要合乎语法和逻辑的规范。语法是语言组织的法则，而逻辑则是思维结构的规律，两者与教学语言的使用密切相关，对于高校辅导员的工作产生了至关重要的影响。合乎语法和逻辑规范的语言有助于正确传授知识，教育的目标之一是帮助学生获取知识，而知识通常是以语言的形式传达。如果辅导员在教学语言中违反语法和逻辑规范，那么学生可能会接收到错误或混乱的信息，导致他们对所学内容的理解出现问题。因此，合乎语法和逻辑规范是确保知识传递准确性和清晰性的基础。语法和逻辑规范的语言有助于培养学生的语言和思维能力，辅导员不仅是知识的传递者，还是学生思维方式的引导者。通过使用合乎规范的语法和逻辑语言，辅导员可以帮助学生培养清晰、有逻辑和有效的表达能力，这对于学生在学术和职业领域的发展都至关重要，因为他们需要能够准确地表达自己的观点和想法，以及有效地解决问题。合乎规范的语法和逻辑语言有助于提高教育质量，教育是一个复杂的过程，而语言是教育的工具。如果辅导员使用混乱或不规范的语言，学生可能会感到困惑或失去聆听的兴趣，从而降低了教育的效果。相反，清晰、有逻辑的语言能够帮助学生更好地理解和吸收所学知识，提高他们的学习动力和积极性。

（三）礼貌语言的规范性

高校辅导员的工作语言不仅是传递信息的工具，更是一种道德准则和社会规范的表现。在教育工作中，辅导员的语言举止必须符合社会道德和文明礼仪的要求，因为他们既是知识的传授者，又是学生道德品质的示范者。辅导员的语言应该体现社会的道德标准，不同社会和不同文化有着各自的道德准则，而辅导员作为教育者，必须遵守并传达社会认可的道德价值观。他们的语言应该避免使用冒犯性、歧视性或侮辱性的词汇，以免伤害学生的感情或传递不当的信息。辅导员还应该积极倡导正面的道德行为和品德养成，用自己的言行影响学生的道德发展。辅导员的语言应该确保文明和礼貌，文明礼貌的语言是社交的基本要求，有助于建立良好的师生关系和学术环境。辅导员在与学生交流时应注意用语，避免使用粗俗、不雅或冷漠的言辞，尊重学生的意见，鼓励积极的讨论，这不仅能提高学生的参与度，还能创造一种尊重和包容的学术氛围。辅导员还应该注重语言的美感，美的语言不仅包括正确的语法和清晰的表达，还包括语言的优美和流畅。一个辅导员如果运用富有文学和艺术感的语言与学生进行交流，不仅能够吸引学生的注意力，还能够激发他们对知识的兴趣。美的语言也有助于提高教学效果，使学习变得更加愉快和有趣。

高校辅导员在工作中需要特别注意选择用语，尤其是在批评和帮助学生面对缺点或错误时，语言的选择直接影响着与学生的沟通质量和教育工作的效果。辅导员在批评学生时应尽量避免使用粗野或侮辱性的言辞，粗俗和伤人的语言不仅会伤害学生的自尊心，还可能引发敌对心理，阻碍学生的成长和改进。相反，使用尊重和建设性的语言，能够更好地引导学生接受批评，并激发他们的改进动力。用语的选择也直接关系到教育工作的顺利进行，当辅导员用温和、鼓励性的语言来反馈学生的不足之处时，学生更容易接受并理解自己的问题，并愿意积极改进。

高校辅导员在与学生互动时，绝对不能使用不文明和不礼貌的措辞，不文明和不礼貌的言语不仅有悖于教师的身份，而且严重地破坏了学生对教师的尊重和信任。当学生面临回答问题困难的情况时，辅导员的首要任务应该是理解学生的处境，并提供支持和帮助。辱骂学生不仅无助于解决问题，还可能对学生的自尊心和自信心造成损害。辅导员应该以善意和耐心的态度，帮助学生克服困难，激发他们的学习兴趣和动力。辅导员还应该审慎提问，确保问题的表达清晰明了，以便学生理解并做出回应。如果问题不明确或太复杂，学生可能会感到困惑，这时辅导员的任务是协助他们理解问题，并提供必要的解释和指导。

二、明晰性

高校辅导员的工作语言应该具备明晰性，确保学生能够迅速理解。如果语言不明晰，学生将难以理解其教导和建议，从而使教育工作失去效果。明晰的语言不仅有助于确保信息传递的准确性和有效性，更有利于帮助学生解决问题和取得进步。因此，明晰性是高校辅导员工作语言的一个关键特征，应该在与学生互动时得到高度重视。

（一）发音正确，声音清晰

高校辅导员的工作语言必须注重正确的发音，主要涉及了两个关键要求。一是要求语音规范，使用标准语（普通话）的语音。如前所述，标准语的使用对于促进普通话的推广和学生的语言发展至关重要。二是辅导员必须避免读错字，强调了语言的准确性和精确性，因为错误的发音或读错字会引导学生学错或理解错误。一个辅导员的语言要保持准确无误，以免误导学生或给学生带来混淆。在指导学生时，正确的发音和词汇使用是建立信任和权威性的重要因素，进而促使学生更好地接受辅导员的建议和指导。因此，高校辅导员在工作中应不断努力提高语言表达的准确性，以确保他们的语言不会误导学生。

高校辅导员在工作中必须注重语言发音的清晰性，因为这直接关系到他们的教育工作的效果，声音清晰的教学语言是确保学生能够准确理解和接受知识的重要因素。通常来说，学生不能随意打断教师的讲话来询问，因此，如果教师的发音不清晰，学生可能会感到困惑和焦虑，导致他们不愿意继续听下去，影响教育质量。要保持发音清晰，关键在于准确地咬字，确保每个音节的声母、韵母都被咬准拼准，并且要注意发音的声调准确。只有这样，辅导员的语言才能够达到"字正腔圆"的标准，即发音准确、清晰，声音有力，响度适中，增强学生的理解和学习，并且能够提高辅导员的表达能力和专业形象。在高校辅导员的工作中，发音清晰的语言表达不仅是传递知识的工具，还是建立辅导员与学生之间有效沟通和信任的桥梁。只有确保声音清晰，才能够确保信息的准确传达，有助于学生更好地理解和吸收所学知识。因此，高校辅导员应该不断提高自己的语言表达能力，确保自己的语音清晰，以更好地履行教育使命。而语言不清晰的情况大致分为下面三种。

（1）发音器官运动不到位。语言的清晰性受到发音器官运动的影响，如果发音器官的运动不到位，就会导致声音的不准确和语音的含糊。这对于高校辅导员来说，可能会成为一个潜在的挑战。发音器官的运动不到位可能会导致发音不准确，因为在语音发出时，需要正确协调口腔、舌头、喉咙等发音器官的运动。如果这些器官协调不到位，就会导致声音的扭曲或不清晰，令学生难以理解高校辅导员所传达的信息，从而降低教育的效果。此外，不到位的发音器官运动也可能导致语音含糊，使得辅导员的表达变得不明确，给学生造成困惑，使他们难以捕捉到重要的信息。

（2）尾音不清晰。尾音不清晰可能会导致信息传达的不准确和表达的混淆，这会给辅导员的工作。尾音不清晰常常表现为发音时吞掉尾音，也就是尾音的发音不清楚。例如，对于词汇"清楚"，它的两个音节的尾音分别是"ing"和"u"。如果不清晰地发出这两个尾音，那么听者就会觉得这个词的发音不清晰，尤其是在距离较远的地方或嘈杂的环境中。在许多说唱艺术和演讲中，清晰的尾音被视为非常重要的因素，因为它们直接影响听众对信息的接收和理解。在高校辅导员的工作中，尾音的清晰性利于有效地传达信息和确保学生准确理解。如果尾音不清晰，学生可能会误解或漏掉关键信息，从而影响到教育工作的质量。因此，高校辅导员应该重视发音技巧，确保尾音清晰明了，以提高语言表达的质量和效果。

（3）音节与音节之间发生再拼合现象。有时在说话时，由于连读的习惯，音节之间的拼合现象可能会影响发音的准确性和清晰度。一个音节应该是一个独立的整体，但在口语表达中，人们常常会将音节之间的边界模糊化，导致音节的拼合现象。例如，"西安"可能会被拼合成"先"，"只要"可能会被拼合成"照"，"先生"可能会被拼合成"星"。音节之间的再拼合现象如果发生得频繁，就会对语音的清晰度产生负面影响。对于高校辅导员来说，语言表达的清晰度可以更加有效地传达信息，如果发音不清晰，学生可能会误解或错过关键信息，从而影响辅导员的工作效果。因此，辅导员应该特别注意音节之间的拼合现象，努力保持音节的独立性。

（二）用词恰当，避免歧义

用词不当可能导致意义的模糊和歧义，因此，教育工作者在选择词汇时需要特别小心，以确保信息传达的准确性和清晰度。在教育工作中，用词的恰当性不仅影响到学生对教学内容的理解，还关系到与学生、家长以及同事之间的沟通和合作。如果用词不当，就可能导致误解、不满或者混淆，从而妨碍教学工作的顺利进行。用词的选择也反映了教育工作者的语文修养和思维方式，一个有良好语文修养的人能够更准确地选择词汇，使语言表达更加精确和明晰。同时，他们的思维方式也更为清晰，有助于信息的清晰传达。要确保用词的恰当性，教育工作者可以遵循一定原则。教育工作者应该考虑到自己的听众是学生、家长还是同事，以及他们的语言水平和背景。根据不同的受众，选择合适的词汇和措辞，以确保信息能够被准确理解。教育工作者要尽量避免使用模棱两可的措辞，以免引起不必要的误解。如果有多种表达方式，应选择最明确和准确的词汇来传达信息。提高语言修养是确保用词恰当的关键，通过广泛阅读、学习语法和扩展词汇等方式，辅导员可以提升自己的语言修养，使语言表达更为精确和清晰。

（三）不说"半截话"

与教师不同，辅导员的工作更侧重于学生的成长、情感和心理健康，因此他们的语言表达需求有其特殊性。辅导员需要避免说半截话，在与学生交流时，应该专注于当前的话题，不要在讲述一件事情的过程中突然改变话题或联想到其他事情，此种语言表达方式容易给人一种语句支离破碎、信息不完整的印象，使学生难以理解和跟随。因此，辅导员在与学生互动时，应保持思维的连贯性，确保语言表达完整，以传递清晰的信息。清晰的语言表达需要有条理，辅导员在与学生交流时，应能够组织思维，将信息以有序的结构呈现出来，确保学生能够理解知识内容的关系和结构，有助于学生更好地吸收和消化所传达的信息，提高教育的效果。因此，辅导员需要具备一定的思维和语言组织能力，确保自己的语言表达有条不紊。辅导员的语言表达还需充满同理心，他们常常与学生讨论情感和心理问题，因此需要用温暖、理解和支持的语言来与学生交流。在处理学生的情感问题时，辅导员的语言应当能够传递出同情和关切，帮助学生克服困难。

三、教育性

辅导员的语言要反映出深思熟虑，教育不是一时的行为，而是一个长期的过程。辅导员在与学生交流时，需要认真思考自己的言辞，确保言之有物，言之有据。深思熟虑的语言表达可以激发学生的思考，引导他们对重要问题进行深入探讨，培养批判性思维和独立思考能力。辅导员的语言应当具有教育性，他们的言辞应该不仅传递知识，还应当具备教育引导的特点。辅导员需要引导学生思考道德和价值观，帮助他们树立正确的人生目标和追求。教育性的语言表达有助于培养学生的良好品德和社会责任感，使他们能够更好地融入社会。辅导员的语言需要具备启发性，应该激发学生的求知欲望和兴趣，鼓励他们积极参与学习和社会活动。

（一）具有明确的教育目的

辅导员需要通过言辞来建立互信关系、提供支持、促进学生的成长和发展。辅导员的语言应具备倾听性，倾听是辅导员工作中的核心能力之一，辅导员需要耐心聆听学生的问题、担忧和需求，以便更好地理解他们的情况。辅导员通过积极的倾听能进一步建立起与学生的互信关系，让学生感到他们的声音被重视和尊重。辅导员的语言应具备鼓励性，鼓励是激发学生积极性和自信心的关键。辅导员可以使用积极的言辞来表达对学生的信任和鼓励，激发他们克服困难、追求目标的动力。通过积极的鼓励，辅导员可以帮助学生克服挫折，坚持不懈地追求成功。辅导员的语言应具备启发性，辅导员可以分享相关的故事、经验和见解，以激发学生的思考和自我反思。使用启发性的言辞利于辅导员帮助学生发现新的视角，促进他们的个人和职业成长。辅导员的语言还应具备指导性，辅导员通常需要为学生提供具体的建议和指导，以帮助他们解决问题和制订计划。指导性的言辞应该明确、实用，能够帮助学生采取行动并取得进展。不仅如此，辅导员的语言还应具备尊重性，尊重是建立积极关系的基础。辅导员需要以尊重和理解的态度对待每个学生，无论他们的背景或需求如何。尊重性的言辞可以让学生感到被接纳和受到尊敬，从而更愿意与辅导员合作。

（二）对学生的表扬与批评都应鼓励上进

高校辅导员在日常工作中，经常需要对学生的行为做出评价，包括表扬和批评。辅导员的评价在无形中影响了学生的成长和发展，因此在辅导员的工作语言中，教育性的要求必须得到充分体现。从表扬的角度来说，辅导员的语言应该充满鼓励和认可。表扬的目的在于肯定学生的积极努力和出色表现，激发他们的自信和动力。辅导员可以使用肯定的言辞，明确指出学生做得好的方面，让他们感到自己的努力得到了认可。表扬不应该使学生骄傲自满，而是应该激发他们更进一步，不断提高。另外，批评也是教育中不可或缺的一部分。然而，批评必须慎重选择用语，以免伤害学生的自尊心和自信心。辅导员在批评时，可以采取建设性的方法，明确指出学生需要改进的地方，并提供具体的建议和支持。辅导员的批评应该起到激励学生改进的作用，而不是使他们感到沮丧或挫败。教育性的评价语言应该注重平衡，既要肯定学生的优点，又要指出需要改进的地方。辅导员可以使用正面的语言，强调学生的潜力和成长空间，鼓励他们积极面对挑战。同时，辅导员也可以提供具体的反馈，从而帮助学生更好地理解自己的强项和需要改进的方面。

辅导员在表扬和批评时，应该具有专业的教育眼光，准确把握学生的表现，并提供有益的反馈。教师在学生中的威信和影响力对评价的效果有重要影响，如果学生尊重和信任辅导员，那么他们更容易接受辅导员的评价，并积极回应。因此，辅导员在与学生建立良好关系和信任的基础上，更容易产生积极的评价效果。

高校辅导员的工作语言可以在潜移默化中塑造学生的态度和信心，

激励他们追求知识和理想。如果教学语言不当，可能会伤害到学生的心灵，而正确的教育性语言则能够成为学生生命的风帆，助力他们航向知识海洋。学生的自信心和积极性常常受到辅导员的言辞影响，一个缺乏自信的学生，如果得到辅导员的鼓励和积极的评价，就会逐渐认识到自己的潜力和价值。鼓励的语言可以点燃学生内心的激情，使他们敢于面对挑战，克服困难，追求更高的目标，教师的言辞应该是塑造学生成长的动力之一。教育学生是一项神圣的责任，辅导员除了要传授知识，还要引导学生走向生活的智慧和美。教学语言的教育性反映了辅导员的责任和义务，辅导员的语言应该引导学生思考，启发他们的智慧，开阔他们的视野，鼓励他们去追求理想和美好的未来。这样一来，辅导员的语言工作就能够帮助学生建立正确的世界观、人生观和价值观，激励他们为社会和人类的进步贡献自己的力量。

四、启发性

启发性语言的核心在于激发学生的思维活动，促使他们积极地、主动地去思考问题，而不仅仅是机械地记忆知识。学习是一种高级思维活动，要求学生能够自觉地参与其中，提出问题，探索解决方法，形成自己的理解。辅导员的语言应该能够创造一个积极的学习环境，激发学生的兴趣和好奇心，引导他们自己动脑思考。辅导员通过提出问题、分享案例、引发讨论等方式，可以帮助学生主动参与到学习过程中，培养他们的独立思考能力。启发性语言也有助于学生将已有的知识与新知识相连接，将抽象的概念转化为具体的应用。辅导员可以通过实际案例和故事来说明知识的实际应用，让学生能够看到知识的价值和意义。启发性的语言不仅能够提高学生的学习积极性，还能够增强他们的自信心和学习动力。

高校辅导员的工作语言应当遵循着开导、引导、激励的原则，而不是强制和过度指导，从而培养学生的独立思考和问题解决能力，使他们能够更好地应对学术和生活中的挑战。开导是指辅导员应当以理解和关怀的态度来对待学生的问题和困难，当学生面临挫折和困难时，辅导员的语言应当给予他们情感上的支持和理解，让他们感到自己不是孤单的。辅导员可以通过开导帮助学生认识到问题的本质，并引导他们寻找解决问题的途径。引导意味着辅导员应当为学生提供必要的信息和建议，帮助他们做出明智的决策。然而，这种引导应当是渐进的，不应当过多干预学生的决策和选择。辅导员可以提供不同的选项和观点，但最终的决策应当由学生自己做出。激励是指辅导员应当鼓励学生积极参与学术和社交活动，培养他们的自信心和学习动力。辅导员的语言应当充满正能量，鼓励学生克服困难，勇敢追求自己的目标。

高校辅导员的工作语言应该富有启发性，能够激发学生的积极思维和求知欲，引导学生自己思考，探索知识的深层次，培养他们独立思维的能力。富有启发性的语言有着一些重要的特点，应该能够唤起学生的兴趣。通过引入有趣的实例、引用生动的故事或提出引人入胜的问题，辅导员可以吸引学生的注意力，激发他们对学习的兴趣，有助于学生积极参与，并主动思考。启发性的语言应该能够引导学生自己去思考问题，辅导员可以通过提出开放性的问题，鼓励学生自己寻找答案。最重要的是，富有启发性的语言应该能够给予学生自信，辅导员的话语应该传达出对学生能力的信任和鼓励，让他们相信自己可以克服困难，解决问题。这种积极的语言能够激发学生的自信心，让他们更有动力去追求知识。

第三节　高校辅导员工作语言的风格

一、辅导员工作语言风格的内涵

高校辅导员的工作语言拥有丰富多彩的个性化特色、千差万别的教学语言风格，也是不同教学风格的反映，为人们研究学习教学理论、总结和学习优秀教师的经验、提高运用教学语言的艺术，提供了非常宝贵的参考。辅导员的语言风格可以体现出他们的独创性，每位辅导员都有自己独特的方法和方式来与学生沟通和引导他们。一些辅导员可能更倾向于以幽默和轻松的语气与学生交流，创造轻松的氛围，而另一些可能更注重深刻的思考和分析，以帮助学生解决问题。此种独创性不仅能够满足不同学生的需求，还可以激发学生的兴趣和动力。语言风格反映了辅导员的专业素养，辅导员通常拥有丰富的心理学和教育学知识，可以在他们的语言表达中得以体现。他们可能使用专业术语，进行深入的心理分析，以更好地理解学生的问题。专业素养有助于建立信任和尊重，学生会更愿意接受辅导员的指导和建议。语言风格还可以反映出辅导员的关怀和同理心，在高校辅导员的工作中，表达对学生的关心和理解非常重要。辅导员可能使用温暖的语言，表达同理心，鼓励学生分享他们的问题和情感，从而建立亲近感，让学生感到被尊重和支持。辅导员的语言风格也应根据不同的学生群体进行灵活调整，不同年级、专业和背景的学生可能对语言的理解和接受有所不同。因此，辅导员需要根据学生的特点，调整自己的语言风格，以确保有效的沟通和支持。

语言风格的形成是一个积累和锻炼的过程，通常反映了辅导员在教育领域的深度和广度。辅导员需要具备敏锐的观察力和洞察力，在与学生互动时，必须能够捕捉到学生的需求、问题和情感状态。只有通过仔细倾听和观察，才能更好地理解学生的内心世界，为他们提供合适的支持和建议。辅导员的语言风格应该是鼓励和积极的，在学生面对挑战和困难时，他们的语言应该能够激发学生的信心和动力。正面的言辞和鼓励性的语气可以帮助学生克服困难，实现自己的目标。

人们可以借鉴"风格即其人"的论断来理解辅导员的工作语言风格，同时将其与学生的需求和目标相结合。辅导员的语言风格不仅仅是一种工具，更是一种展示其个人特色和态度的方式。当辅导员与学生交流时，他们的语言反映了他们的价值观、道德观和教育理念，辅导员的语言在引导学生思考、解决问题和塑造人生观时发挥着关键作用。辅导员在工作中可能需要表达一系列观点和建议，这些观点和建议通常与学生的成长和发展直接相关。因此，他们的语言必须直接而坦率，更应具有启发性和鼓励性。辅导员的工作语言应该是积极的，以激发学生的信心和动力，并且要充分尊重学生的个性和选择。

高校辅导员的工作语言是他们个人多种素质的综合体现，其中包括世界观、人生观、文化教养、审美情趣、生活阅历、教学经验、性格气质、特殊习惯等多种因素。诸多因素在辅导员的教学语言中交织在一起，形成了他们独特的语言风格。辅导员的个人经历和教育背景对其教学语言产生深远影响，不同的生活经历和受教育程度塑造了辅导员的文化背景，这反映在他们的语言中，表现为典雅或浅白、深刻或平易的特点。教学经验的积累也决定了辅导员的语言流畅度和表达能力，经验丰富的辅导员可能更擅长用生动的语言引导学生，而相对新手的辅导员可能需要更多的时间来适应这一角色。辅导员的性格气质也会直接影响他们的教学语言，性格外向的辅导员可能更倾向于亲和力强、活泼生动的语言风格，而内向的辅导员可能更倾向于深思熟虑、冷静客观的表达方式，这些个性特点使得每位辅导员在与学生互动时都能够在语言上体现出自己的独特气质。

高校辅导员的工作语言是一个多维度的表现，既受到个体的主观因素影响，又受到客观环境和时代背景的塑造。人们认可教学语言风格的个性化，同时也承认外部因素对其的影响。辅导员的语言风格首先反映了他们的个人素质和教育背景，不同的个体拥有不同的世界观、人生观和文化教养，这些因素深刻地影响了他们的语言表达方式。然而，人们也不能忽视社会环境和时代风尚对语言风格的塑造作用，辅导员所处的社会背景、教育体系和时代特点都会在一定程度上影响他们的语言风格。例如，随着社会的发展和进步，语言表达方式也可能发生变化，辅导员需要不断适应这些变化，以更好地与学生进行沟通和交流。

二、辅导员工作语言风格的多样性

辅导员的工作语言，如同世界上的树叶一样，呈现出多样化的形态。语言风格是辅导员个人素质的综合体现，既受到主观因素的塑造，又受到客观环境和时代背景的影响。辅导员的语言风格多种多样，有的辅导员可能倾向于典雅、远奥的表达方式，有的可能更注重简洁、明快的风格，还有的可能追求奇特、诙谐的表述方式。辅导员多样性的语言风格丰富了工作语言的表现力，有助于满足不同学生的需求。辅导员的语言风格也受到他们个人背景和经历的影响，不同的文化背景、教育经历和生活阅历都会在语言中留下独特的痕迹。

在演讲理论中，学者通常将演讲风格划分为慷慨激昂的雄浑型、典雅含蓄的委婉型、严谨执着的质朴型、清新爽人的淡雅型、机智风趣的幽默型、五彩缤纷的绚丽型六种。这种划分虽然是用于演讲，但与高校辅导员的教学语言风格有着相似之处，可以提供一定的启发和借鉴。教学语言风格在辅导员工作中发挥着重要作用，无论何种风格，都服务于教育工作，深刻地影响着学生的成长和发展。为了更好地理解和研究不同语言风格的特点及其构成规律，可以将常见的教学语言风格分为六类：明白晓畅、亲切温暖、诙谐幽默、庄重典雅、质朴俚俗、清新童真。划分有助于辅导员更好地理解和运用不同的语言风格来满足不同学生的需求，明白晓畅的语言风格能够让知识更易于理解，亲切温暖的语言风格能够建立师生之间的亲近感，而诙谐幽默的语言风格则可以轻松活跃课堂氛围，庄重典雅和质朴俚俗的语言风格适合不同的教学场合，清新童真则能够激发学生的创造力和好奇心。

（一）明白晓畅

明白晓畅的语言风格主要特点是语义清晰、结构明了、表达流畅，前后呼应一致，是对辅导员语言素质最基本的要求。明白晓畅的语言风格表现为言之有物，不模棱两可，学生容易理解，表达流畅且不拖泥带水。此种风格就像一股细流源源不断地涌出，宛如阳光照耀下的清澈溪水，让人一目了然，没有阻塞和困惑。与之相对的是佶屈聱牙、琐碎复杂、难以理解的语言风格，与明白晓畅形成了鲜明的对比。高校辅导员运用明白晓畅的语言风格，有助于建立与学生之间的良好沟通，传递信息更为迅速和准确，使得学生更容易理解和接受辅导员的指导和建议，有助于辅导员更好地履行职责，帮助学生解决问题和实现个人发展目标。

明白晓畅风格的关键要求之一是使用学生易于理解的词语和句式，理解是知识吸收的基础，尤其是在听讲这一过程中更为重要。在辅导员的工作中，与学生的交流主要包括听和读两个方面。阅读是一个可以多次重复、深入思考的过程，读者有更多的主动性。而听讲则不同，因为口头语言转瞬即逝，听众的主动性受到一定限制。因此，辅导员的首要任务是确保学生能够听清楚、听明白，这需要辅导员选择一些学生能够理解的词语和句式来进行讲解。明白晓畅的语言风格使得辅导员能够更好地传递信息，让学生更容易理解和吸收知识。通过使用简单、明了的语言，辅导员能够帮助学生更快地掌握所需的信息，提升教育工作的效果。

无论是面向青少年还是成年人的教育，"明白晓畅"的教学语言都备受欢迎，因为它是促使学生进行有效思考的关键条件。明白晓畅的语言风格强调使用简洁明了的词汇和句式，确保信息的清晰传达，对于辅导员来说至关重要，因为他们的任务是协助学生理解复杂的概念、解决问题和制订学术计划。通过使用清晰简单的语言，辅导员可以帮助学生更容易地掌握知识，激发他们的学术兴趣，并引导他们朝着成功的方向前进。

（二）亲切温暖

高校辅导员在进行知识传授、思想教育和指导学生时，常常展现出一种亲切温暖的语言风格，让学生感受到教育者如温暖的春风般的关怀，宛如慈爱的父母或关切的兄长，引领他们踏上通向真善美的道路。辅导员以温和的口吻传授知识，以理解和鼓励之词激发学生的潜力。他们倾听学生的需求，提供支持，营造一个充满温馨和信任的学习环境。采用亲切温暖的语言风格有助于建立积极的师生关系，使学生更加积极主动地参与学习和成长。

高校辅导员的工作语言，以亲切温暖的风格为特征，就像温暖的阳光一样，充满感人至深的力量。这种教学语言不仅展示了辅导员的温和与关怀，还反映了他们对学生的深切情感，这是由爱和真诚铸就的，从教师内心自然流露出来。在此种语言风格下，辅导员不仅仅是知识的传授者，更是学生的引导者和榜样。他们善于用温柔的语气鼓励学生，当学生面临知识困难时，会耐心解释和指导，帮助他们克服困难。当学生分散注意力或被其他事情分心时，辅导员会用体贴的语言提醒学生，保持对学习的关注。即使在纠正学生的错误时，辅导员也会以巧妙的方式，让学生自己找到正确的答案，而不是强加答案。亲切温暖的语言风格的形成源于对学生的深切爱意，冷漠和自私无法产生真正的热情语言，而严苛和挑剔也难以建立亲近感。

许多杰出的教育工作者将全部心血倾注在教育事业上，像母亲一样照顾着他们的学生，因此，他们的语言充满了亲切和温暖，带有一种令人感到温馨的热情。亲切温暖的语言风格在不同人的表达中会有不同的呈现，而此种差异不仅与个体气质有关，还受到社会角色和心理状态的影响。例如，教师的亲切和温暖的话语在表达方式上可能不同于行政官员或其他社会角色。此外，不同层次的学校工作人员，由于面对的教育对象和情境的差异，也会呈现出不同特点的亲切温暖语言风格。在高校辅导员的工作中，亲切温暖的语言风格具有独特的作用，有助于建立师生之间的信任和亲近感，使学生感到被尊重和关心。这种风格能够促进学生的积极参与和学术成长，因为学生通常更愿意与那些以温暖和关爱为基调的辅导员合作。尤其值得注意的是，亲切温暖的语言风格并非一种人为的表演，而是源自对教育事业和学生的真挚热情。只有教育工作者内心深处真正热爱教育，把学生视为自己的责任，才能在语言中传达出真正的亲切和温暖。

（三）诙谐幽默

诙谐幽默的语言风格将美感和趣味融合在一起，具有独特的特点和价值。诙谐幽默的语言风格能够让人感到有趣可笑、轻松愉快。在紧张的学习环境中，学生也需要一些轻松的时刻来缓解压力。诙谐幽默的教学语言可以引发学生的笑声，增添学习的趣味性，使学习不再枯燥乏味。诙谐幽默的语言风格有启发性和教育意义，不仅能引发笑声，还常常在笑声之后传达深刻的思考和启示。通过幽默的表达方式，学生可以更容易理解和记住教育内容，同时也能够领悟到其中蕴含的重要道理。诙谐幽默的语言风格通常充满友善和善意，不带有伤害性和讽刺。它以巧妙的方式指出问题，而不是挖苦或伤害他人。此种风格的语言更容易被学生接受，能够建立积极的学习氛围并且此种语言风格对学生具有很大的吸引力，使学生对学习充满兴趣，能够提高他们的学习积极性。诙谐幽默的语言能够活跃课堂氛围，创造出一种和谐的师生关系，让教育过程更加愉快和富有活力。

高校辅导员在工作语言中采用诙谐幽默的语言风格，与油滑庸俗有明显的区别，两种风格的差异主要体现在内容和语言的健康与否上。诙谐幽默的语言风格注重引发听者健康的笑声，并具有教育意义。优秀的幽默大师如卓别林和侯宝林，他们的幽默不仅能够让人发笑，还能够使人认识到社会现象，领悟到其中蕴含的深刻思想，并对社会问题提出针砭之词。他们的幽默是高尚和富有内涵的，能够给人以启发和教育。与之相反，油滑庸俗的语言风格表现为低俗趣味，通常是耍贫嘴或使用格调低下的幽默。这种风格的语言缺乏教育意义，通常只是为了博取笑声而使用。它不能引发人们的深思熟虑，也不能对社会问题提供有益的见解，且此种语言风格可能会降低对听众的尊重，不利于建立积极的师生关系。因此，高校辅导员采用诙谐幽默的语言风格，注重内容的健康和教育意义，能够为学生带来有趣的学习体验，并启发他们思考重要问题。

诙谐幽默风格反映了教师热爱生活、乐观主向上义的精神和机智风趣的性格特征，只有热爱生活、积极乐观的人，才能够在日常生活中发现生活中的趣味和滑稽之处，从而具备幽默感。乐观主义的态度使教师更容易看到事物的积极一面，将其巧妙地融入教学，让学生在轻松、愉快的氛围中学习。诙谐幽默的教师需要具备一定的文化艺术修养和健康的审美情趣，幽默不仅是有趣可笑，还需要智慧的闪现。此种风格的语言在表达时可能会巧妙地引用文学、历史、艺术等领域的知识，通过幽默的方式传达深刻的思想和见解。因此，教师的文化素养和审美情趣对于诙谐幽默风格的运用至关重要。诙谐幽默的风格要求教师拥有适当和适度的分寸感，过度的幽默可能会对课堂教学产生负面影响，因此教师需要具备在适当的时机使用幽默的能力。适度的幽默不仅能够活跃课堂氛围，还能够增进师生之间的互动和沟通，但同时要避免过度，以免影响教学效果。

（四）庄重典雅

庄重典雅的语言风格是一种非常重要的表达方式，给予听众以正剧式的优美色彩。此种语言风格的特点在于，教师的表达态度庄严郑重，展现出深思熟虑和精心选择的特点。庄严郑重并不意味着冷漠和不易接近，相反，它传达出教师的认真和优雅，使学生感受到尊重和重视。在庄重典雅的语言风格下，教师的表述内容都经过深刻思考，精心组织，确保前后贯通，语言表达经过精雕细琢，字斟句酌，常常使用成语、诗句等文学元素来增强表现力，使语言更加生动。庄重典雅的语言风格还在适当的时候运用典雅的词汇和短语，使语言更具深度和内涵。教师可以巧妙地引用一些文学作品、典故或者哲学思想，以丰富课堂内容，引发学生的思考。此种风格的语言不仅令学生在教学中感受到庄严和认真，还能够激发学生的学习兴趣，提高他们的思辨能力。庄重典雅的语言风格展现了教师的高雅品位和严谨态度，同时为学生树立了学习的楷模。通过这种语言风格，教师能够在传递知识的同时，也能培养学生的情感和品德，使他们受益终身。

庄重典雅的教学语言风格的形成首先取决于辅导员的文化素养，辅导员应该具有广泛的文化知识，以及良好的语言功底，才能够自由地选择适当的词汇，深入解析教育材料，并运用具有表现力的典雅语言来传达思想和情感。辅导员的文化素养越高，他们的语言表达就越丰富。越有深度、越能够吸引和启发学生。辅导员的审美情趣和审美追求也在庄重典雅语言风格的形成中起着重要作用，如果辅导员在主观上偏爱具有文学艺术价值的语句和典雅的语言，他们就会努力追求这种语言效果。他们可能会研究文学经典，欣赏优美的句子，积极培养自己的文学品位，以便在工作中能够运用这些典雅的语言来与学生进行沟通和交流。庄重典雅的语言风格不仅可以提高辅导员的专业形象，还有助于营造一种严肃而尊重的学习氛围。学生在接触到这种风格的语言时，会感受到辅导员的认真和专业性，从而更愿意倾听和学习。

高校辅导员的工作语言应该反映庄重典雅的特点，庄重典雅是一种自然而然的性格表现。辅导员如果通情达理，举止庄重、大方，就会自然地在言辞中流露出庄重典雅的特质。庄重典雅的教学语言风格在与高年级学生的互动中特别适用，大学生通常具有更强的理性思维能力，他们更能欣赏和理解这种语言风格，也更容易适应。辅导员庄重典雅的语言可以帮助学生建立对知识和教育的深刻认识，促使他们的思维能力和学术素养获得提高。

（五）质朴俚俗

高校辅导员在与学生交流和开展工作时，采用质朴俚俗的语言风格具有独特的优势和价值。运用此种语言风格可以与学生之间建立一种真实、平易近人的连接，质朴俚俗具有以下特点和优势。质朴俚俗的语言风格强调实用性和真实性，辅导员使用直白、实际的语言，使信息变得清晰明了，避免了繁复或虚伪的表达方式。这种直接性有助于学生理解和接受所传达的信息，使他们感到与辅导员之间的交流更加贴近实际。此种语言风格强调朴实无华，避免了过分修饰或炫耀。辅导员通过使用通俗口语和乡土俚语，将复杂的概念和观点转化为易于理解的形式。其中的质朴性有助于建立与学生之间的亲近感，使他们感到辅导员是平易近人的，更容易建立信任。质朴俚俗的语言风格可以使高深的知识变得浅显易懂，辅导员通过通俗、朴实的方式表达复杂的思想，使学生更容易掌握和吸收知识。

选择质朴俚俗的语言风格，并不等同于采用粗糙或不规范的语言，而是要体现一种美学追求和语言修养的境界。此种风格并不意味着语言的杂乱或不纯净，而是在长期的教学实践中，教育工作者经过不断提炼形成的一种特殊语言表达方式。质朴俚俗的语言风格注重语言的通顺、准确和规范，与其他语言风格一样，追求文理的一致性。然而，它在表达中可能融入一些地方色彩和浓厚的乡土气息，从而产生特殊的表达效果。这种风格的语言也可能更加贴近大众口语，让学生感到辅导员是平易近人、易于接近的。通过选择这种质朴俚俗的语言风格，辅导员能够有效地缩短与学生之间的距离，建立更加亲切和融洽的关系，从而促使学生理解和接受所传达的信息，加强学生与辅导员之间的信任和互动。

（六）清新童真

在高校辅导员的工作语言风格中融入"清新童真"的元素，意味着采用一种简洁明了、充满活力和希望的表达方式。"清新童真"的风格不仅仅是语言上的选择，更是一种情感上的交流，能够令学生感受到温暖和关怀，从而使他们打开心扉，更好地接受辅导员的指导和建议。"清新童真"风格的核心在于其真诚和乐观，辅导员在与学生沟通时，用词上避免选择过于复杂或生硬的专业术语，要更多地使用贴近学生生活、易于理解的语言。"清新童真"的语言风格能够缩短心理距离，使学生感到辅导员是可亲可信的朋友，而不仅仅是权威的指导者。同时，"清新童真"的风格体现在对事物的积极看待方式上。在面对学生遇到的困难和挑战时，辅导员会用一种轻松乐观的态度去描述问题的解决方案，鼓励学生勇敢面对，寻找克服困难的可能性，激发学生的内在动力，增强他们的自信心和解决问题的能力。辅导员使用富有画面感的描述，比如把生活比作一场冒险旅行，把学习比作探索未知的宝藏，能够激发学生的好奇心和探索欲，让学习和生活变得更加有趣和富有意义。

第四节　高校辅导员工作语言的特点

一、简洁

高校辅导员的工作语言应该具备简洁性，辅导员要用简单明了的语言传达复杂的内容。辅导员简介的工作语言不仅使学生更容易理解，而且有助于提高教学效率和有效地传递知识。简洁性要求语言精练、明了，不使用复杂的术语或冗长的叙述，这对于辅导员来说尤为重要，因为他们的目标是帮助学生理解问题，而不是使问题更加复杂。辅导员应该用简洁的语言概括问题的关键点，帮助学生迅速抓住问题的核心。简洁的语言还有助于提高学生的注意力。当语言简洁明了时，学生更容易集中精力，理解和吸收所传达的信息。相反，如果语言冗长复杂，学生可能会感到困惑和疲劳，难以集中注意力。

高校辅导员的工作语言应当注重简洁性，以传达知识、引导学生为主要目标。与教师相比，辅导员的工作职责更侧重于帮助学生解决心理、情感和人际关系等方面的问题。因此，他们的语言应该更加朴素、简洁，以便更好地与学生建立亲近的沟通关系，提供必要的支持和指导。简洁的教学语言不需要堆砌华丽的辞藻或装腔作势，正如真理本身一样，简洁的语言表现出朴实无华的美，直接、准确地传达信息，不会让学生感到困惑或压抑。相反，它能够引发学生的兴趣，使他们集中注意力，理解和接受所传达的信息。简洁的语言还有助于建立与学生之间的信任和亲近感，辅导员的工作需要与学生建立深入的沟通，帮助他们解决个人问题和困惑。如果语言过于复杂或装腔作势，可能会疏远学生，使他们感到难以接近。相反，简洁的语言能够让学生感到被理解和支持，与辅导员建立更加亲近的关系。简洁的语言能够节约时间，提高工作效率。辅导员通常需要处理大量的学生问题，如果语言过于复杂或冗长，可能会浪费时间。简洁的语言能够直接切入问题的核心，迅速提供有效的建议和指导，提高工作效率。

（一）抓住问题的实质，不讲与中心无关的话

辅导员的语言应该抓住问题的实质，他们的目标是帮助学生解决问题，因此在与学生交流时，应该将注意力集中在问题的核心要点上，不必在与学生交流时展示自己的博学和高明，而是要确保学生能够理解并掌握解决问题的关键。这需要辅导员在言语表达中具备深刻的问题分析能力，能够将复杂的问题简化为易于理解的形式，以便学生迅速理解并采取行动。简洁的语言不是缺乏信息，而是将信息以最有效的方式传达给学生。辅导员在沟通中应该避免冗长的叙述或废话，要专注于问题的核心要点，提高学生的专注力和理解能力，使他们更容易接受和吸收所传达的信息。简洁的语言有助于建立与学生之间的亲近感和信任，学生通常更喜欢与那些能够清晰、明了地表达自己的问题和需求的辅导员合作。简洁的语言能够让学生感到被理解和支持，从而增进与辅导员的关系。

抓住问题的实质是语言简洁的关键，辅导员应该深入了解学生的问题，确保自己完全理解问题的本质，然后，可以使用简明扼要的语言，将问题分解、分析和解释给学生。这有助于学生理解问题，不被无关的信息干扰。紧密围绕中心是实现语言简洁的方法之一，辅导员在与学生交流时，应保持专注，不要偏离问题的核心，不必展示自己的知识广博，而是要确保学生能够理解和应对问题的关键点。这样，辅导员的语言不会变得冗长，学生也更容易理解和接受所传达的信息。简洁的语言有助于提高学生的专注度，当学生意识到辅导员的语言始终紧扣问题的核心时，他们会更加专心地倾听，不会漏掉任何重要的信息。

（二）不随意重复已经说过的话

简洁和明了的语言不仅能提高学生的理解力，还能增强他们对辅导员的信任和合作意愿。在运用教学语言时，有两种重复方式需要考虑。一种是必要的重复，即有意的重复。此种情况下，辅导员有时需要多次重复关键信息，以确保学生能够充分理解和记忆。例如，在进行心理辅导时，辅导员可能会多次强调情绪管理的重要性，以帮助学生更好地应对压力和情感问题。必要的重复有助于强化关键概念，但也需要注意避免过度重复，以免学生感到烦躁。另一种是不必要的重复，即无意义的重复。有些辅导员可能因为语言习惯或表达不清而不断地重复已经说过的内容，这种重复只会导致语言的冗长和混乱，让学生感到困惑。辅导员应该努力提高自己的表达能力，避免不必要的重复，确保语言简洁明了。简洁的语言有助于提高学生的专注力，当辅导员使用简洁的语言表达时，学生更容易理解和吸收信息，不会分心或感到困惑，这样辅导员可以有效地传达重要信息，帮助学生解决问题。

高校辅导员的工作语言是连接他们与学生之间的纽带，是实现有效交流和提供支持的关键，辅导员需要运用独特的语言展开工作。与传统教育不同，辅导员的目标不是简单地传授知识，而是激发学生的思考和自我发展。因此，辅导员的语言应该能够引发学生的兴趣，让他们主动探索问题，找到解决方案。启发性的语言可以帮助学生培养自主学习的能力，更好地适应未来的挑战。辅导员的语言应该是包容和多元化的，高校中有着各种各样的学生，他们来自不同的文化背景，有不同的学习需求，辅导员需要运用语言来包容这些多样性，确保每个学生都感到被尊重和理解，这要求辅导员具备跨文化沟通的能力，以便更好地满足学生的需求。辅导员的语言应该是赋能和自主的，辅导员的任务之一是帮助学生发现自己的潜力，并提供支持，使他们能够自主地制订目标和计划。因此，辅导员的语言应该能够赋予学生信心，让他们相信自己有能力克服困难，实现自己的目标。辅导是一个长期的过程，不仅仅局限于一次会议或一次谈话。辅导员需要建立持续的关系，通过语言来保持与学生的联系，为他们提供持续的支持和指导，持续性的语言可以帮助学生在整个学术生涯中取得成功。

高校辅导员工作中的语言应该远离无意义的重复，此种重复常常表现为两种形式。首先，是相同词句的重复，这种重复容易导致学生对信息的疲劳和混淆。辅导员应该避免在短时间内多次使用相同的措辞，而要尝试用不同的方式来传达同一信息，以增加信息的吸收度和记忆度。其次，是用不同的词句重复表达一个相同的意思。此种情况可能会让学生感到冗余和混淆，因为他们可能会认为辅导员在不断重复同一观点。辅导员应该努力在表达时简明扼要，避免过度强调相同的观点，要尝试引入新的思考角度或相关信息，以丰富对话内容。在辅导员的工作中，语言是建立信任和促进学生成长的关键工具。通过避免无意义的重复，辅导员可以提供更加清晰和有深度的指导，帮助学生更好地理解和应对他们面临的挑战。因此，辅导员需要不断提高他们的沟通技巧，确保他们的语言对学生产生积极而深远的影响。

相同词句的重复也有着多种形式：

1.整句重复

有些辅导员可能在讲解某一观点或信息时，会反复说同一句话，以强调其重要性。例如，他们可能会说："这个问题很重要，这个问题很重要，这个问题很重要……"这种反复不仅会让学生感到无聊，还可能让他们对信息产生抵触情绪。为了有效地传达信息，辅导员应该尝试用多种方式表达相同的观点，而不是机械地重复，可以通过提供实例、引用相关研究或以不同的角度解释问题来使信息更加生动和多样化。

2.重复一个词

高校辅导员应避免在与学生交流时过度重复单词或短语，此现象可能让信息变得枯燥乏味。持续的单词或短语重复会使学生失去兴趣，因此辅导员应该确保工作语言的多样化，使用不同的表达方式，以保持学生的专注和参与。通过引入多样的词汇和表达方式，辅导员可以让他们的工作语言更加生动和吸引人，从而更有效地与学生互动和交流。

3. 重复一句话的后半截

重复一句话的后半截。虽然这种形式的重复不太容易被察觉，但如果被频繁使用，容易使沟通变得累赘，让信息变得模糊不清。在辅导员与学生的互动中，这种问题可能会出现。辅导员可能会使用不同的词汇或表达方式来重复表达相同的意思，因而令学生感到困惑，降低了信息传达的效率。因此，高校辅导员应该时刻注意他们的工作语言，避免不必要的重复，从而提高与学生的交流质量，让信息更容易被理解和吸收。通过清晰和精练的语言，辅导员可以更好地达到他们的工作目标。

（三）剔除语言中的杂质与赘瘤

简洁的语言是一种精练的工具，能够帮助辅导员更有效地与学生进行沟通，传递信息和解决问题。然而，简洁的语言与语言中的杂质和赘瘤是不相容的。当辅导员的语言中充斥着杂质和赘瘤时，信息传达就会受到阻碍，学生可能会感到困惑，难以理解重点，不仅浪费了时间，还可能导致误解和混淆。相反，简洁的语言清晰明了，能够直接传达要点，帮助学生更好地理解和吸收所传递的信息。

语言中的杂质则是影响简洁性的一大障碍，杂质是指那些无意义的音节或词汇，不仅使语言变得复杂，还可能导致听众的困惑和不满。一个常见的例子是一些老师或辅导员在说话时频繁使用像"嗯""啊""唉"等语气词，语气词在适当的情境下可以增加语言的表情和感情，但当在语句中过度出现时，它们就会变得无意义且烦人。听众可能感到不安，因为这些杂质妨碍了信息的流畅传达。辅导员应该特别留意自己的语言习惯，确保不会频繁使用这些无意义的语气词，从而与学生进行有效的沟通。语言中的杂质还可能包括一些多余的修饰词汇或句子，这些修饰词汇或句子并没有为信息的理解和表达做出贡献，反而使语言变得复杂而冗长。

高校辅导员在工作语言中要避免口头禅，口头禅可能会成为语言中的赘瘤，对有效沟通产生不利影响。口头禅是一种在语言中反复出现的词语或短语，通常是出于习惯而使用，但它们往往没有实际的信息或意义，只是语言中的装点和填充。在文学作品中，作家有时会故意使用口头禅来强调某个人物的特点，可以增添人物形象的生动性。然而，在教学和辅导的背景下，口头禅却可能分散学生的注意力，让他们感到困惑或不耐烦。举例来说，如果一个辅导员不断地在谈话中插入"你懂吗"或"明白吗"等口头禅，学生可能会觉得这些附加的词语没有必要，而且干扰了他们对重要信息的理解。因此，高校辅导员需要在工作语言中保持干净、简洁和有效的表达方式，避免不必要的口头禅。高校辅导员的工作语言是非常重要的，直接影响了与学生的有效沟通和指导。有些辅导员习惯在与学生交流时使用不必要的口头禅，这可能会影响到工作的效果。举例来说，一些辅导员可能经常使用类似"是不是啊"的口头禅，这种习惯性的提问可能会在不需要的情况下反复出现。辅导员的这种口头禅会让学生感到焦虑，因为他们可能觉得每句话后面都会有一个"是不是啊"的提问，即使答案显而易见。此种提问方式的过度使用会导致教学语言的重复，降低学生的兴趣和参与度。为了改善此种情况，高校辅导员可以尝试改变提问的方式和形式，也可以尝试用更具启发性的问题来代替口头禅，例如："想一想，这样做对不对？""这个答案正确吗？""是这样的吗？"或者鼓励学生参与，问："哪位同学知道，应该怎样回答？"这样的提问方式既能够避免不必要的口头禅，又能够鼓励学生更多地思考和参与讨论。

只有剔除掉那些可有可无的字、句、段，才能使语言达到简洁的标准，在多个方面体现积极作用。从信息传递的角度看，简洁的教学语言能够提高工作效率，节约教学时间。辅导员需要向学生传达重要的信息和建议，如果语言冗长，可能会浪费宝贵的时间。相反，简洁的语言可以确保信息的直接传达，让学生更快地理解并采纳建议，从而提高工作效率。从完成教学任务的角度看，简洁的教学语言能够使教学内容更加清晰明了。辅导员通常需要向学生解释复杂的概念或提供重要的指导，如果语言不简洁，可能会导致学生困惑和误解。通过使用简洁的语言，可以确保信息的准确传达，帮助学生更容易理解和吸收知识。从表达的角度来看，简洁的教学语言具有朴素和洁净的色调，能够增加语言的美感，有助于吸引学生的注意力，激发他们的兴趣，使学习过程更加愉悦。具有美感的语言可以让学生更好地记忆和理解知识，从而提高他们的学术水平。

二、生动

辅导员在与学生交流和解释问题时，应该用新鲜活泼和具体形象的方式表达。生动的语言具有活力，能够触碰和感动学生的内心，因此在辅导员的工作中具有重要价值。生动的语言是新鲜活泼的，辅导员在与学生交流时，应该避免使用陈旧、枯燥的措辞和表达方式。相反，他们可以运用生动的比喻、例子和故事来解释问题，使学生感到新奇和有趣。新鲜活泼的语言有助于吸引学生的兴趣，激发他们对问题的好奇心，提高学习的积极性。生动的语言是具体形象的，辅导员在向学生描述问题或解释概念时，应该尽量使用具体的描述和形象的词汇。通过形象化的表达，学生可以更清晰地理解和记忆所学内容。比如，用生动的语言来描述一个历史事件或科学现象，能够使学生更容易理解和记忆，而不是简单地呈现抽象的概念。生动的语言不仅有助于提高学生的学习效果，还能够建立良好的师生关系。辅导员通过用新鲜活泼和具体形象的语言与学生交流，可以更好地与学生建立联系，让学生感到他们是被理解和关心的，进而增强学生对辅导员的信任和尊重，更好地实现教育和指导的目标。

高校辅导员的工作语言必须追求生动，因为生动的语言与新鲜活泼、有创造性的表达方式相关联，与平淡、机械、陈旧、老套的表达方式截然不同。高校辅导员在工作中，要避免使用人云亦云的陈词滥调、空洞的套话以及刻板的格式，因为这些语言不具备生动性，无法到发学生的兴趣和共鸣。生动的语言能够让辅导员与学生之间的交流更有趣味性和创造性，辅导员使用形象生动的比喻、例子和故事，可以生动地解释复杂的问题，使学生更容易理解和记忆。此类语言表达方式不仅提高了信息的传递效率，还激发了学生的好奇心，促使他们积极思考和参与。生动的语言也有助于建立更亲近的师生关系，当辅导员能够用新鲜活泼、具体形象的语言与学生交流时，学生更容易感受到被理解和关心，有助于建立信任和尊重，进而推动学生更积极地参与学习和咨询过程。

要成为一名出色的辅导员，不仅需要具备扎实的专业知识，还需要有生动、新鲜、具有创造性的语言表达能力。新鲜活泼的语言不仅仅是指言辞的新颖，更表现在对教育内容的生动讲解、学生心理的深刻理解，以及鼓励学生积极思考上。教育的内容往往是固定的，特别是在高等教育领域，教材内容通常都是经过严谨筛选和认可的，不能随意修改。然而，辅导员可以通过创新的语言表达方式，赋予这些内容新的生命。例如，当讲述艰苦奋斗这一主题时，辅导员可以从不同的角度出发，引用新的案例和故事，以便学生能够更深入地理解并感受到这个主题的重要性。新颖的内容能够激发学生的兴趣，使他们更加投入学习和成长的过程。辅导员还需要在语言表达中考虑学生的心理状态，要根据学生的年龄、背景和需求，调整语言的表达方式。一些学生可能需要更具鼓励性和启发性的语言，而另一些学生可能需要更多的指导和建议。辅导员需要灵活运用语言，以满足不同学生的需求，并确保他们能够理解和接受所传达的信息。辅导员的语言表达应该鼓励学生积极思考和参与，通过提出问题、引发讨论鼓励学生提出自己的观点，激发学生的思维，培养他们的批判性思维能力。

辅导员为了更好地履行职责，应采用生动和具体的语言表达。生动的语言常常与具体的形象紧密相连，能够激发学生的兴趣，还有助于更深入地理解和记忆所传达的信息。通常而言，学生更容易对生动有趣的内容产生浓厚的兴趣。辅导员可以通过使用具体的形象和描述性语言，让抽象的概念变得更具吸引力。例如，当辅导员使用生动的语言来描绘一个历史事件或科学实验时，学生可能更愿意去探索和学习，因为他们可以在脑海中形象地想象出这些场景。辅导员需要向学生传达复杂的概念和理论，有关内容通常是抽象的和难以理解的。辅导员通过使用生动的语言和具体的例子，可以帮助学生更好地理解这些概念，并将其与实际生活联系起来。实际应用可以帮助学生更深入地理解知识，而不仅仅是记住表面的信息。生动的语言也有助于加强信息的记忆和保持，学生通常更容易记住生动和具体的描述，而不是抽象的概念或枯燥的信息。辅导员可以通过使用生动的语言来传达关键信息，以帮助学生更好地记忆和回顾所学内容。

（一）生动的教学语言对增强教育工作效果有显著作用

1. 生动的教学语言利于强化教育的直观性

辅导员可以通过使用具体形象和生动的描述来使抽象的概念变得更具体，举例而言，当辅导员需要向学生介绍一项新的学习技巧时，可以使用生动的语言和比喻，让学生能够在脑海中形象地想象出这项技巧的应用场景，直观的语言表达可以帮助学生更容易地理解和接受新的概念。生动的教学语言有助于增进学生对知识的深度理解，辅导员可以通过引用生动的实例、案例和故事来解释复杂的知识点。这些实例可以帮助学生将抽象的理论与实际生活相联系，从而深化对知识的理解。生动的语言描述不仅能够激发学生的兴趣，还能够帮助他们更深入地思考和分析所学内容。生动的教学语言能够提高学生的参与度和互动性，当辅导员使用生动的语言来讲解问题时，学生更有可能积极参与讨论和提问。积极的互动有助于深化学生的学习体验，使他们更容易将知识应用到实际生活中。

2.生动的教学语言具有吸引力

生动的教学语言不仅能够加强学生的深度理解，还具有磁石般的吸引力，能够增强学生的无意注意，延长他们的注意力维持时间。生动的教学语言能够吸引学生的注意力，每个辅导员都明白，吸引学生的注意力对于成功的辅导至关重要。然而，学生的注意力往往在课堂上自然而然地下降。心理学家的研究发现，学生的最佳注意力状态通常出现在上课后的前十五分钟。因此，辅导员需要不断采用生动的语言和例子来保持学生的兴趣和关注。生动的教学语言就像磁石一样，能够吸引学生的注意力，让他们更专注地思考和学习，使课堂变得更加生动有趣。当辅导员使用生动的语言时，学生更有可能保持注意力的高度集中，延长学习的时间，这是因为生动的语言能够激发学生的兴趣，让他们不自觉地投入学习，忘记了时间的流逝，兴趣和投入感有助于学生更深入地理解和掌握所学知识。

3.生动的教学语言利于培养与激发学生热爱知识

热爱知识是学习的最大动力，而有兴趣才能热爱。辅导员的语言，如果生动且充满情感，就可以像点燃火焰一样点燃学生内心的求知欲望。许多杰出的学者和作家都曾受到教师生动语言的启发，从而培养了对知识的深厚热爱。例如，数学家陈景润在中学时代受到数学教师生动的表述启发，培养了对数学的浓厚兴趣，而作家徐迟则受到老师深入讲解逻辑的影响，打下了深厚的逻辑功底。这些例子表明，生动的教学语言可以激发学生对知识的渴望，培养他们追求真理的兴趣。生动的教学语言还可以帮助学生更好地理解和应用所学知识，当辅导员用具体的例子、生动的描述来阐释抽象概念时，可以让学生更容易理解和记忆。通过生动的语言表达，知识变得更加生动有趣，能够引发学生的好奇心，使他们更积极地参与学习过程。积极参与学习过程不仅有助于学生更好地掌握知识，还能增强他们对学习的信心和兴趣。

（二）使教学语言生动的方式

高校辅导员在提高自己的工作语言生动性时，需要关注新鲜活泼和具体形象两个关键因素。辅导员想要让教学语言变得新鲜活泼，可以不断学习修辞学和语言表达技巧。修辞学提供了丰富的知识，有助于理解如何运用不同的修辞手法来增强语言的表现力。此外，可以从语言大师的经验中汲取灵感，了解他们是如何运用语言来吸引和感染听众的。同时，教育工作者也可以参考著名演讲家的范例，学习他们在演讲中如何运用生动的语言来引发观众的共鸣。具体形象也是语言生动性的关键，辅导员可以通过使用生动的描述，帮助学生更好地理解和记忆知识，同时有效地将学生的好奇心与兴趣激发出来。

1. 运用事例

高校辅导员在提升工作语言的生动性时，可以借鉴教育家和演讲家的经验，运用具体事例来说明问题，这是一种非常有效的方法。辅导员可以通过具体事例，将看似抽象和枯燥的理论转化为生动有趣的故事，从而吸引学生的注意力，激发他们的兴趣和好奇心。具体事例的运用可以增加工作语言的生动性，还能帮助学生更好地理解和记忆知识。当辅导员用真实的案例来说明一个概念或理论时，学生可以更容易地将抽象的概念与实际情境联系起来，有助于更深入地理解所学的内容。例如，当讲解心理学中的思维定式理论时，可以引用美国心理学家的实验材料，通过具体的案例来展示思维定式是如何产生并影响人们的思维和行为的。这样能够使学生更容易理解和记忆这一理论，并激发他们对心理学的浓厚兴趣。具体事例的应用还可以让辅导员的工作语言更具亲和力和感染力，当辅导员分享真实的经历和故事时，学生更容易与其产生情感共鸣，感受到辅导员的真诚和关怀。

在高校辅导员的工作中，语言的表达形式和内容密不可分，事例是使语言更生动、形象化的基础。然而，辅导员在选择事例时，需要注意新鲜与陈旧、生动与平淡之间的差异。只有精心筛选那些新颖、有趣、能说明问题的事例，才能使工作语言更富生动性。新鲜的事例通常更能引起学生的兴趣和好奇心，辅导员可以不断更新自己的案例库，以确保所使用的事例具有时效性和吸引力。例如，当谈论职业规划时，可以引用最新的成功就业案例，这会让学生更加关注并认真思考自己的职业发展。有趣的事例能够让学生轻松愉快地参与讨论和学习，辅导员可以运用幽默、情感或引人入胜的情节来讲述事例，从而使学生更容易理解和记住相关信息。例如，当谈论人际关系时，辅导员可以分享一个有趣的真实故事，让学生在笑声中领悟到人际交往的重要性。事例必须能够清晰地说明问题，辅导员应该选择那些与所讲主题密切相关的事例，以便学生能够直观地理解和应用所传达的信息。不仅如此，事例应该是教学语言的有力支持，而不是让学生感到困惑或离题。

在高校辅导员的工作中，运用事例是提升工作语言生动性和吸引力的重要方法。然而，要使事例产生生动的效果，需要注意积累材料和精心的表述方式。积累材料是使用事例的前提，辅导员在日常阅读书报杂志时应该成为一个有心的积累者，不断注意并摘取有用的事例。做好储备工作可以让辅导员在需要时信手拈来，确保有足够的素材来支持工作中的语言表达。在运用事例时，细节的描述至关重要。细节是事例的生动之处，能够使听众更加深刻地理解和感受到事例所传达的信息。例如，当辅导员想要说明一个成功人士的职业道路时，不仅可以提到其职业的成就，还可以详细描述他们面对的挑战、付出的努力和克服的困难，细节描述可以使事例更具有感染力和启发性。除此之外，辅导员在讲述事例时还应该使用生动、形象的语言，让听众能够如同亲历其境。通过生动的词汇和形象的描写，辅导员可以激发听众的想象力，使他们更深入地融入事例中。例如，当谈论一个学生克服挫折的经历时，可以使用诸如"奋发向前，如同翻越险峰的攀登者"等生动的比喻和形象描写，以增强事例的感染力。

2.运用故事

故事是一种强大的工具，可以增强工作语言的生动性，活跃课堂气氛，以及引发学生的兴趣。与运用事例不同，故事通常可以虚构，但它们仍然需要与论点有必要的联系，并具有说明问题的价值。故事以一种生动而具体的方式来传达信息，通过构建有情节、人物和冲突的故事，辅导员可以将抽象的概念和原则转化为具体的情境，使学生更容易理解和记忆。例如，辅导员可以编写一个虚构的故事，讲述一个学生如何克服拖延症，最终取得成功的经历。这个故事可以使学生在情感上与主人公产生共鸣，感受到成功的甜蜜和克服困难的力量，从而增强积极性和动力。辅导员可以在讲述故事时运用生动的语言和夸张的描写，吸引学生的注意力，让他们参与到故事中来。参与感可以增强学生的参与度和互动性，使课堂更具生机和活力。例如，在情感管理的工作中，辅导员可以讲述一个有趣的故事，描述一个人是如何应对压力和情绪波动的，然后邀请学生分享自己的经历和策略。故事往往包含情节的发展和悬念的设置，能激发学生的好奇心，让他们想要知道故事的结局，辅导员可以运用这种心理来引导学生主动参与讨论和思考。例如，在一个就业准备的讲座中，辅导员可以讲述一个毕业生如何找到理想工作的故事，然后提出问题，让学生思考如何应用相似的策略来实现自己的职业目标。

辅导员可以从不同的角度运用故事，以满足不同教育和辅导的需求。有时，简洁的叙述可以更好地突出主要观点，让学生专注于核心概念。例如，在讲解时间管理时，辅导员可以分享一个关于成功的职业人士如何有效安排时间的简短故事，以强调时间管理的重要性。另外，详细的叙述可以帮助学生更全面地理解复杂的问题。当辅导员需要讨论复杂的伦理或道德问题时，可以选择一个深入的故事，涵盖更多细节和情感元素，以促进学生的深入思考和讨论。无论是简要概述还是详细叙述，辅导员在运用故事时都应该注重平衡。讲故事的目的是更好地传达信息，激发学生的思考和兴趣。因此，在选择和叙述故事时，辅导员需要谨慎权衡，确保故事与目标相一致，生动而具体，以便有效地与学生进行互动和交流，实现教育和辅导的目标。

3. 打比方

比方或比喻是一种广泛应用的修辞技巧，能够让辅导员的语言更具生动性和易懂性，有助于与学生建立更深刻的联系。打比方是一种将抽象概念或陌生概念与人们熟悉的情境或事物相联系的方法。比方应该是贴切的，辅导员应该选择与学生熟悉的情境或事物打比方，促使学生更容易理解和接受所传达的信息。例如，当讨论自我管理和目标设定时，辅导员可以使用比方将目标比喻成旅程中的地标，帮助学生理解目标的重要性以及如何规划和达到这些目标。比方应该是生动有趣的，一个恰当的比方可以使学生感到愉悦和有趣，有时甚至能在学生心中留下深刻的印象。例如，辅导员可以使用比方来解释如何处理挫折和失败，将挫折比喻成生活中的坑洼道路，强调在跌倒后重新站起来的重要性。比方应该是易于记忆的，一个生动的比方通常会让人们记忆深刻，有助于学生在日常生活中应用所学到的概念。辅导员可以运用与学生日常生活相关的比方，以便学生在需要时能够轻松地回想起来并应用到实际情境中。

4. 运用拟人或拟物

拟人是一种有力的表达技巧，可以赋予抽象的概念或物体人性化的特征，从而使语言更具生动性和表现力。拟人可以让抽象的概念更具情感色彩，例如，当辅导员讨论自我成长和发展时，可以将成长比作一个可爱的小植物，需要精心照顾和滋养，以便苗壮成长。结合拟人学生能够更好地理解自我成长的重要性，并投入情感。拟人可以使学生更容易产生共鸣，当辅导员将学生的挑战和困难拟人化为一个友善的角色时，学生更容易将自己的经历与之联系起来，并感到辅导员理解和支持他们，有助于建立信任和亲近感。拟人可以使辅导员的建议和指导更具体和实际，例如，辅导员可以将学业计划比作一个可靠的导航仪，指引学生在学术道路上前行，使学生能够更清晰地理解如何制订和实施学业计划。

拟物是一种常见且有效的表达方式，通过将抽象的概念或行为与具体的物体或动作相联系，可以使语言更加形象生动，同时增强学生对所传达信息的理解和记忆。拟物可以使复杂的概念更易理解，例如，当辅导员讨论情绪管理时，可以形容情绪为一匹野马，需要驯服和引导，此种比喻使抽象的情绪概念更具体，令学生更容易理解情感管理的重要性。拟物可以激发学生的想象力，通过将学术或职业目标形容成一个遥不可及的宝藏，辅导员可以激发学生对成功的向往和努力追求，可以使学生产生积极的动力和决心。拟物可以增加语言的美感，当辅导员用生动的拟物表达来描述某个情境或概念时，此种语言形式常常具有音乐感和节奏感，给人以美的享受。

5.选用生动形象、富有表现力的词句

选用生动形象、富有表现力的词句能够赋予语言更多的生命力和吸引力，使信息更容易被学生理解和接受。使用描述性词汇和形象生动的比喻，可以让学生更清晰地想象和理解所传达的信息。例如，当辅导员在谈论目标设定时，可以使用"绘制生活地图"的方式来描述个人成长和发展的过程，此类的词汇可以让学生感受到目标的具体性和可视性。辅导员采用具有情感色彩的词汇和生动的描述，可以引起学生的共鸣和情感投入。例如，当谈论克服困难时，可以使用"战胜挑战"或"跨越障碍"等词句，此类词句能够激发学生的积极情感和决心。有时候，即使是普通的词汇，如果在特定语境中使用得当，也能产生强烈的表现力。辅导员应该根据具体情境和受众的需求，选择合适的词句，以便更好地传达信息。

辅导员通过精心选择词汇，可以更生动地传达信息，让学生更容易理解和接受。精准的用词也有助于建立辅导员在学生心目中的专业威信，使他们更愿意倾听和接受辅导员的指导。因此，用词的重要性在高校辅导员的工作中不可忽视，它有助于提升工作效果和与学生的沟通效果。

6.采用多样化的句式

多样化的句式运用不仅包括句子结构的变化，还包括句子类型和修辞手法的变化。通常，辅导员在讲解问题或叙述材料时会使用陈述句，以利于明确表达观点和信息。然而，如果一直沿用相同的句式，就会使语言显得单调乏味。为了让工作语言更加生动，辅导员应该在句式上适时进行变化。多样化的句式运用不仅能够避免语言的呆板和单调，还能增加语言的表现力。通过使用不同的句式，辅导员可以更灵活地传达信息，吸引学生的注意力，使他们更容易理解和接受所传达的内容。变化丰富的句式还有助于产生更生动的效果，从而提高工作语言的吸引力和影响力。因此，采用多样化的句式是高校辅导员工作中的一项重要策略。通过灵活运用不同的句式结构、类型和修辞手法，辅导员可以更好地与学生进行沟通，使工作语言更具生动性，从而提高工作效果。

适当地变化句式可以表现为整句和散句的交错运用、长句和短句的巧妙组合，以达到语势连贯、跌宕起伏的效果。多样化句式的灵活运用能够让工作语言更加生动和引人入胜。在高校辅导员的工作中，生动的教学语言能够突破教学中常见的空洞陈词和套话，并为教学带来清新活泼的氛围。辅导员通过使用生动的语言，可以塑造绚丽的形象，赋予教学内容更加鲜活的色彩，从而吸引学生积极参与学习。此类语言风格使教学充满生机，让学生感受到学习的乐趣，激发他们对知识的渴望。

三、严密

高校辅导员工作中的语言应当具备严密性，这意味着语言的表达要符合事理，语言的组织要符合语法和逻辑规律，从而构成一个无懈可击的有机整体。

（一）严密的内容

1.内容正确，符合事理

高校辅导员工作中的语言应具备严密的内涵，内容必须正确，符合事理。教学语言的主要任务之一是传授知识和进行思想教育，因此所传达的内容必须准确无误，与事实相符，符合客观真理，不仅涉及整体内容的准确性，还包括句子、句群和段落层面的正确性。辅导员在与学生和同事交流时，应确保所述事实和观点是准确的，避免误导或传递虚假信息。语言的表达应当连贯一致，组织合理。这意味着句子、段落和文章的结构应具有内部逻辑联系，以便清晰地传达信息。语言应当有序排列，避免断章取义或信息跳跃，以确保信息传递的一脉相承，为听众或学生提供清晰的思维导向。

2.语言组织符合语法与逻辑的法则

语言的组织需要重视搭配关系，语言的展开应当遵守逻辑规则，这有助于确保教学语言的质量和效果。语言的组织要遵循语法规则，注意搭配关系，使用不当的语法结构和词汇搭配可能导致语言不通顺，理解困难，甚至误导听众或学生。因此，辅导员应该在表达观点和思想时特别关注语法准确性，以确保语言的流畅和清晰。语言的展开应当符合逻辑规则，逻辑性是有效传达信息和观点的关键。如果语言的展开不符合逻辑规律，可能导致思维混乱，观点不明确，听众或学生无法理解或接受所传达的信息。因此，辅导员应当在表达自己的思想和观点时，注意逻辑的连贯性和合理性，以确保信息传递的有效性。

3.教学语言的整体结构应有必然联系

语言的整体结构应当有内部联系，辅导员的言辞应当有机地连接在一起，不应出现断裂或跳跃的情况。每个部分都应与整体结构相协调，共同构成一个有逻辑的整体，从而确保听众或学生能够顺利地理解和跟随辅导员的思路，不会感到混乱或失去重点。论点与论据之间应当有紧密的联系，辅导员在表达观点或解释问题时，应提供明确的论据来支持其观点，且论据应当与论点紧密相关，能够为论点提供充分的支持和解释，有助于增强辅导员的说服力，使听众或学生更容易接受和理解所表达的观点。部分与整体之间也应保持内部关系，辅导员的言辞不应该是零散的信息堆砌，而应当是构成一个有机的整体。部分应当相互衔接，构成一个完整的故事或论述，以便全面地传达信息和思想。

（二）严密是教学语言的生命

高校辅导员的工作语言必须严密，因为它承载了培养全面人才的特殊使命。教学语言的严密性是确保知识正确传授和思想品德教育有效进行的关键，通过严密的语言表达，教育工作者赋予教学语言逻辑的力量，使其更具说服力和权威性，从而更好地引导学生成长。

1.利于学生理解与掌握

高校中的学生来自不同的专业和学科领域，所学知识各异，但无论学什么，真正的知识都具有科学性和系统性。因此，教学语言必须准确地反映出知识的科学性和系统性，具备严密的思维和语言构建能力。此种语言的使用有助于为学生提供理解和掌握知识的基本条件，不仅能够帮助学生更好地理解学科的本质和规律，还有助于培养他们的批判性思维和分析能力。因此，高校辅导员需要以清晰、准确、科学的语言来表达，以便让学生更容易理解和掌握知识，为他们的学术和职业发展提供坚实的基础。

高校辅导员在工作中应避免使用杂乱无章的语言，这样的语言会让学生难以理解和掌握知识。有时候，辅导员可能会东扯西扯，虽然说了很多，但学生却不知所云，造成这种现象的主要原因是辅导员未能准确掌握概念的内涵，导致无法清晰地传达给学生。比如，在解释社会性时，一些辅导员可能会使用含混不清的措辞，如"社会性就是人们去参加社会活动"，此种表述缺乏精确性和准确性，难以帮助学生理解概念的本质。辅导员应该努力提高自己对知识概念的理解，以便能够用清晰、简洁、准确的语言来向学生传达信息，帮助他们更好地理解和掌握知识，从而取得更好的学术成绩，推动职业发展。

有时候，教师的表达可能因为缺乏专业训练或组织不够有条理而显得混乱不堪，从而直接影响到课堂教学的质量，使学生感到迷茫，难以理解和掌握知识。有时，教师可能在授课过程中跳跃思维，导致学生感到混乱，无法跟上教学的步伐，这样不仅会浪费宝贵的学习时间，还会降低学生的学习积极性。因此，高校辅导员需要不断提升自己的语言表达能力，确保用准确、有条理、逻辑严密的语言传达知识，帮助学生更好地理解和消化所学知识，提高教学质量，为他们的学术成就和职业发展提供坚实的支持。只有通过严密的教学语言，才能确保知识的正确传递，让学生受益匪浅。

2. 增强讲授的说服力

在高校辅导员的工作中，增强讲授的说服力是至关重要的。想要使学生信服辅导员的观点和教育理念，首要的当然是依靠真理本身。然而，从语言表达的角度来看，要增强说服力，就需要注重语言表述的严密性和逻辑力量。严密的教学语言不仅能够传达知识，还能够揭示事物的内部联系和规律，并让学生更清晰地理解为什么事物会发生、为什么会按照某种趋势发展。逻辑力量强大的语言能够帮助学生建立更深刻的认识，使他们不仅是被告知事实，还能够理解背后的原因和逻辑。因此，高校辅导员不仅要注重教育内容的准确性，还要注重语言的逻辑力量和严密性。只有这样，高校辅导员的言传身教才能具有说服力，使学生更容易信服并接受他们的教育理念。

逻辑力量源自无法抗拒的真理的力量，然而，要让人信服，必须将这一力量通过严密的语言表述传达出来。真理的力量固然强大，但如果不能用严密的语言准确地表达出来，就难以打动人心。高校辅导员需要借助严密的语言，清晰地呈现他们的教育理念和观点。只有语言表述严密、具备逻辑性，才能将真理有效地传达给学生，并让他们信服。因此，高校辅导员在工作中，不仅要关注真理本身，还要注重语言表达的精准性和逻辑性。

3. 节约时间，提升工作效果

严密的教学语言反映出高度的组织性和规范性，与杂乱无章、模棱两可、前后矛盾等组织性差的语言截然不同。如果教学语言不够严密，将会给教育工作带来一系列问题。学生可能会听后一头雾水，需要更多的时间来理解问题。此外，模棱两可和前后矛盾的教学语言会增加学生的学习负担，降低教育效果。因此，高校辅导员应特别注重使用严密的教学语言，以清晰、有序的方式传递知识和观点，提高学生的学习效率。严密的语言组织不仅有助于学生更好地理解和掌握知识，还能减少混淆和误解，从而使教育过程更加高效和有成效。高校辅导员通过节约时间和提高教学效率，可以更好地履行其使命，培养出更具综合素质的学生。

严密的教学语言就像一根线穿起了散落的珍珠。这根逻辑的线代表了深思熟虑的教学设计，它能够清晰展示事物的内部关系，使学生更容易理解，更容易记忆。辅导员需要深入了解教学内容，在进行个别辅导时，辅导员应提前准备好课程大纲和教材，确保内容准确无误。只有在深入了解课程内容的基础上，辅导员才能将知识以严密的语言表达出来。辅导员应展示知识的内部关系，类似用一根线穿起散落的珍珠，将知识点有机地连接在一起，以便学生能够清晰地理解概念之间的逻辑关系，减少混淆和歧义。严密的教学语言有助于节约时间，通过使用清晰、有条理的语言，辅导员可以更快地传达信息，减少教学时间的浪费。这对于繁忙的高校辅导员来说尤为重要，他们需要在有限的时间内完成多重任务。

（三）辅导员工作语言严密的方法

1.熟练掌握所教学科的知识体系

为了使教学语言更加严密和有效，辅导员需要具备一系列必要的素质和技能。了解所教学科的知识体系是确保教学语言严密的关键，辅导员应该深入研究自己所涉及的领域，对知识结构有透彻的理解。这意味着不仅要了解学科的整体结构，还要精通其中的每一个细节。只有通过对知识的深刻理解，辅导员才能用准确、清晰、连贯的语言来传达信息，确保学生能够理解和掌握所学内容。辅导员还需要不断提升自己的专业素养，包括参加培训课程、研讨会和学术会议，以跟上领域的最新发展。只有通过不断学习和更新知识，辅导员才能在工作中做出明智的决策，并为学生提供最佳的指导。辅导员还应注重教学语言的精细构思，要能够将复杂的知识转化为易于理解的语言，避免术语混淆和信息混乱。通过精心策划和组织教学语言，辅导员可以提高教学效率，帮助学生更好地理解和掌握知识。

只有辅导员深刻理解学科的核心概念和内涵，才能在教学中准确传达知识，使语言表达更有根据更具说服力。辅导员需要不断学习、积累知识，以确保自己对学科的理解和掌握能够满足学生的需求。通过此种方式，他们能够为学生提供高质量的教育支持，帮助学生更好地理解和应用所学的知识。

2.应科学地分点分条陈述

高校辅导员在提高教学语言的严密性方面需要采取科学的分点分条陈述方法，将复杂的问题分解为多个部分，每个部分都有明确的论述和解释，从而使思维和语言更加有条理。然而，要确保这种分点分条的陈述方式真正发挥作用，必须合理划分和组织分点，避免交叉和粘连，以保持语言表达的清晰性和严密性。辅导员可以通过精心策划教学内容，将复杂的主题划分为逻辑连贯的子主题，然后逐一展开讲解。这样的方法不仅可以使学生更容易理解，还能增强教学语言的逻辑性和严密性。同时，辅导员还可以使用清晰的标点符号和过渡词语，帮助学生更好地跟随思维逻辑，确保教学语言的流畅和连贯。通过科学的分点分条陈述，高校辅导员能够有效加强教学语言的严密性，提供更高质量的教育支持。

采用科学的分点分条陈述有两种方式，其中之一是分类陈述。分类陈述将一个母项概念细分为若干子项，并逐一进行解释和说明。这种方式有助于将复杂的概念划分为具体的子概念，使学生更容易理解和记忆。分类陈述也有助于从整体的角度审视各个子项，帮助学生理解事物的全貌。在运用分类陈述时，高校辅导员需要遵守相关的规则，确保逻辑性和严密性。正确的分类应该基于科学的原则，而不是随意划分，以确保每个子项都具有清晰的界限和内在的联系。通过科学的分类陈述，辅导员能够更好地组织教学内容，使其更易于理解和掌握，从而提升教学语言的严密性和教学效果。分点分条陈述的方法有助于辅导员更好地履行他们的教育职责，为学生提供高质量的教育支持。

（1）分类陈述时分类必须穷尽。分类必须穷尽，即各个子项的外延总和应与母项的外延相等，以确保逻辑的严密性。分类陈述在教学中是常用的表述方式，可以将一个复杂的概念划分为具体的子项，并逐一进行解释和说明。然而，在进行分类陈述时，辅导员需要特别注意划分的准确性，以避免划分过宽或过窄。划分过宽会导致子项的外延之和大于母项的外延，此种情况下，一些不相关的内容被错误地包括在内，使分类变得模糊和不准确。例如，如果将文学作品划分为小说、戏剧、诗歌、散文和文艺评论，那么这种划分就显得过于宽泛，不符合严密性的要求，因为文艺评论是一种科学论文，不应该被归类为文学作品。而划分过窄会导致子项的外延之和小于母项的外延，这意味着一些相关的内容被意外地遗漏了。例如，一个教师在分类文学作品时只提到了小说、戏剧和诗歌，而忘记了散文，这就是划分过窄，会导致分类不完全，缺乏严密性。因此，在进行分类陈述时，辅导员需要仔细考虑划分的精确性，确保各个子项的内容准确地反映了母项的外延，以提高教学语言的严密性。

（2）分类的根据应同一。为了确保分点分条陈述的有效性，辅导员需要注意分类的根据应同一这一原则。分类的根据应同一意味着在分类陈述中，所选择的基准或标准应该保持一致，以确保各个子项之间具有相似的特征或属性，这有助于提高陈述的逻辑性和连贯性，使听众或学生更容易理解和记忆。举个实际的例子，假设一位辅导员正在进行职业规划的辅导工作，要向学生介绍不同的职业领域。如果他选择了"行业类型"作为分类的根据，那么他需要确保在每个子项中都使用相同的标准，例如将所有相关的职业按照行业类型进行分类，如教育、医疗、金融等。这样，学生可以更容易地理解各个职业之间的区别和联系。然而，如果辅导员在分类时使用了不同的标准，例如将一些职业按照工资水平分类，而将另一些按照工作地点分类，那么就会导致分类的根据不同一，陈述变得混乱和不严密。学生可能会感到困惑，无法厘清各个职业之间的关系。

第三章　高校辅导员工作语言的训练

第一节　高校辅导员工作的口语训练

一、辅导员工作的口语素养

优秀的教师语言具有独特的魅力，它不仅能够将复杂的概念转化为浅显易懂的语言，还能将抽象的概念具体化，将平淡的内容赋予神奇的魅力，在教学过程中起到了激发学生学习兴趣、吸引学生注意力和激发求知欲的作用。优秀的教师语言还具备一定的艺术性，使教师在进行德育工作时能够展现出强大的影响力。教师的职业口语不仅是语言表达的重要方面，它还与教师的其他素养密切相关。[①]一个人的口语水平很难高于他自身的素质水平，要使自己的言语得体，教师需要关注自身的综合素养，包括思想素养、知识素养、心理素养以及语言素养等方面。

---

① 臧晓娟，杨毅，崔玉萍．教师口语训练 [M]．北京：北京理工大学出版社，2017：199.

（一）思想素养

在辅导员的职业中，思想素养是一个永恒的主题。与教师一样，辅导员不仅仅是提供信息和知识，更重要的是在学生成长过程中发挥着引导和塑造作用。辅导员需要运用思想素养来引导学生，帮助他们探索自己的兴趣和价值观，解决个人问题，以及制订未来的职业规划。辅导员的语言需要具备深刻的见解和理解，以便与学生进行有意义的对话，并提供有益的建议。辅导员还需要凭借自身的人格魅力来影响和教育学生，他们的语言不仅是传递信息，还是建立信任和亲近感的工具。辅导员应该以亲切、温暖、理解的态度与学生互动，使学生感到舒适和愿意分享他们的问题和困惑。

辅导员的工作更加侧重于个体的成长和发展，因此他们的语言表达方式需要更加个性化和更具人文关怀。思想素养在辅导员工作中具有重要地位，因为它直接关系到辅导员是否能够建立起与学生的信任和联系。辅导员的语言不仅要传递信息，还要传递关怀和理解。他们需要用温暖的语言去感染学生，让学生感受到自己是被理解和支持的。只有真心热爱这个职业，才能够在语言中表现出真挚的情感，打动学生的内心。

辅导员的语言必须反映出他们对学生的真正关心和支持，不仅需要表现在言辞上，更需要源自内心的思想境界。只有拥有高尚的思想境界，辅导员才能够传达出真挚的情感，让学生感受到自己是被理解和尊重的。明确的语言源于明确的思想，而辅导员的思想境界将直接影响他们的言辞。高校辅导员需要具备民族责任感和时代紧迫感，这有助于他们用言辞激励学生，引导学生积极成长。只有在思想上有高度的认同感，辅导员才能够言传身教，用自己的言语影响和鼓舞学生。因此，辅导员要提高工作语言水平，首要任务是提升思想境界，只有在思想上有所突破，辅导员的言辞才能真正闪光、感染人心，成为学生成长道路上的灯塔。

（二）知识素养

俗语说："要给学生一杯水，教师要有一桶水。"这句话强调了知识素养对于教师的重要性，同样也适用于辅导员。辅导员的知识素养不仅有助于他们更好地指导和帮助学生，还能提升他们的语言表达能力。拥有丰富的知识背景让辅导员的口才更加自信，使他们在与学生交流时更具吸引力。很多拥有深厚语言功底的辅导员，其深厚的语言修养往往源自广博的知识。除了专业领域的知识，辅导员还应该具备跨学科的知识，因为现代社会需要更加全面发展的个体。辅导员需要培养学生，使他们在各个领域都有所涉猎，而这也要求辅导员自身的知识应该具备一定的广度。

辅导员的知识应该是牢固而不僵化的，他们需要不断更新自己的知识，跟上时代的步伐。同时，他们的知识也应该是广博而不芜杂的，才能够更好地理解和回应学生的需求。只有这样，辅导员才能够迅速地提取、变换和组合知识，将其外化为完美的、示范性的教师语言。当学生提出了更高的要求时，辅导员应该积极地接受挑战，不断丰富知识，提高自己的语言表达能力，以更好地引导和教育学生。如此，辅导员才能够在工作中取得更大的成功，同时更好地满足学生的需求。

（三）心理素养

语言表达的艺术要求不仅包括知识和技巧，还包括较好的心理素养。辅导员为了在工作中取得成功，需要在课前做好充分的准备工作，包括教案准备和教具准备。然而，同样重要的是心理准备。辅导员需要具备良好的心理素质，以应对各种工作中可能出现的挑战和困难。只有在具备良好的心理素质的情况下，辅导员才能在工作中保持冷静、沉着，克服压力，应对学生的各种需求，从而更好地达到预期的教学效果。因此，心理素养是高校辅导员语言艺术中不可或缺的一部分，它有助于辅导员在工作中更加成功地与学生交流和互动。

辅导员应具备自我调节和自我控制的能力，他们需要在各种情境下保持从容自信、冷静沉着、宽容大度、处变不惊的态度。当辅导员能够在紧张的情况下保持冷静，对待学生的抵触态度保持宽容，或者在突发事件面前表现得从容不迫时，他们才能够在工作中表现出色。只有在心理素质好的情况下，辅导员才能创造出语言的奇迹，取得卓越的教育成果。因此，辅导员的心理素养在工作中发挥着重要作用，有助于他们在与学生的互动中保持冷静和理智，解决问题，引导学生朝着积极的方向发展。这种心理素质的培养是高校辅导员成功的关键之一，也有助于提高他们的语言表达水平。

高校辅导员在工作中需要善于把握学生的心理状态，这是提高他们的语言表达水平的重要一环。了解学生的心理状态有助于辅导员更好地与他们建立联系，提供支持和指导。辅导员可以采用温暖、理解和耐心的语言，鼓励学生敞开心扉，分享他们的问题和困惑。通过与学生建立信任和亲近的关系，辅导员可以更有效地引导他们增强自信心，克服语言表达上的困难。

（四）语言素养

语言是思想交流的工具，也是知识信息的传递媒介，对于辅导员这一职业尤为重要。他们需要具备一定的语言素养，从而更好地履行职责和使命。语言是打开知识宝库的钥匙，它帮助辅导员与学生建立联系，传递知识和信息。辅导员的语言要符合教育教学的需要，遵循语言规律，以有效地与学生进行沟通和交流。辅导员的语言素养直接关系到教育质量和教学效果，能在无形中推动教育事业的发展。在高校辅导员的工作中，语言表达能力对于教育工作的成败至关重要。辅导员需要通过清晰、准确、有说服力的语言来引导和帮助学生解决问题，激发他们的兴趣，增强他们的自信心。要做到这一点，辅导员需要不断提高自己的语言修养，不仅要掌握专业术语和知识，还要具备良好的表达能力和沟通技巧。

1.力求用语规范

高校辅导员应努力说好普通话，确保语言的规范性。我国幅员辽阔，人口众多，方言和地区性语言种类繁多，在一定程度上妨碍了人们之间的文化交流和知识的传播。做好推广使用普通话的工作，是每一位辅导员义不容辞的责任。如果不克服语言上的障碍，即使业务水平、知识水平再高，也难以解决教与学的矛盾，教育育人的目的就会受到影响。在与学生的交流中，辅导员要时刻注意语言的规范性，不要使用方言或土话，提高用词的规范程度。各地方言之间存在千差万别，使用方言或土话可能导致同一事物有若干种名称，这会给学生造成困扰，影响教学效果。高校辅导员要在推广和规范普通话方面发挥表率作用，他们不仅是知识和文明的传播者，还是语言规范化的推动者。通过正确使用普通话，他们可以帮助学生克服语言障碍，使教育教学更加顺畅。尤其是在学校课堂中，辅导员需要确保语言的规范化，以帮助民族语言健康发展。

2.力求用词简明、准确

用词简明、准确是高校辅导员工作语言的基本原则，无论是在与学生的交流中还是在教育工作中，都应确保言之有物，让学生易于接受和理解。

（1）辅导员语言应言简意赅。高校辅导员的工作语言是与学生密切互动的重要工具，辅导员要具备简洁、清晰、准确的表达能力。首要的是要言简意赅，确保所传递的信息清晰易懂，毕竟，学生的理解能力和表达能力有限，使用准确的词汇和简明的语言有助于消除歧义，使学生更容易理解所传达的内容。辅导员需要特别注意用词的准确性，在教育和咨询工作中，精确的用词是确保学生得到正确信息的关键。错误或不准确的信息可能导致误解或混淆，影响学生的学习和发展。因此，辅导员在工作中应当严格遵循事实，避免主观臆断和不准确的陈述。要让学生真正受益，辅导员还需避免使用冗长和晦涩难懂的句子。简明扼要的表达方式更容易引起学生的兴趣和注意力，有助于建立积极的学习氛围。要确保用语通俗易懂，避免使用过于专业化或不常见的词汇和成语。在与学生交流时，使用大众化的语言更容易引起学生的共鸣，让他们感到更亲近和舒适。这种语言风格有助于建立师生之间的良好沟通和信任关系。

（2）辅导员的语言应准确，避免用口头禅以及不必要的重复。辅导员的语言必须保持准确，每个词语和句子都应该精确无误，确保学生能够准确理解所传达的信息。使用不准确的词汇或表达方式可能导致误解，从而影响学生的学习和发展。辅导员应该对自己所说的话负责，确保其准确性和权威性。辅导员应该避免使用口头禅和不必要的重复，口头禅和重复的用词不仅会分散学生的注意力，还可能引起学生的烦躁和疲惫情绪，甚至让他们对辅导员产生反感。辅导员应该追求简洁而有力的表达方式，确保每句话都有意义、每个词都有价值，加强学生对信息的接受和记忆。辅导员需要明白，强调不等于重复。有些教育工作者可能会错误地认为多次重复某个观点或信息会加深学生的印象，但实际上这种做法可能会适得其反。重复不仅会冲淡学生对关键信息的理解，还可能导致他们对教育工作者的信任减弱。

3. 力求话语生动形象

只有生动的语言才能激发学生的兴趣，增加说服力和感染力。辅导员需要运用形象生动的语言来吸引学生的注意力，使他们更容易理解和记住所传达的信息。辅导员要具备一定的表达能力，能够用生动的比喻、形象的比拟和生动的例子来解释复杂的概念。

（1）辅导员应具备丰富的词汇量。词汇是语言的精髓，拥有丰富的词汇能够使语言更加生动和表达更为准确。辅导员应该不断充实自己的词汇库，以便在与学生交流时能够选择恰当的词语来传达信息。丰富的词汇不仅可以使辅导员的语言更具表现力，还能够提高他们的表达能力，使其与学生的沟通更加顺畅。

（2）语调应有变化。如果辅导员在与学生交流中一直使用相同的语调，学生容易感到乏味和疲劳，容易妨碍有效的沟通和学习。因此，辅导员应该善于根据不同的情境和课堂氛围，灵活运用语言的变化，以增加语言的生动性和吸引力。举例来说，当辅导员引导学生分析问题或思考课文时，可以使用疑问句来激发学生的思维，从而提高语言的启发性。而在解释情感丰富的内容时，使用感叹句可以帮助学生更深刻地理解文章的情感，增强语言的感染力。巧妙地运用生动、形象的语言，可以达到更好的教学效果，使学生更加投入和积极参与学习。

（3）辅导员应具备强烈的语言色彩。在与学生交流、解释问题或讲解课文时，辅导员应该借助情感的表达来引导学生更深入地理解和共鸣，这需要辅导员使用不同的语调和情感色彩，以匹配不同的内容和情境。举例来说，当辅导员分析文章时，可以运用平稳的语调传达冷静思考的感觉，或者使用深沉的情感表达深刻的内涵，甚至使用急促的语调营造紧迫感，从而引导学生深入思考和感受文章的意义。通过在语言中注入情感，辅导员可以使学生更好地理解和体验所学知识，使教育变得更有深度和吸引力。要做到语言的生动和形象，并不是一蹴而就的事情，而是需要辅导员在教育教学实践中不断学习、探索和积累经验，经过长时间的磨炼和提升，才能够更好地运用情感丰富的语言，为学生提供更具启发性和感染力的教育。

二、辅导员口语的技艺特征

（一）辅导员口语的语音技巧

1.响度技巧

响度是指说话声音的高低、强弱程度，由音高、音强、音长和音色等因素组成。在使用职业口语时，辅导员必须注意掌握声音的响度，以确保语言表达的清晰和有效。

（1）声音不宜过低。在大多数教室面积相对较大的情况下，声音过低会导致学生在教室的后排无法清楚听到辅导员的讲话。因此，辅导员需要确保他们的声音被充分传达，以使每个学生都能听得清楚。在语言表达中，如果出现了弱化、虚化或字音脱落，有时辅导员本人难以察觉，但学生却可能听不懂。适度的降低音量也有其合理之处，有时，辅导员可以适当地减小音量，以建立更亲切的氛围，激发学生的听觉兴趣，同时展现自己的从容和自信。声音降低应该合理适度，既要保证清晰，又要表现出内在的力度，以确保语言表达既亲切又有说服力。

（2）声音不宜过高。辅导员的声音不应该过高，因为声音过高虽然似乎可以传得远，但不会更好地传达到学生的耳边，反而容易使学生产生听觉疲劳。辅导员在表达时应该从情感表达的角度来调节音量，不必刻意追求高声。在语言表达中，辅导员应该以中声区的发音为主，从而让自己的语言更加轻松自然，不会让学生感到疲劳。在与学生进行交流时，温和而恰到好处的音量能够创造出亲切的氛围，有助于学生更好地理解和接受辅导员的建议与指导。

（3）声音不宜过亮。声音如果过亮，容易显得尖锐和单薄，缺乏情感的厚度。因此，辅导员在进行语言表达时，应根据表达需要适度调整声音的明亮度。对于那些天生音色较亮的人来说，可以采取一些措施来改变声音的亮度，使其更加适合有效的沟通和交流，主要包括松弛喉部，稍微降低音调，减少高音共鸣的使用，多用中音共鸣或低音共鸣，以使声音变得更加深沉和丰富。

（4）声音不宜过平。如果声音过于平淡，缺乏变化和层次感，可能难以引起学生的听觉积极性，导致他们对教学内容的兴趣不高。在一堂课或辅导过程中，声音的响度应该根据不同环节适度变化，甚至可以有明显的起伏。此种变化有助于辅导员更好地表达情感和意图，也可以作为教学调控的一种常规手段。通过在导入、提问、讲授、诱导和结束等环节中灵活运用声音变化，辅导员可以更生动地传达信息，吸引学生的注意力，并且提高教学的效果。

高校辅导员在进行工作语言表达时，需要特别注意声音的响度。要获得适当的响度，初次站在讲台或面对学生的辅导员需要关注两个关键方面：开嗓和控嗓。"开嗓"意味着需要克服心理障碍，勇敢地用大声说话。有时候，站在众多学生面前可能会让人感到紧张或羞怯，但要有勇气大声表达自己的思想和情感。"控嗓"意味着在表达时要根据具体情境和需要来调节和控制声音的响度，不同的场合和内容可能需要不同的声音强度，因此需要根据情况来灵活应对。对于基音较低、音域较窄的辅导员来说，可以考虑进行"扩嗓"的训练，扩嗓的方法包括练习使用不同的音高进行大声说话。然而，重要的是不要过度使用嗓子，而是要运用气流的支持和共鸣的技巧，以确保声音大而不刺耳，声音高而不喧闹。

2. 清晰的表达技巧

清晰意味着语言要清晰明了，不容易产生歧义，表达要直截了当，不含混不清。从语言的角度来看，辅导员在说话时应该让每个字都发音准确、不含糊。每个词语都应该吐音清晰，确保学生可以听清楚每个字的发音。清晰的语言表达可以帮助学生更好地理解和掌握教学内容，避免产生误解。从表达的角度来看，辅导员的话语应该确切明了，不留下模棱两可的余地。清晰的表达可以帮助学生准确地理解教学内容，避免混淆或歧义。如果辅导员的表达含混不清或不明确，学生可能会感到困惑，难以理解课程内容。在提高职业口语的清晰度方面，深刻的理解是关键。辅导员需要对教材有清晰透彻的理解，才能够在口头表达中清晰地传达知识和信息。

3. 流畅的表达技巧

流畅表达反映在两个方面，即在连贯的独白中以及应答和互动中。

对于连贯的独白，辅导员需要言之有物，词语流畅而紧凑，不含冗余。辅导员应该能够清晰地表达思想，使学生容易理解。冗余和表达不清晰会让信息传递变得困难，从而降低辅导员表达的有效性。因此，辅导员需要不断提升思维素质和内部言语的瞬间组织能力。对于应答和互动，辅导员需要能够敏捷应对，迅速而流畅地回应问题或参与讨论，这有助于建立良好的互动关系，增强学生对辅导员的信任和尊重。相反，如果辅导员在回答问题或进行对话时显得迟钝或说话冗余，可能会引起学生的不耐烦或误解。要实现流畅地表达，辅导员可以通过练习来增强思维素质和内部言语组织能力。辅导员还可以在实践中积累经验，逐渐适应不同的动态语境，从而更好地满足学生和工作环境的需求。

清晰表达是流畅表达的基础，辅导员应该以清晰、明了的方式表达自己的想法，确保学生能够准确理解。清晰的表达需要不断的思维训练，可以通过多次重复同一话题，分析语句之间的关系，运用各种手段来联系语句，如呼应、对比、添加、承接、因果、归并和解说等。流畅的表达要求辅导员能够自如地连贯表达思想，不断地对话题展开讨论。流畅性不仅能够提高沟通的效率，还能够增强与学生之间的互动关系，使学生更容易参与和理解。通过多次练习和经验积累，辅导员可以逐渐提高自己的流畅表达能力。

4. 语调的运用

语调的运用应灵活多变，不应机械、刻板。辅导员的语调应根据情感、语境和目的进行合理的调整。当与学生进行情感交流时，语调可以更加温暖、亲切，以表达关怀和支持。而在提供信息或指导时，语调可以更加坚定、明确，以确保学生准确理解。语调应具备轻重强弱的变化，辅导员应能够通过语调的升降、轻重来突出重点，强调重要信息。如此，可以让学生更容易抓住关键信息，提高注意力和理解能力。

5. 重音的运用

高校辅导员在使用语言时，需要特别注意重音的运用，这是有效传达信息和引导学生的关键之一。辅导员应了解目的重音的使用，在教学和指导学生时，明确的目的重音可以帮助学生更好地理解和记忆重要的概念与信息。对关键词或短语的重音强调，可以使信息更加清晰和突出，从而提高学生的注意力和记忆效果。同时还要避免习惯重音，习惯性地对词汇或短语进行不必要的重音会导致语义的模糊，降低信息传达的效果。辅导员应努力消除这些不必要的语言习惯，确保语言的清晰和准确。

在与学生交流时，辅导员可以通过"轻显重"的语音技巧来增强语言表达的效果。"轻显重"是指在讲述一个片段时，有意减弱某个字词或短语的音量和气势，以突出其他部分。此种技巧有助于调节语言表达的节奏，引导听众的关注，以及表达深刻和复杂的情感。在学生咨询或提供心理支持时，辅导员可以运用这种技巧来更好地理解学生的需求和情感状态，同时传达同理心和关怀。例如，当一个学生分享了他的困扰和挫折时，辅导员可以轻声表达关键的问题或情感，以表明自己的理解和共鸣。

6.停连的运用

在使用口语表达时，辅导员可以运用一种称为"停连"的技巧，以提高语言表达的效果。"停连"是指口语表达中的间隙和休止，通常根据语境和语气的变化而设置，口语中的停连可以分为随意性停连和合理性停连两种。随意性停连有时是情感表达的自然反应，但如果不注意合理设置，可能导致语言表达显得零碎、松散，流畅性不足。合理性停连则是有意识地在语言表达中设置停顿，以传达特定的语气和情感。此种技巧的特点是声音中断，但思维和情感仍然延续，可以有不同的方式和时机。例如，在与学生进行咨询时，辅导员可以运用停连技巧，让学生有时间思考和回应问题，创造出一种沉默中的理解和共鸣，更加有助于建立更深层次的对话，使学生感到被倾听和尊重。

7.节奏的运用

在高校辅导员的工作中，节奏指的是语言表达中的语速、语调、语势等变化，这些变化可以调动学生的情感，增强表达的效果。辅导员语言的节奏应该是在对比度的调节中形成的，即在高低、快慢、刚柔、强弱之间取得平衡，使语言表达更具有吸引力和感染力。在学生咨询时，辅导员可以根据学生的情感和需求，调整语速、语调和语势，以更好地传达信息和情感。辅导员可以采用连贯的叙述，以帮助学生厘清思绪，也可以使用铺陈渲染的方式，增强情感表达，还可以使用抑扬顿挫的语调，以引起学生的注意和共鸣。

语言节奏包括语调的高低和语速的快慢变化，辅导员可以根据情境和学生的情感状态来调整语言节奏。例如，当与学生讨论重要的问题时，可以提高声调，放慢语速，以引起学生的注意和思考。当与学生分享愉快的信息时，可以使用轻松愉快的语调，以增强积极情感。语言节奏的变化可以帮助辅导员更好地传达信息，增强学生的情感体验，并提高他们对支持的接受度。内容节奏也是辅导员工作中需要关注的方面，辅导员在与学生交流时，应该注意内容的布局和组织。开头要引人入胜，吸引学生的兴趣和关注；中间部分要清晰有条理，以便学生理解和接受信息；结尾要有所启发，激发学生继续思考和行动。内容节奏的合理安排可以帮助辅导员更好地与学生互动，实现有效的支持。辅导员需要合理分配时间，确保每次咨询或支持会话都有充分的时间来讨论问题、提供建议和回应学生的需求，熟悉咨询计划和时间安排是确保时间节奏得当的关键。

8.辅导员口语语音技巧训练

高校辅导员的工作语言同样需要经过训练，特别是在口语和语音技巧方面。观摩评析是一个重要的步骤，辅导员可以通过观看和评析优秀的咨询和支持会话录音或录像来学习语音技巧。在此过程中，辅导员可以逐句逐段地分析优秀辅导员在语音运用方面的技巧，包括语调、音量、语速、停顿等方面的技巧。通过仔细观察和评价，辅导员可以更好地理解如何运用语音技巧来提高咨询和支持的效果。模仿试讲也是提高语音技巧的有效方法，辅导员可以选择优秀咨询会话录音或录像中的精华片段，将其作为范本，并逐句逐段地模仿和试讲，练习正确的语音技巧，包括语调的变化、清晰的发音、适当的音量和节奏感。通过不断的模仿和试讲，辅导员可以逐渐提高自己的口语和语音表达能力。

（二）辅导员口语的修辞技巧

1.比喻的运用

高校辅导员在工作中同样可以善用比喻，这对于更好地与学生进行沟通和引导学生非常重要。比喻的运用可以帮助辅导员将抽象的概念或复杂的问题变得更具体和易于理解，从而提升工作的有效性。

（1）以浅喻深，化深为浅。辅导员可以告诉学生，他们的职业生涯就像是一朵绽放的花朵，需要精心呵护和不断浇灌。如同花朵需要阳光、水分和肥料一样，学生也需要知识、技能和经验来茁壮成长。辅导员可以把职业规划比喻为一次航海旅行，学生是船长，目标是远方的明星。要到达目的地，他们需要一张地图（规划）、一个指南针（方向），以及充分的准备和决心。途中可能会遇到风浪，但坚持前行将带来成功的奖励。辅导员可以将职业规划比作一款拼图游戏，学生需要逐步将拼图块放到正确的位置，每一步都是重要的，而辅导员的角色是帮助他们找到正确的拼图块，确保一切顺利，直到完整的图案出现。通过有关比喻，辅导员可以使抽象的职业规划概念更具体，让学生更容易理解和接受。

（2）以简喻繁，化繁为简。高校辅导员在与学生交流时，可以运用简单易懂的比喻，帮助学生理解复杂的概念和问题，从而将烦琐的信息变得更加简洁明了，提高学生的学习效率和记忆力。例如，当辅导员需要解释学术论文的结构时，可以使用如下的比喻："写一篇学术论文就像搭建一座房子一样。你的论点是这座房子的基石，每个段落就像是房屋的不同部分，而论据和引用则是支撑房屋的梁柱。你需要确保每一部分都牢固地连接在一起，以构建一个坚实的、有条不紊的建筑。如果有一部分缺失或松散，整座房子就会摇摆不稳。"该比喻将学术论文的结构与房屋建设相比较，使学生能够更容易理解论文的组成部分和它们之间的关系，简单而生动的比喻有助于学生在写作过程中更好地组织语言和表达想法。

（3）以熟喻生，化生为熟。高校辅导员在与学生互动时，可以巧妙地运用生动的比喻来强调重要观点或行为，从而让学生更好地理解和记住关键信息，与学生之间建立更紧密的联系，促进学生的学习和发展。例如，当辅导员需要强调认真听课时，可以使用如下的比喻："这一章比较难学，要认真听讲。知识就像一根链条，中间有一节脱落，链条就断了。就像搭积木一样，每个积木都是知识的一部分，如果有一个积木丢失了，整个结构就会不稳定。因此，每一堂课都是你知识链条的一个环节，要确保每个环节都牢固无缺，这样你才能建立坚实的知识体系。"该比喻将学习知识比作一根连续的链条，学生明白了每堂课都是他们知识体系中不可或缺的一环。此种比喻不仅生动形象，而且有助于学生明白学习的连贯性和系统性，进而激发他们的学习兴趣和积极性。

2. 对比的运用

辅导员可以灵活运用对比的修辞手法，通过比较不同事物或概念的异同，让学生更深入地理解所学内容，激发他们的思考，帮助他们更好地掌握知识。对比可以是正反两面的对比，也可以是相似性质的事物或概念之间的对比。通过此种方式，辅导员可以更好地呈现信息，让学生更容易理解复杂的概念。此种语言技巧能够提高教学效果，让学生更积极地参与学习过程。

3. 直表的运用

直表就是直截了当、清楚明白地说出自己的意思，高校辅导员需要具备直截了当的表达能力。辅导员在与学生沟通和引导学生时，必须以清晰明了的方式传达信息和观点。直截了当的表达不仅可以帮助学生更好地理解和接受建议，还能激发他们的积极思考和行动。在辅导员的工作中，直接表达的技巧尤为重要。这意味着能够用简练而清晰的语言，将问题、建议或指导传达给学生，不使信息产生歧义或模糊不清，有助于建立良好的沟通基础，增进学生的信任和合作。直截了当的表达还能在紧急情况下体现无可替代的价值，辅导员需要在有限的时间内传递关键信息，以帮助学生应对挑战和困难。（见图 3-1）

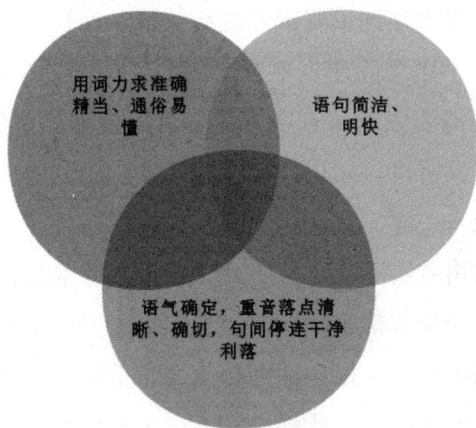

图 3-1　直表的基本要求

4. 委婉的运用

高校辅导员的工作语言需要灵活运用委婉和直接表达的技巧。有赖于苏霍姆林斯基所强调的"暗示"能力委婉的表达方式可以启发学生的思维，引导他们积极参与学习过程，使教育教学更具有效性。委婉的表达不仅可以在教育情境中激发学生的主观能动性，还有助于处理敏感的主题和情感问题。在辅导员与学生讨论个人挑战或情感困扰时，委婉的语言可以建立亲近感，使学生更愿意分享和倾诉。委婉的表达方式也可以在指导学生改进行为和决策时发挥作用，辅导员可以用委婉地的方式提出建议，引导学生自己找到解决问题的方法，而不是强加观点或决策。委婉表达通常是在出语前后对语音、语态、语姿、语意等方面做出变通处理。（见表 3-1）

表 3-1　委婉表达的变通处理

	放慢语速，语调趋于平稳
急变缓	注重情绪交流
	择词审慎并适当弱化用词的分量
直变曲	在独白表达时，先迂回铺垫，再表明看法
	在对话时，先顺承或肯定对方的某些表述，再通过过渡引入自己想要表达的意思
	不把话挑明，而是言此意彼
明变暗	用商询语气，不将话说得过于确定
	用"模糊语言"使语意的指定向性宽泛一些，从而达到暗示的目的

在与学生交流时，辅导员应保持简洁明了的表达，以确保信息传达清晰，不引起歧义。同时，要有所准备，事先思考好要传达的内容，以避免语言表达的混乱或失误。为了让学生感到更加舒适和愿意分享，辅导员的语言应具有亲和力，尊重学生的感受和隐私，在表达方式上更加温和和委婉，以建立信任和亲近感。训练语言技巧需要从易到难，可以从模仿说话开始，逐渐过渡到有准备的讲述。辅导员不断进行练习和反思，可以逐渐提高口语表达的质量和效果。

5.问询的运用

高校辅导员工作语言中的问询技巧，不仅包括提问的方式，还包括引导学生思考、激发兴趣、培养思维能力等多方面的应用。通过巧妙地运用问询，辅导员可以在与学生的交流中取得更好的效果。这种方式有助于学生更深入地思考问题，主动参与讨论，从而更好地理解和解决自己的问题。问询也可以帮助辅导员更好地了解学生的需求和困难，为他们提供更有针对性的帮助和支持。辅导员"问"的形式十分丰富，主要有以下几种（见表3-2）。

表3-2　辅导员"问"的形式

常规问询问的形式	设问
	商询
	反问
变式问询问的形式	反问后作答
	反问答反问
	陈述含疑问

6.追加的运用

追加有助于强调关键信息，特别是在复杂的问题或重要的指导建议中。通过追加，辅导员可以确保学生听懂并记住最关键的内容，提高学习效果。追加还可以用来调整表达方式，使之更加详尽和完善。有时，在一次交流中可能无法涵盖所有细节，但通过追加，辅导员可以逐步完善信息，确保学生得到充分的指导和解答。追加还有助于排除干扰，确保信息传递的有效性。有时学生可能会受到各种干扰，导致理解有误或遗漏重要信息，辅导员可以及时补充和澄清，以确保学生正确理解和接受所传达的内容。

（1）重复性追加。重复性追加技巧包括几种不同的方式，可以帮助辅导员更好地与学生进行沟通。连续性重复是指在一次交流中，辅导员在适当的时候重复之前说过的话，从而强调关键信息，确保学生理解和记住重要内容。同时，间隔性重复是在不同的交流场合中重复相同的信息，以巩固学生的知识和技能。整体归并性重复和局部选择性重复是指辅导员可以根据需要选择性地重复整个内容或只重复其中的一部分，主要取决于学生的理解和需求，以确保信息的传达和被理解。自述性重复和转述性重复是指辅导员可以选择重复自己说过的话，或者重复学生说过的话中的正确部分，有助于澄清误解或错误，并确保双方在交流中保持一致。

（2）增饰性追加。增饰性追加是一种有意将一句话或一个意思分开来说的方式，首先进行一般性概括，然后再追加修饰词句，以丰富表达内容。这种技巧有助于改变句子的节奏，使其更加流畅，同时可以让学生更容易理解。通过逐步展开一个观点或概念，辅导员可以帮助学生更好地理解复杂的主题，并深入思考。此方法还有助于澄清概念，使学生对所讨论的话题有更全面的了解。

（3）复释性追加。高校辅导员在与学生交流时，可以巧妙地运用复释性追加这一技巧，以更好地帮助他们理解和记忆重要的信息。复释性追加是指对已经表达过的意思以不同的角度进行进一步的解释，这不仅仅是简单的重复，而是通过重新阐释和呈现信息，使学生能够更加透彻地理解。辅导员可以借助复释性追加，提供更多的例子、案例或视角，以帮助学生从不同的角度审视问题。此方法有助于拓宽学生的思维，加深对知识点的理解，让他们能够更牢固地记住所学的内容。

高校辅导员在使用问询和追加这两种方式时，需要充分考虑实际教学情境，确保应用是合理有效的。问询和追加不仅仅是语言技巧，更是教育过程中的有力工具。辅导员应该明确问询的目的，提出问题或询问的目的应当是引起学生的思考或调节交流氛围，而不是单纯的形式问题。例如，在回答学生的问题时，辅导员可以使用自问来引导学生深入思考，而不仅仅是为了回答问题。追加修辞应该具备合理性和教育性，辅导员在追加信息时，应确保所追加的内容对于学生的理解和记忆有益，并且有助于达到教育目标。追加不应仅仅是为了增加语言的复杂性，更是为了更好地传递知识和启发思维。

三、辅导员工作中常用口语的训练

从教育口语的表达方式上来看，可以把教育口语分为讲解、报告、说服、劝导、批评五种常见类型。在多种类型的教育谈话中，常用的教育口语包括沟通语、启迪语、暗示语、激励语、表扬语、批评语等。

（一）沟通语

高校辅导员应深知沟通的重要性，明白沟通是进行教育工作的前提和基础。有效的沟通不仅有助于师生之间的互动，还能促进双方的共同进步。通过建立平等、信任、和谐、团结和协作的师生关系，辅导员能够培养学生的积极情感和健康心理，使他们更好地适应大学生活和面对挑战。辅导员应理解沟通不仅仅是一种教育手段，更是一种强大的教育力量。结合实际情况来看，大多数的教育错误是辅导员不善于沟通所导致的。因此，辅导员要注重培养良好的沟通技巧，包括倾听、表达和理解，确保与学生之间的沟通是有效且有益的。

1.沟通语的含义

沟通语是一种消除学生心理隔阂、建立心理认同的教育性话语，在建立平等的对话关系和创设和谐的教育情境方面，师生之间的沟通是不可或缺的。为了获得学生对自己的理解和信任，辅导员必须真正了解学生的想法，积极交流和交换对问题的看法。为了促进与学生之间的相互了解，消除误解，辅导员必须准确和恰当地使用沟通语。教育中一味地说教、态度冷漠、轻率地批评，以及在不合适的时间或地点进行对话，都会妨碍师生之间的有效沟通。因此，辅导员要调整教育心理，掌握设计和运用沟通语的技能。只有通过有效的沟通，才能建立互信、共鸣和合作，为学生提供更好的支持和指导，帮助他们在大学生活中取得成功。在高校辅导员的工作中，沟通语是实现教育目标的重要工具，也是与学生建立紧密联系的桥梁。

2.运用沟通语的要求

辅导员要以理解为前提，倾听学生的感受和想法，以便选择恰当的沟通语言与学生进行有效的交流。辅导员的任务不仅仅是传递信息，更是建立情感连接，激发学生的积极性。在运用沟通语言时，辅导员需要注重倾听和理解，尊重学生的观点和情感，积极回应他们的需求。通过双向的互动，辅导员可以更好地满足学生的心理和情感需求，帮助他们解决问题，引导他们走向成功的道路。因此，运用沟通语言的关键要求是建立互信和共鸣，创造一种支持和理解的环境，以促进学生的发展和成长。

高校辅导员在运用沟通语的过程中，具体包括下面几点要求：

（1）了解教育对象。只有深入了解学生，包括他们的愿望、需求、个性和情绪等，辅导员才能够有针对性地进行沟通和帮助，这是避免教育工作主观臆断和盲目行动的前提。辅导员需要与学生建立情感联系，理解他们的内心感受，并且了解学生的心理活动和发展规律。热爱和熟悉学生是理解的基础，而真诚和平等的态度则是建立理解的心理基础。只有建立了理解，才能够搭建起师生之间思想和情感沟通的坚实桥梁。

（2）尊重学生，创建自由沟通谈话的宽松氛围。高校辅导员在与学生进行有效沟通时，需要始终尊重学生，创造自由宽松的谈话氛围，这是建立良好师生关系和有效沟通的关键要素。尊重学生是确保沟通成功的基础，在开始沟通时，辅导员应以礼相待，表现出对学生的尊重，给学生留下积极的印象，让他们感到在这次谈话中有表达自己思想的自由。学生在面对辅导员时，尤其是在犯错并意识到后果时，往往会感到紧张和拘谨。一些性格倔强的学生可能会采取对抗态度，对教育谈话产生戒备和抵制，紧张和对抗的气氛会阻碍教育谈话的顺利进行。因此，辅导员需要通过轻松幽默的言辞和亲切自然的微笑来缓和紧张的气氛，增强情感上的连接。创造自由宽松的谈话氛围利于学生敞开心扉、坦诚交流，辅导员可以通过倾听、理解和接纳学生的观点和感受，建立互相信任的关系。在谈话中采用开放性的问题，鼓励学生表达自己的想法，有助于创造积极的沟通氛围。通过这些方式，辅导员能够更好地理解学生的需求，为他们提供支持和指导。

高校辅导员在与学生进行沟通时，应避免居高临下的态度。有些辅导员可能会在与学生交流时表现出一种傲慢或高高在上的姿态，让学生感到自己处于劣势地位。这种态度会导致学生感到不被尊重和不被理解，从而破坏沟通的有效性。辅导员应该以平等的姿态与学生交流，尊重他们的观点和感受，创造开放的沟通氛围。辅导员不应扮演"完人"的角色，有些辅导员可能试图维持一个完美的形象，不愿意展示自己的弱点或错误。此种行为会让学生感到辅导员不真实，难以信任。相反，辅导员应该表现出真实和坦诚，与学生建立真实的连接。辅导员可以告诉学生，无论是否同意他们的观点，都会尊重他们，给予他们表达自己观点的权利，并以他们的观点为基础进行通过和交流。坦诚和尊重的态度有助于建立更深入的沟通，增强师生之间的信任和理解。

（3）学会倾听，创建开启学生心扉的有效情境。倾听不仅是一种有效的沟通技巧，还是打开学生心扉的关键。辅导员能够通过倾听，让学生感受到被理解和接受，有助于建立更加亲近和积极的关系。倾听并不仅仅是听取学生的言辞，更是深入理解他们的思维、情感和需求。辅导员应该表现出真正的兴趣和关心，积极倾听学生的观点、感受和问题。通过倾听，辅导员可以创造出一个安全和支持的环境，鼓励学生分享他们的内心体验。当学生感受到辅导员真诚的倾听和理解时，他们会更愿意与辅导员分享他们的担忧和挑战，师生信任关系是促进学生发展和成长的关键因素。倾听还可以激发学生的积极性，让他们更加主动地解决问题和追求目标。辅导员可以引导学生思考，提供建议和支持，帮助他们制定明智的决策。

在传统的教育模式中，教师通常是主导者，而学生则是被动接受者。然而，现代教育越来越强调学生的主动参与和合作，这需要辅导员在沟通中采用一种更加平等和尊重学生的方式。积极倾听是一种沟通技巧，辅导员应该给予学生表达自己观点和感受的机会和权利，认真聆听学生的话语，理解他们的需求和情感，并对此做出恰当的回应。平等的交流方式有助于建立信任关系，让学生感到自己的声音被重视和听到。在倾听的过程中，辅导员不仅要听取学生的观点，还要观察他们的情感和反应，从而使更好地理解学生，并根据他们的需要提供支持和指导。辅导员还应该采用一种尊重学生的态度，表现出真诚的关心和关爱，以创造一个安全和支持的沟通环境。

（4）采用恰当的句式与语气。语言的表达方式不仅影响师生之间的情感交流，还直接影响教育活动的效果。因此，在与学生沟通时，辅导员需要特别注意句式和语气的选择，以确保心理相容，有效传递信息，避免不必要的误解和冲突。在不同的情境下，句式和语气的选择应该灵活变化。例如，当处理情感较为冲动或敏感的问题时，使用陈述句可以传达平和和委婉的情感，有助于缓解紧张气氛，减轻学生的压力。相比之下，直接的疑问句可能会显得咄咄逼人，增加学生的心理负担。此外，反问句的使用也需要谨慎，因为它可能被误解为一种强烈的反对或质疑，导致不良的情感反应。辅导员还应该注意语气的选择，一种友好、亲切的语气可以建立良好的师生关系，增强信任和合作。而过于严厉或强硬的语气可能会引发学生的抵触情绪，阻碍有效的沟通。

（5）表示认同，打造师生共同心理的教育契机。高校辅导员在与学生进行沟通时还需要表达认同，以构建师生共鸣的教育契机。认同不仅仅是口头上的附和，更是一种真正理解学生、尊重学生的内心世界的体现。在沟通过程中，辅导员需要暂时放下自己的价值观和偏见，摒弃主观判断，站在学生的立场上，设身处地地理解学生的想法和情感。这样的态度可以让学生感到被尊重和理解，从而建立起一种信任和亲近的关系。辅导员通过表达认同，可以与学生心灵相通，共情其情感和需求。如此，有助于辅导员更好地引导学生，帮助他们解决问题和应对挑战。

同时，表达认同还可以为教育活动提供一个积极的氛围，激发学生的积极性和自主性，促进他们更好地学习和成长。

3.沟通语的类型

结合沟通的目的，可以将沟通语分成以下三种类型：

（1）辅导员了解与引导学生的沟通语。了解与引导学生的沟通语在师生交往中非常常见，它涵盖了帮助学生解决问题和引导他们思考的方方面面。辅导员需要倾听学生的问题和疑虑，了解他们当前所面临的挑战和困境。通过仔细聆听，辅导员能够准确理解学生的想法和情感，对学生内心世界进行深入洞察，辅导员能够更好地为他们提供帮助和支持。辅导员的工作语言应当包括引导学生思考和解决问题的技巧，通过提出问题、分享经验、提供建议等方式，辅导员可以帮助学生探索解决问题的途径，培养他们的问题解决能力和思考能力。辅导员的引导不是单纯地告诉学生应该做什么，而是通过互动性的对话，激发学生的自主性和创造性。

（2）辅导员帮助学生理解自己的沟通语。一方面要在师生之间建立平等、开放、互相理解的关系，另一方面则要求辅导员在与学生的沟通中展示真实和自然的自己。辅导员应该认识到沟通是双向的，不单辅导员了解学生，也需要学生了解辅导员。学生可能因为不了解辅导员的内心世界而导致误解或产生疑虑，因此，辅导员需要在适当的时机以适度和真诚的方式，分享自己的内心想法、经历、情感和观点。自我披露有助于学生更好地理解辅导员，认同他们的教育观点，并建立更加亲近和信任的关系。帮助学生理解自己的沟通语也包括引导他们反思自己的沟通方式和表达方式。辅导员可以通过反馈和建议，帮助学生意识到他们在沟通中可能存在的问题或改进的空间，这有助于学生提高他们的沟通技能，增强他们在交流中的自信和效果。

（3）辅导员帮助学生互相理解的沟通语。在学生相处过程中中，矛盾和纠纷时常出现，通常年轻的学生难以自行解决这些问题，往往会求助于辅导员。然而，仅仅采用处罚或就事论事的方式来处理并不能解决根本问题，只是应急措施。此种情况下，辅导员可以运用沟通的方法，引导学生互相了解对方，学会理解他人，从而更彻底地解决问题。辅导员可以采用开放的对话方式，鼓励学生表达自己的观点、感受和需求。倾听学生的意见，辅导员可以帮助他们感受到自己的声音被重视，增强他们的自信和满足感。辅导员可以采用中立和客观的立场，不偏袒任何一方，而是帮助学生理解对方的观点和感受，从而减少情绪化的争吵，使学生更愿意倾听和接受对方的看法。辅导员可以教导学生解决问题的技巧，包括积极的沟通、妥协和寻求共同解决方案，培养学生解决问题的能力，使他们能够更好地应对未来的挑战。

（二）启迪语

启迪语是一种教育工具，代表了一种启发性教育的思想，旨在开启学生的情感和认知，鼓励他们积极思考、进行自我教育，并引导他们按照正确的原则行动。启迪语不仅有助于激发学生的内在动力，还促进了师生之间平等互动。在现代教育中，学生的民主意识和参与意识日益增强，越来越多的教师认识到传统的灌输式教育方式已经不再适用。如今，教师更倾向于与学生进行平等的互动，鼓励学生思考和自我教育。启迪语在这个背景下具有重要意义，因为它可以引导学生自我发现、自我反思，并培养正确的观念。辅导员可以借助启迪语启发学生的思维，激发他们的兴趣和内在动力。例如，提出引人深思的问题，激发学生的好奇心，或者分享启发性的故事和案例，帮助学生理解复杂的概念。

辅导员通过使用启迪语，可以向学生传达一种信任和尊重的信息。他们相信学生有自我完善的需求，有能力在辅导员的引导下进行自我教育。这种信任和尊重能够激发学生的积极性，让他们更愿意参与学习和成长的过程。辅导员的启迪性语言帮助学生建立自信，使他们相信自己可以克服困难，取得成功。启迪语的运用有助于激发学生的主观能动性，辅导员不仅是知识的传递者，还是学生发展和成长的引导者。通过启迪性的语言，他们鼓励学生思考、提出问题、寻找解决方案，培养学生的批判性思维和自主学习能力。

1.启迪语的要求

高校辅导员的启迪语应满足以下三点要求：

（1）善于设问。设问是一种明知故问的艺术，辅导员不是试图将自己的观点强加给学生，而是通过精心设计的问题，激发学生的思考。问题必须与学生的实际情况相符，考虑到他们的认知水平和思维方式，以便引导他们积极地思考。设问方式有助于学生更好地理解问题的本质，而不仅仅是接受答案。设问要易于联想，好的问题可以激发学生的联想能力，使他们能够将问题与自己的经验和知识联系起来。辅导员通过设问，能够帮助学生发现并认识到他们的思维、行为和道德规范之间的关系，有助于学生更好地理解自己的行为动机，并为改进提供指导。

（2）信任学生。辅导员必须表现出对学生的信心，坚信他们可以通过启发式教育明白问题的本质，并不断进步。师生之间的信任关系有助于建立一种积极的教育氛围，学生能从其中感受到辅导员的期望和信赖，从而愿意打开心扉，接受辅导员的指导和建议。信任学生反映了辅导员的积极态度和信仰，它传达了一种鼓励和支持的信息。当辅导员相信学生具备改进和学习的潜力时，学生通常更愿意积极参与教育活动。他们会感到自己被理解和尊重，这有助于建立积极的师生关系。相反，如果辅导员对学生失去信心，认为他们不可教或没有改进的可能性，学生可能会感到受挫折，并逐渐丧失对学习的兴趣。这种负面情绪可能导致学生自暴自弃，不再努力去理解问题或改进自己。因此，信任学生是高校辅导员工作中的一项重要任务。辅导员应该积极地鼓励学生，让他们感受到自己的信任和支持。

（3）富有耐心。耐心是一项不可或缺的品质，启发教育是一个长期的过程，尤其是对于成长中的学生来说，他们需要时间来理解和接受新的思想和观念。因此，辅导员在进行启迪教育时必须保有充分的耐心。耐心表现在对同一个学生的同一个问题上，有时候，学生可能需要多次的解释和引导才能真正理解一个概念或解决一个问题。辅导员不能因为学生的理解速度较慢而感到沮丧或不耐烦，而应该不厌其烦地为他们提供支持和指导，直到他们完全掌握。耐心还表现在对于同一个问题，辅导员可能要对不同的学生进行多次的启迪教育。不同的学生有不同的学习风格和认知水平，因此需要个性化的指导方法。辅导员必须愿意反复解释和调整教育策略，以满足不同学生的需求。辅导员不能在工作中表现出不耐烦或责备的语言和态度，辅导员的负面情绪可能会对学生产生不良影响，伤害他们的自尊心，也不利于学习兴趣的培养。

2. 启迪语的类型

启迪语是一项重要的工具，根据其感情色彩可以分为理性启迪语和情感启迪语。理性启迪语是以理性和分析为主要特征的教学语言，辅导员通过清晰的逻辑和深入的思考，引导学生提高自己的认知水平。理性启迪语注重理性思考，帮助学生分析问题，明辨是非，使他们能够更好地理解和解决复杂的情况。理性启迪语的目标是培养学生的批判性思维和分析能力，使他们具备更好的问题解决和决策能力。情感启迪语则强调情感和情感交流，辅导员通过真诚的情感和亲切的态度，激发学生的兴趣和情感参与。情感启迪语注重建立亲近和信任的关系，帮助学生在情感交流中更好地理解自己和他人。情感启迪语的目标是培养学生的情感智力和人际交往能力，使他们能够更好地理解和应对各种情感与人际挑战。无论是理性启迪语还是情感启迪语，都应该具备真诚和信任的特点。辅导员需要用真实的情感和真实的语言来与学生沟通，以便有效地传达教育信息。在建立亲近和信任的关系方面，辅导员需要创造一种开放和包容的氛围，使学生感到舒适，愿意分享他们的想法和感受。

辅导员在实际应用启迪语的过程中，主要涉及下面几种方式：

（1）提问。提问是一种引导学生思考、启发思维、促使自我教育的方式，具有多种形式和技巧。提问的方式多种多样，可以根据教育内容和学生的需求选择合适的方式。可以采用直接提问的方式，明确向学生提出问题；也可以使用迂回提问，通过虚实结合或反问的方式引导学生思考；还可以使用各种具体的提问技巧，如诱导式、比较式、创造式等，以便更好地引导学生的思维和自我反思。提问不仅仅是要求学生回答问题，更重要的是激发他们的思考和自我感悟。辅导员可以通过提问，让学生自主地思考问题，从而培养他们的批判性思维和问题解决能力。提问的目的在于获取答案，并引导学生进行自我教育，让他们能够独立思考和学会自我成长。辅导员在使用提问时需要注意方式和态度，提问不应该变成责问或追问，而应该是一种友好和启发性的交流方式。辅导员可以鼓励学生思考，但不必要求他们立刻回答问题，应该给予学生充分的时间和空间来思考与回应。

（2）类比。类比是通过举例来解释事物、阐明道理的口语表达方式，它在与学生的互动中具有重要的作用。类比的优势在于能够将抽象的概念或观念具体化，让学生更容易理解和接受。将抽象的概念与具体的例子相对比，可以帮助学生将模糊的概念变得清晰明了。类比还可以用来比较两种事物之间的异同，帮助学生更好地理解事物之间的关系。将一个陌生的概念与一个学生熟悉的例子进行类比，可以让学生快速建立起对这一概念的理解，从而提高学习效率。

（3）分析。分析是指辅导员通过对事物的主次、表里、本质与非本质等方面进行深入剖析，引导学生对客观事物进行更加全面和深刻的认识，从而使他们具备更强的判断力和思考能力。在教育口语中，分析的作用非常重要。辅导员可以借助分析，帮助学生厘清事物的内外因果关系，帮助他们认识到事物的本质特征以及其中的主要因素，利于学生更深刻地理解和评价所面临的问题和挑战。辅导员的分析帮助是学生认识世界、解决问题的关键，辅导员可以通过提出深入的问题、剖析事件的背后原因、展示不同因素之间的关系等方式，帮助学生形成批判性思维和分析问题的能力。

（4）设譬。设譬是通过比喻来解释事理的方式，它可以发展学生的想象力和逻辑思维，帮助他们更深刻地理解复杂的概念和道理，同时促使他们反思自己的言行。辅导员在使用设譬时，需要特别注意选择合适的比喻，以确保其符合学生的知识水平和认知水平。比喻应该生动易懂，不应过于深奥或晦涩，以便学生能够轻松理解并将其应用于实际生活中。

（5）榜样暗示。榜样暗示是通过举例比较来引导教育，但与类比法不同的是，榜样暗示所使用的例子都是积极正面的。在榜样暗示方法中，教育者的观点和期望都隐含在所选择的榜样的言行中，而榜样都是正面的典范。辅导员使用榜样暗示的方式进行教育谈话，有助于保护学生的自尊心，避免引起他们的反感。通过引用正面榜样的例子，辅导员可以向学生传达一种积极的价值观，鼓励他们效仿这些榜样的优秀品质和行为。此种方法常常能够激发学生的积极性，使他们更愿意朝着良好的方向发展。例如，辅导员可以分享一位成功的校友或社会名人的故事，强调在学业和职业方面的卓越成就，以此激励学生追求自己的目标并相信自己也可以取得成功。

（6）自我思考法。自我思考法的核心思想是在教师提出问题后，引导学生自己思考和感悟，而不是立刻给予答案。自我思考法的优点在于，它能够让学生感受到教师对他们的信任，从而更好地发挥自己的主观能动性，实现自我教育。辅导员在使用自我思考法时，通常会提出一系列引导性的问题，鼓励学生独立思考并找到答案。此过程可以激发学生的思维深度和创造性，帮助他们更好地理解问题并自主解决。同时，学生也能够在这个过程中建立更强的自信心，因为他们意识到自己有能力独立思考和应对挑战。例如，辅导员可以向学生提出一个具体的问题，然后鼓励他们在一定时间内独立思考，最后分享自己的观点和答案。

（三）暗示语

暗示语是一种含蓄而委婉的表达方式，旨在提醒、点破、批评、告诫和激励学生。辅导员语使用暗示语时，不直接明说，而是通过间接的方式启发学生思考和领悟，暗示语有时比直接言辞更容易被学生接受。

1. 暗示语的特点与要求

暗示语的内容通常含蓄且委婉，它不直接陈述某一事物，而是通过提到与之相关的另一事物，让听者通过联想来理解其真正的含义。暗示语要求辅导员的表达方式要具备含蓄性，以避免直接的批评或指责，从而更好地维护学生的自尊。暗示语需要通俗易懂，能够诱发学生的联想。它建立在联想思维的基础上，因此，辅导员在使用暗示语时应确保简单明了，易于理解，以引发学生的思考和自我领悟。暗示语具有时限性强、受情境局限的特点，通常只在特定的情境下产生和发挥作用，因此辅导员需要抓准时机，将暗示语运用到适当的场合中。暗示语虽然是一种有效的教育语言工具，但也有其局限性，不适用于需要充分而深刻的说理教育活动。因此，在使用暗示语时，辅导员需要根据具体情况进行权衡和选择，确保其在引导学生时发挥积极的作用。

2. 暗示语的方式

暗示语的方式可以分为直接暗示和间接暗示两种，它们都在引导学生思考和行动方面发挥了积极的作用。直接暗示是将某事物的意义直接提供给人，使其迅速而无意识地受到暗示，通常采用直陈式的说明，直截了当地传递信息。例如，一些学生经常上课迟到，辅导员可以直接说："明天上课将进行纪律检查，并进行小组评比。"这种直接暗示不仅提醒学生注意自律，还激发了他们的自觉性和集体荣誉感，效果要比直接批评更好。间接暗示则是将某事物的意义通过其他事物或行为间接提供给人，使其迅速而下意识地接受。间接暗示方式可以借用故事、寓言、笑话、赠言等，以引发学生的联想和思考。以下是几种常见的间接暗示方式：

（1）故事暗示。通过讲述一个真实或虚构的具有连贯情节和感染力的故事来暗示学生，故事选择要具有明确的寓意，能够引起学生的思考，同时抓住合适的时机，以达到暗示的目的。

（2）笑话暗示。使用引人发笑的故事来进行暗示，通过幽默的方式让被批评者摆脱尴尬，保持自尊，并愉快地接受批评。选择具有教育意义且善意的笑话非常重要，要避免带有讽刺或敌对意味的笑话。

（3）寓言暗示。寓言常常蕴含着劝诫或讽刺，可以通过暗示法给人以启发和教育。辅导员使用寓言暗示时需要注意寓言的特点，如虚构的故事情节、寓意的借用方式，以及其中的哲理性和讽刺性。

（4）赠言暗示。选择具有启发和暗示性质的名言、格言、警句等，针对学生存在的问题进行暗示。这种方式可以通过简洁而有力的语言给学生以启发，帮助他们更好地理解问题和解决困难。教师在应用赠言暗示的时候，应注意合理把控选择的时机，适应对方的认知能力，且赠言应简洁、富有哲理性，引发学生的思考。从暗示信号发出的方向与暗示的目的关系来看，包括顺向暗示与逆向暗示。

①顺向暗示，也称为正向暗示，这种语言方式的特点是暗示信号与暗示目的一致。顺向暗示是一种让学生自觉接受并理解所传达信息的方式，常常通过一些具体的例子或话语来潜移默化地引导学生思考和行动。例如，期末考试即将来临，有些学生可能尚未进入紧张的复习状态，辅导员可以通过提醒学生上学期某些同学复习不足而取得不理想的成绩的事例来进行顺向暗示。这种方式利用以往的教训来提醒学生，暗示信号与目的一致，即希望学生不要重蹈覆辙，应及早开始复习，提高考试成绩。辅导员还可以使用故事、格言、笑话、比方、例子以及特定场合的短语等来进行顺向暗示。

②逆向暗示，又称反暗示，是高校辅导员在与学生交流中经常采用的一种引导和激励的语言方式。其独特之处在于，暗示信号与暗示目的

相反，通过提出一种看似挑战性的观点或质疑，来激发学生的积极性和自信心。逆向暗示的目的是激发学生的自我挑战精神，让他们认识到自己的潜力，勇敢地面对各种困难和挑战。逆向暗示方式强调了学生的能力，鼓励他们超越自己，取得更好的成就。逆向暗示也反映了辅导员的信任和鼓励，让学生更加积极地参与到各种活动中，充分发挥自己的潜能。除了语言暗示，辅导员还可以通过表情、身姿、手势等非语言方式来进行逆向暗示，这些方式同样能够在适当的情境下起到暗示和激励的作用。但无论是语言暗示还是非语言暗示，都要遵循一个原则，即学生必须能够理解和领会，不应过于隐晦，以确保信息的传递和理解的顺畅。

（四）激励语

激励语指的是教师运用赞美、表扬、激发、鼓励等多种方式激励学生奋发向上的教育口语。

1.激励语的特点

激励语具有鼓动性，可以激发学生内在的积极性和动力。通过激励语鼓励学生追求更高的目标、挑战自己，唤起他们内在的潜能，让他们更有信心去面对各种挑战和困难。激励语具有强烈的赞扬性，不仅能够表达对学生成就的肯定和赞扬，还可以强调他们的独特之处和潜力。积极的反馈可以增强学生的自尊心和自信心，让他们感到自己是有价值的个体。激励语具有刺激性，可以刺激学生的思维，引发他们的兴趣和好奇心。通过提出具有挑战性的问题或观点，激励语可以激发学生的思考，促使他们更深入地探索知识和经验。激励语的效果明显，可以激发学生的荣誉感、责任感和奋发向上的热情。[①]当学生感受到辅导员和社会对他们的期望时，他们更有动力去追求卓越，为个人和社会做出更大

---

① 臧晓娟，杨毅，崔玉萍．教师口语训练 [M]．北京：北京理工大学出版社，2017：259．

的贡献。激励语的内容主要包括四个方面（见图3-2）。

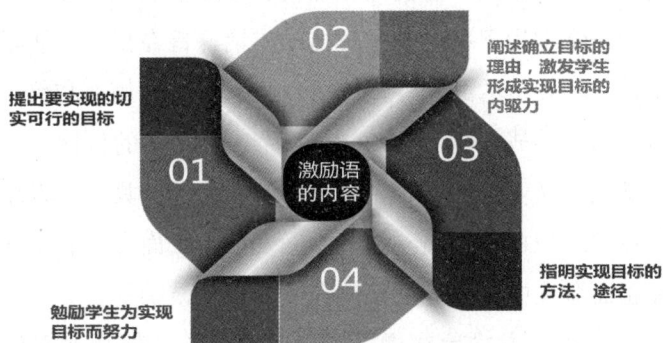

图3-2　激励语的内容

2.运用激励语的方法

（1）赞扬。赞扬可以让学生明确自己的长处和优点，辅导员认可和表扬学生在学术、社交或其他方面的成就，能够帮助他们认识到自己的潜力和能力。这种正面的反馈可以增强学生的自尊心和自信心，使他们更愿意积极参与各种活动。赞扬有助于激发学生的进取心，当学生感受到他们的付出和努力得到了肯定和赞美时，他们会更有动力去追求更高的目标和更好的表现，积极的激励可以促使学生更加努力地学习和成长。赞扬可以增强学生的荣誉感，当学生感到自己的成就受到赞美和认可时，他们会更加珍惜自己的荣誉和声誉。

（2）启发。辅导员通过深入的分析和鼓舞，激发学生内在的行动愿望，帮助他们实现自己的目标。启发不仅仅是传授知识，更是点燃学生内心的激情和渴望。通过鼓励学生思考、自我反思，辅导员能够进一步引导他们制订明确的计划并积极追求自己的梦想。启发不仅关注学术成就，还关注个人成长和职业发展。它唤起了学生的自我驱动力，使他们更坚定地朝着成功前进。在高校辅导员的工作中，启发是一种强大的引导和激励方式，能够帮助学生克服困难，发挥自己的潜力。

（3）鼓动。鼓动性的语言是一种强有力的工具，通过积极的言辞和表达，辅导员可以激发学生的内在热情，鼓励他们积极参与各种活动和学习。鼓励语常常用于面对学生集体的讲话，旨在传递正能量和激发团队合作精神。辅导员的鼓动性语言可以唤起学生的信心和勇气，使他们更加自信地面对挑战，积极行动，实现个人和团队的目标。

（4）激发。激发性的语言是一种非常有力的工具，可以用来鼓舞学生，激发他们的积极性和奋斗精神。激发分为正面激发和反面激发两种方式。在正面激发中，辅导员使用充满激情和鼓励的言辞，与激发的目的一致。正面激发方式旨在增强学生的自信心，鼓励他们积极追求目标。通过富有激情的话语和慷慨激昂的语调，辅导员可以感染学生，调动他们的积极情绪，使他们更有信心地应对挑战。而在反面激发中，辅导员采用反面的话语来刺激学生，让他们从自我压抑中解脱出来，迅速奋起。反面激发方式要求辅导员用强烈的语气和明显的语速，配以有力的体态语，以增强语言的感染力和号召力。

（5）勉励。勉励性语言，旨在平和而恳切地鼓励学生，提高他们的自我认知和内在动力，以便朝着更高远的目标迈进。不同于鼓动和激发，勉励更加注重学生的自我认知和理解。辅导员通过温和的措辞，传达对学生的信任和期望，帮助他们认识到自己的潜力和价值。勉励性语言让学生在思考和反思中慢慢找到前进的方向，鼓励他们自发地朝着更高的目标努力。勉励性语言强调学生的内在动力，使他们更加自觉地追求自己的目标。

（五）表扬语

表扬是一种极其重要的语言工具，除了传递肯定和褒扬，还能够建立积极的互动氛围，激发学生的自信和积极性。当辅导员表扬学生时，语言要充满热情和感染力，以增强学生的信心。语调昂扬，语速较快，可以使学生感受到赞扬的真诚和诚意。要重点强调学生值得表扬之处，通过点头、微笑等体态语表达鼓励，进一步强化肯定的效果。[①]

辅导员的责任除了为学生提供学术建议，还包括激发学生的积极性和促进他们的健康成长。在此过程中，表扬语是一种非常有效的工具，有助于塑造积极向上的学习态度，促进他们的自我发展。对于学生来说，他们往往依赖于成人的评价和引导，缺乏对自己行为的充分分析和判断能力。因此，辅导员的肯定和表扬对他们的成长至关重要，辅导员的表扬不仅可以激励学生的上进心，还可以帮助他们明确正确的价值观，培养真善美的价值取向。表扬语也有助于建立积极的学习氛围，当学生感受到辅导员的认可和赞美时，他们更有动力投入学习，积极参与各种活动，不断提高自己的技能和能力。

1. 运用表扬语的原则

（1）真实性原则。在表扬时，辅导员的情感应当真诚而自然，不应当虚伪或过于刻意。一个真正关心学生的辅导员会以真挚的感情来看待每个学生，会为学生每一个小小的进步而感到高兴，会发自内心地去欣赏和鼓励学生。但在追求真实性时，也要避免陷入形式主义的陷阱。例如，当学生发言时，辅导员不应当不加思考地用标准化的表扬词语，而是要真切地针对学生的表现给予合适的表扬。因此，真实的情感表露出来，不仅能够激发学生的积极性，还有助于建立辅导员与学生之间真诚的关系。表扬的内容必须实事求是，与事实相符。虚假的表扬可能不仅无法激励被表扬者，还可能导致学生受到同学的嘲笑和孤立，同时不实的表扬还可能损害辅导员的威信。因此，在进行表扬之前，辅导员应该深入了解学生的情况，及时核实表扬的事实。过于夸大事实或言过其实的表扬可能会在短期内带来轻松和肤浅的满足，但它不仅抑制了学生的自我激励和创造性，还

---

① 臧晓娟，杨毅，崔玉萍 . 教师口语训练 [M]. 北京：北京理工大学出版社，2017：248.

削弱了表扬的真实性和价值，影响了师生之间真诚的关系。

高校辅导员在与学生互动时，应具备善于观察和发现每个学生的闪光点的能力。即使是学生微小的进步或成就，也应该得到及时而积极的表扬。如果辅导员忽视了学生的进步表现，未能及时给予充分的肯定和鼓励，将错失激励学生的最佳时机，甚至可能影响学生的积极性和自信心。辅导员应该认识到，每个学生都有独特的潜力和特长，而这些潜力和特长可能并不总是显而易见的。因此，辅导员需要用敏锐的眼光和耐心去发现学生身上的闪光点，哪怕是微小的进步也应该给予积极的关注。及时的表扬不仅可以激励学生更加努力，还可以增强他们的自尊心和自信心，鼓励他们更加积极地面对挑战和追求上进。

（2）情感性原则。辅导员的工作语言应该秉承情感性原则，表扬语要充满热情和真诚，如春风化雨般滋润学生的心灵。表扬不仅仅是一种言辞，更是一种情感的传递，可以让学生感受到辅导员的关怀和支持。当辅导员使用表扬语时，语调应该充满激情和赞美，带着微笑，点头示意，用热情的眼神和相应的手势，传达出对学生的真诚认可。非语言手段不仅可以增强表扬语的效果，还可以让学生感到被尊重和重视，从而更有动力去努力和进步。辅导员使用情感性的表扬语，可以建立与学生之间更紧密的情感联系，增强学生的自信心和自尊心。

（3）公正性原则。在教育领域，公正性代表着民主精神的一种表现。对于辅导员而言，公正性原则是评价学生时的基本原则，而对于学生而言，公正性代表了对辅导员评价的合理期望。使用具有公正性的表扬语意味着辅导员要面向全体学生，公平地认可和鼓励每个学生的成长和进步。辅导员不能只看到优秀生的优点，而忽视了后进生的亮点。更重要的是，辅导员不能根据主观印象或偏见评价学生，甚至嘲笑或挖苦后进生。在实际的教育实践中，辅导员常常表扬那些已经表现出色的学生，却很少表扬后进生。然而，实际上，后进生可能最需要鼓励和表扬，从而获得鼓舞，更加努力地追求进步。

（4）及时性原则。表扬是一种激励措施，其最大功效只有在及时表扬的情况下才能充分体现出来。在高校辅导员的工作中，及时表扬不仅可以激励学生，还可以建立一种积极的学习氛围，鼓励学生积极参与课堂和社交活动。因此，辅导员应该时刻关注学生的表现，及时给予表扬，以便更好地引导他们朝着正确的方向发展。

（5）适度性原则。表扬语在教育中具有巨大的激励作用，但过度或不适当的表扬可能会产生负面影响。辅导员应该懂得审时度势，把握表扬的分寸和时机。过度的表扬可能使学生自负，忽视自身的不足，导致对批评过度敏感、心理承受能力不足等问题。例如，毫无内涵的、低层次的表扬词汇如"非常了不起"或"棒极了"并不能真正激发学生的积极性，反而可能让学生误入自满的陷阱。适度的表扬应当有内涵，能够精准地反映学生的实际表现。辅导员可以使用更加具体和深刻的表扬方式，例如"你的努力和坚持不懈令人印象深刻，这对你未来的发展非常有益。""你展现出了良好的合作和领导能力，这在团队中非常重要。""虽然在某些方面还有改进的空间，但你的进步已经很显著了，我为你的努力感到高兴。"同时，辅导员也应当灵活运用不同的表扬方式，以适应不同学生的需求和个性特点。一些学生可能更喜欢委婉而含蓄的表扬，而另一些学生可能需要更直接的激励语言。通过综合运用不同的表扬方式，辅导员可以更好地满足学生的个性化需求，提高表扬的有效性。

（6）发展性原则。辅导员在工作语言中需要遵循发展性原则，该原则要求辅导员要用发展的眼光来看待学生。对于后进生而言，辅导员应该善于发现他们身上的闪光点，及时运用表扬并提出进一步的要求，从而促使他们克服自卑心理，激发上进心，成为积极向上的正面榜样。后进生往往存在自卑和学习动力不足的问题，他们需要更多的支持和激励来克服困难，提高自身素质。

2.表扬的类型

（1）当众表扬。当众表扬是指在公开场合进行的表扬，因为受众众多、影响广泛，常常能够产生更强烈的激励效果。尤其是对于后进生来说，当众表扬可以帮助他们重建自尊心，树立自信，找回学习的信心和动力。当众表扬对被表扬的学生有积极影响，并能够为其他同学树立榜样，激发他们的学习热情。当同学们看到自己的同伴因为努力而得到了公开表扬时，他们也会受到激励，积极向前，争取取得更大的进步和成就。在进行当众表扬时，辅导员可以使用肯定和鼓励的语言，让学生感受到被重视和认可，激发学习动力。

（2）个别表扬。个别表扬是在与学生个别交谈时进行的表扬方式，通过与学生一对一的沟通和交流，辅导员可以更好地了解学生的需求、困难和进步，同时为学生提供一个互动的平台。个别表扬的作用非常显著，当辅导员在私下与学生交谈时，突然表扬他们的进步或积极行为，学生通常会感到格外受到重视和鼓舞。个别表扬可以增强师生之间的信任和联系，使学生更愿意与辅导员分享自己的问题和需求。个别表扬还能够在无形中改善师生关系，学生会感受到辅导员的关心和支持，从而更愿意与其合作，积极参与辅导活动。辅导员通过个别表扬可以更全面地了解学生的情况，制订更有效的辅导计划，帮助他们解决问题，取得更好的学业和生活成就。

（3）随时表扬。辅导员在与学生频繁接触时，常常会注意到学生的点滴进步和积极行为。如果在这时，辅导员能够及时表扬学生，将有助于他们强化进步意识，巩固良好的行为习惯，并促使他们形成积极的价值观。随时表扬可以具体地反映在日常生活中，例如，当辅导员注意到学生爱护公共物品、注重节约资源，比如捡起掉在地上的黑板擦或主动关灯离开教室时，可以赞扬他们的行为，强调这种积极的态度应该成为其他同学学习的榜样。

（六）批评语

与表扬语相对应，批评语是对学生的错误思想和不良行为进行的必要的否定评价，旨在引导学生修正错误，提高思想品德素养。批评语实际上类似给幼树整枝除虫，其目的不是惩罚，而是帮助学生认识到自己的缺点和错误，总结经验教训，找到正确的方向。辅导员通过批评可以指出问题的根源，启发学生思考，鼓励他们改进。批评语的使用需要谨慎，它应该建立在真实性、情感性、公正性和发展性的原则之上。要确保批评是公正的，不偏袒任何一方，同时要关注学生的情感和自尊心，避免伤害他们的自尊。[①]批评语也需要具备发展性，即要有助于学生的成长和进步。

在高校辅导员的工作语言中，批评语是一项关键的工具，尽管它可能不如表扬语般容易被学生接受，但却在帮助学生认识自己的错误和不足，推动他们改进和成长方面发挥着重要作用。在使用批评语时，辅导员应当一视同仁，不偏袒或歧视任何学生。批评应基于客观事实，不夸大，也不缩小问题的严重程度。这有助于建立公平和信任的关系。辅导员需要在批评中保持严肃认真的态度，同时保持热情和诚恳，尊重被批评的学生的人格，创造积极的心理环境和融洽的氛围，以便他们更容易接受批评。辅导员应确保批评是面向个人而非整体的，不应该一刀切地否定全体学生，而是具体问题具体分析。批评应该有节制，不要全盘否定学生，适当的批评能够引导学生明辨是非，而过度的批评可能会产生反效果。辅导员在使用批评语时，可以采用多样的方法，例如严厉斥责、委婉含蓄、幽默结合等，要根据不同情况选择合适的方式表达。批评语应该具体分析学生的错误，引导他们认识问题的本质，以便他们能

---

① 臧晓娟，杨毅，崔玉萍. 教师口语训练[M]. 北京：北京理工大学出版社，2017：254.

够心悦诚服地接受批评。批评语要文明，避免讽刺、挖苦或伤害学生的自尊心。及时性是批评的关键，辅导员应该及时指出问题，以防止错误的蔓延。

1. 批评的方式

在批评学生时，有多种方式可供选择，每种方式都有其独特的特点和用途。批评的方式可以影响学生的接受程度和改进效果，因此辅导员需要谨慎选择合适的方式，以更好地发挥批评的作用。直接批评是最常用的方式之一，在直接批评中，辅导员直截了当地指出学生的错误，并提供教育建议，以促使他们改正。然而，在使用直接批评时，辅导员需要注意方式和语气，要保持尊重和理解，不伤及学生的自尊心。留有改正错误的余地对于学生的成长至关重要，因此辅导员应该采用柔性的态度，避免引发师生之间的对立情绪。间接批评是另一种柔性批评的方式，更注重情感和关系，辅导员可以通过间接批评传达对学生的关心和理解。间接批评方式包括鼓励、启发性的问题、分享相关经验等，间接批评常常更容易被学生接受，并非像直接批评一样直接指责学生，而是通过建议和启发来激发他们的自我反思和改进。辅导员还可以采用比较性批评的方式，将学生的表现与其他学生进行比较，以便突显出问题和改进的空间。比较性批评方式需要谨慎使用，以免引发学生之间的不良竞争和不满。

2. 批评的方法

（1）榜样法。高校辅导员在引导学生时，可以采用榜样法作为一种正面引导的方法，可以表扬那些做得好的同学，还可以通过自身的行动来示范良好的行为和价值观，为学生树立榜样，从而间接地批评错误的言行，促使他们自我纠正。辅导员表扬表现出色的同学，可以激发其他学生的竞争意识和上进心。此种正面榜样可以鼓励学生追求卓越，向成功的同学学习，从而在学术和生活中有所提高。辅导员自身的行为也可以成为榜样，通过言传身教，向学生展示正确的价值观和行为方式。

（2）肯定法。肯定法是一种教育方式，辅导员在批评学生时，要先分析事情中存在的积极因素，挖掘出其中值得肯定的方面。肯定法的目的是激发学生的自我批评心理动机，让他们自觉地认识到问题和错误，并主动加以纠正。辅导员通过肯定法，可以让学生更容易接受批评，因为他们感到自己的积极努力受到了认可。

（3）暗示法。暗示法是一种旁敲侧击的方式，通过委婉地表达批评意见，而不伤害学生的自尊心，从而让他们更容易接受批评。暗示法的优势在于能够减少学生的反感和对立情绪，帮助他们达到接受批评的最佳心理状态。辅导员可以使用暗示法来传达对学生行为的担忧或改进的建议，而不必直接批评或指责。通过巧妙的引导和暗示，学生可能会自发地思考问题，并找到改进的方法。

（4）幽默法。幽默法是一种通过幽默的方式进行批评的方法，可以使学生更加愿意接受辅导员对其错误言行的批评，并更好地改正错误。幽默法可以帮助辅导员缓解紧张的氛围，让学生感到轻松和舒适，从而更容易理解和接受批评的内容，有助于改善学生的行为，还能够促进积极的师生关系，使教育过程更加愉快和有趣。因此，幽默法是辅导员在工作中可以灵活运用的一种方法，可以增强教育的效果，同时也能够增添乐趣和活力。

（5）宽容法。宽容法强调辅导员应该以宽容的态度来理解和容忍学生的缺点与错误，从而促使他们自觉改正。宽容是一种美德，辅导员要能够宽容地面对学生的错误，而不是一味地严厉批评和指责。宽容法的应用能使辅导员和学生建立起一种信任和尊重的关系，让学生感受到被支持和被理解，从而更愿意面对自己的缺点并努力改进。这种温和而包容的方法有助于学生更好地认识自己，提高自我意识，最终实现个人成长和发展。

3.批评语的技巧

在批评语的运用方面，辅导员需要做到言之有物、语重心长，以确保其有感召力和积极的教育效果。直话曲说是一种委婉而含蓄的批评方式，辅导员可以通过巧妙的措辞，避免直接指责学生的错误，而是用一种更柔和的方式表达批评的观点，从而减少学生的抵触情绪，让他们更容易接受批评并进行自我反思和改进。明话暗说是一种含蓄的批评方式，辅导员在批评时不直接点出学生的错误，而是通过暗示来传达观点。明话暗说方法在某些情况下可以更加委婉，避免伤害学生的自尊心，同时激发他们的自我反省。有时候，辅导员需要在批评中表现出坚决态度，但也要注意在言辞上保持温和，即所谓的硬话软说，通过柔中带刚的方式来传达批评话语，以缓解矛盾和冲突。正话反说是一种让学生在幽默和联想中自我醒悟的批评方式，辅导员可以使用反话，但这些话语通常富有幽默感，不会伤害学生的自尊心。正话反说的方法可以帮助学生更好地理解自己的错误，并引发他们的自我改进欲望。有时，辅导员需要传达严厉的批评观点，但也要在批评中提供改进的机会，即以严话宽说的方法，在言辞上表现出对学生的期望，同时为他们创造自我纠正的条件，以便更好地改进和成长。

第二节　高校辅导员工作的书面语言训练

高校辅导员的工作语言涵盖了书面表达这一重要技能，书面表达不仅在学术界具有一定作用，而且在工作和社交场合中同样不可或缺。作为辅导员，书面表达对于有效沟通和与学生建立紧密联系至关重要。

一、明确的态度与观点

明确的态度与观点需要通过对工作任务和学生需求的深入了解而得出，辅导员可以通过与学生的个别会谈和集体讨论来收集信息，以确定应采取的明确态度和观点。信息收集过程有助于辅导员更好地理解学生的需求，并为书面表达提供坚实的基础。辅导员在书面表达中要明确传达自己的意图和目的，无论是撰写指导报告、写建议信还是准备工作计划，辅导员都应确保文档的目标清晰明了，主要可以通过在文档的开头明确陈述写作的目的和意图来实现。例如，在一封建议信中，辅导员可以直接陈述建议的目的，以便读者清楚了解写信人的立场和意图。辅导员需要注重书面表达的逻辑性和结构，一份良好的文档应该有清晰的结构，包括引言、主体和结论。在主体部分，辅导员可以按照逻辑顺序组织观点和信息，确保读者能够理解和跟随思路。逻辑性的强调有助于确保书面表达的明确性。辅导员在书面表达中还应该注重语言的准确性和清晰度，避免模糊不清的措辞和术语，确保文档的语言明了易懂。审校和校对也是确保语言准确性的重要步骤，通过仔细审查文档，辅导员可以发现并纠正拼写错误、语法错误和逻辑错误，从而提高文档的质量。辅导员可以请求同事或上级对他们的书面表达提供反馈，并根据反馈进行修订和改进。反馈循环有助于辅导员不断提高自己的书面表达能力，确保他们的文档能够明确传达态度和观点。

二、简单明了的句子

辅导员需要明确自己的写作目标，在开始书写前，考虑清楚要传达的信息以及写作的目的，从而确保句子简单明了，有针对性地选择词汇和句子结构，以达到最清晰的传达效果。辅导员应该尽量避免写过长、复杂的句子，过多的修饰语和从句会使句子变得混乱，读者可能会失去对句子结构的把握。相反，采用简单的主谓宾结构或清晰的因果关系句子结构可以让句子更容易理解。过多使用晦涩难懂的词和专业术语可能会让读者感到困惑，尤其是对于不熟悉该领域的人来说，因此，辅导员应该尽量使用常见、通用的词汇，以确保读者能够轻松理解文本。如果必须使用专业术语，应该在文中提供清晰的解释或上下文来帮助读者理解。同时，辅导员应进行适当的段落划分，将文本分成小的段落有助于读者更好地理解和消化信息。每个段落应该围绕一个主题或观点展开，以确保句子之间的逻辑关系清晰。

三、注意段落结构

合理的段落结构有助于让文章更加清晰有序，让读者更容易理解和记忆内容。高校辅导员在书面表达中应注意段落结构。每个段落都应该围绕一个明确的主题或观点展开，这个主题通常在段落的开头，即主题句中得以明确表达。辅导员在写作时应确保主题句简洁明了，能够清晰地传达该段落的核心内容。段落之间的过渡句是保持文章连贯性的关键，过渡句可以在一个段落结束时提前引导读者进入下一个段落的主题，有助于避免信息的突然跳跃，使文章更具逻辑性。过长的段落可能会让读者感到沉重，难以理解。辅导员应该在段落长度上保持适度，一般情况下，一个段落不宜过于冗长，以免让读者感到疲惫。在某些情况下，辅导员可以使用并列和分点的方式来组织段落，特别是在列举事实、提供建议或总结观点时，如此，可以使段落更加结构化和易于理解。

四、使用恰当的标点符号

标点符号的正确使用可以让文章更加清晰明了，有助于有效传达信息，避免歧义和误解。逗号通常用于分隔并列的词、短语或句子，以示其之间的关系。辅导员在使用逗号时应确保其位置合适，不要过多或过少，逗号的正确使用可以让句子更具流畅性和连贯性。句号用于表示句子的结束，辅导员在书写时应确保每个句子都以句号结束，以使文章的结构更加清晰。此外，句号还用于缩写词语或短语的末尾。分号通常用于分隔两个独立但相关的句子，或者用于分隔列举的项目。辅导员在使用分号时应确保其用法正确，以避免句子结构混乱。此外，要熟悉其他标点符号的使用，如问号、感叹号、括号等。此类标点符号在特定情况下有其独特的用途，辅导员应了解其正确的用法，以免造成误解或不当的强调。

五、避免重复与废话

高校辅导员在书面语言训练中，特别关注避免重复与废话，是确保书面表达精练、高效的关键因素。在文章或文字中反复使用相同的词汇或表达方式会让读者感到乏味，降低文章的质量。辅导员在书面表达中应尽量寻找同义词或不同的表达方式，以丰富语言，让读者感到新鲜和有趣。同时，反复检查文章，确保没有相同观点或信息的重复出现。废话是指没有实际信息或陈述明显的内容，只是用来填充字数或增加篇幅的内容。辅导员在书面表达中应剔除这些废话，使文章更加紧凑和精练。一种方法是在写作后反复审阅文章，识别和删除无关紧要的句子或段落。另一种方法是在写作时，尽量用简洁、清晰的语言来表达观点，避免过多的修辞或华丽的辞藻。辅导员在书面表达中应确保每句话和每个段落都包含有用的信息或观点，有助于保持读者的兴趣，使他们更容易理解文章的主题和目的。在进行写作时，辅导员可以思考每个句子或段落的信息含量，确保它们对文章的整体内容有贡献。

六、适当使用举例与引用

适当使用举例与引用是提高书面表达质量的技巧，不仅能够让文字更具生动性，还有助于更好地传达信息和观点。适当的举例可以帮助读者更好地理解辅导员的观点和建议，辅导员可以使用具体的案例来说明某个观点或理念，这样读者可以通过实际情境更深入地理解。举例也有助于使抽象的概念更具体化，让读者更容易将其与实际生活联系起来。然而，辅导员应该注意确保所选用的例子与所讨论的话题相关，并且不会引起误解或产生不必要的歧义。引用可以增强文章的可信度和说服力，当辅导员在文章中引用专家、研究结果或权威机构的观点时，可以为自己的观点提供支持，并向读者展示所提供信息的来源，使文章更具权威性，使读者更容易相信辅导员的观点。然而，在使用引用时，辅导员需要确保引用的信息准确无误，并提供适当的引用格式，以避免学术不端行为。此外，辅导员还可以运用比喻和类比等修辞手法，以增强举例和引用的效果。比喻和类比可以将复杂的概念简化为更容易理解的形象，从而使读者更深入地理解观点。此类修辞手法可以使文章更具吸引力，提高阅读体验。

七、注意格式与排版

高校辅导员在书面语言训练中，除了要关注内容的表达，还需要注意格式与排版，这有利于有效地传达信息。同样，正确的格式和排版有利于文章的阅读和理解，辅导员应该使用合适的标题和分段，将文章分为逻辑清晰的部分，每个段落都应该有明确的主题句，以指导读者了解该段的主要内容，并使用标点符号来分隔不同的句子和段落，以确保文章的结构清晰，避免读者混淆。通过良好的格式和排版，辅导员可以帮助读者更好地理解和记忆文章的内容。辅导员应该选择易于阅读的字体，并确保字号适中。过小的字号会让文章难以阅读，而过大的字号可能会显得不专业。字体的选择也应该与文章的性质和目的相匹配。在学术论文中，通常会使用正式的字体，而在宣传材料或简报中，可以选择更具创意性的字体，以突出信息的特点。辅导员还应该注意一致性和规范性，在整个文档中，标题、字体、字号和排版都应该保持一致，以确保文章看起来整洁和专业。辅导员可以参考学校或机构的格式指南，以确保书面材料符合标准。

第三节 高校辅导员工作的肢体语言训练

高校辅导员，作为大学生的一线教育工作者，其肢体语言在工作中扮演着不可忽视的角色。尽管口头和书面语言交流是主要方式，但肢体语言却是一种更为隐含且深刻的交流方式，它能够传达出言语所不能表达的情感和信息。

一、辅导员工作中肢体语言的重要性与必要性

肢体语言是一种强大的交流工具，超越了文化和语言的界限，具有生物本能性、社会性和民俗性。肢体语言根植于人类的生活，是人际交往的必要组成部分。无论是古代还是现代，东西方文化都对肢体语言的功能和重要性给予了高度关注。《诗大序》中提到了肢体语言的重要性，指出情感在内心涌动时，会通过言语、嗟叹、歌曲，甚至手舞足蹈等方式表达出来。这表明肢体语言有着独特的能力，能够表达情感、宣泄情绪，传递思想和意义。在信息传播的总效果中，肢体语言占了重要份额，远远超过了语言本身，这意味着一个人留给别人的深刻印象往往是通过他的表情和动作来建立的。在高校辅导员的工作中，正确使用肢体语言尤为重要。辅导员的微笑和眼神交流能够传达友善和关心，让学生感到受欢迎和被支持。他们的姿态和手势应该是开放的，表现出专注和倾听的态度。辅导员可以通过适当的手势更清晰地解释问题，帮助学生理解。辅导员的身体姿势和动作应该自然流畅，不应引起学生的紧张或不安感。辅导员的体态语言也可以传达权威和自信，一个站姿稳定、自信满满的辅导员会让学生感到他们的建议和指导是可信的。同时，当辅导员与学生平等对话时，坐下来并与他们保持眼神交流，也可以表现出尊重和平等的态度。

在实际的沟通过程中，辅导员可能会面临学生的一种"视觉阻断"行为，此种行为通常出现在学生感到威胁或遇到不喜欢场景的情况下，表现为与辅导员保持距离，难以建立有效的沟通。人际距离在沟通中的作用不容忽视，在面对面的情境中，人们会自然而然地保持不同的距离，距离与彼此的亲疏关系有关。最亲密的人之间可以站得很近，约0.5米，而有私交的朋友之间则站在0.5米到1.25米之间，而在一般公共场所，陌生人之间的距离通常维持在3米以上。对于高校辅导员来说，理解人际距离的概念至关重要。当与学生建立联系时，辅导员应该注意学生的身体语言，以确保他们没有感到威胁或不舒服。辅导员可以通过自己的姿态、表情和动作来示范亲和力和尊重，有助于打破"视觉阻断"，建立更好的信任和沟通。辅导员还可以运用肢体语言来传达支持和关心，友好的微笑、温暖的目光，或者用手轻轻拍打学生的肩膀的作用，都可以表现出对学生的关切，让他们感到被理解和支持。

高校辅导员在与学生进行沟通时还要考虑个人空间的重要性，有些辅导员可能会犯一个错误，尤其是在与学生初次交流时，他们可能过于急切地试图拉近距离。然而，个人为了维护自己的心理安全感，会不自觉地保持一定的距离，甚至试图在周围划定一个属于自己的个人空间，不愿意被侵入。在初次接触学生时，辅导员应该尊重学生的个人空间，不要过于侵入或者过于亲近。这样可以让学生感到更加自在和放松，有助于建立更好的沟通和信任关系。辅导员可以通过观察学生的身体语言来判断他们的个人空间需求，如果学生表现出明显的紧张或者不安，辅导员可以适度地退后一步，给予他们更多的空间。[①] 同时，辅导员可以通过自己的肢体语言，如保持适度的距离、避免侵入性的动作，来传达尊重和关心。

在沟通之前，了解学生的侧面信息可以帮助辅导员更好地理解学生

---

① 姜海梅. 教师教态变化的技巧 [M]. 北京：北京教育出版社，2020：92.

的需求和情感状态。同时，在学生踏入辅导员办公室之前，观察他们的肢体行为也是一种有益的方法，因为他们的肢体行为往往是下意识的，不容易伪装，可以提供有用的信息。肢体语言有着丰富的意义和表达方式，学生可能通过姿势、手势、面部表情、身体接触、饰品、服饰以及整体仪容来表达自己的情感和态度。例如，眯着眼睛可能表示不同意、厌恶、发怒或不欣赏，而正视对方则可能表示友善、诚恳、外向、有安全感和自信，有关的肢体动作可以为辅导员提供有关学生情感和思想状态的重要线索。在实际沟通中，辅导员可以借助观察学生的肢体动作来辅助沟通。例如，如果学生表现出紧张或害怕的肢体语言，辅导员可以采取温和的、安抚性的姿态，以建立更加放松的氛围。反之，如果学生展现出自信和开放的肢体语言，辅导员可以更自信地与其交流，促进有效对话。

二、肢体语言对辅导员工作提出了新要求

在高校辅导员的工作中，肢体语言对辅导员提出了新的要求。正如学习驾驶一样，解读身体语言需要时间和练习，一旦掌握了这种技巧，它就会变成一种本能，辅导员就能更全面地理解和满足学生的需求。在与学生交流时，辅导员需要敏锐地观察学生的身体语言，包括姿势、手势、面部表情等，细微的信号能够提供关于学生情感和思想状态的重要信息。辅导员需要学会不仅关注自己的表现，还要注意学生的反应，如同找到驾驶方向盘的舒适感一样。一旦辅导员掌握了这种技巧，就能更好地理解学生的需求，建立更紧密的联系。

（一）做一个称职的观察者、倾听者

高校辅导员工作中的肢体语言是一项关键的技能，能够帮助辅导员更好地理解学生、建立信任关系以及实现教育目标。在此过程中，辅导员需要扮演多重角色，其中包括成为称职的观察者和倾听者。辅导员需

要成为一个称职的观察者，肢体语言是下意识的行为，但如果辅导员能够以平和的心态来观察学生，就能更容易地发现和理解学生的肢体动作与话语。观察需要全面使用感官，包括视觉、听觉和触觉，以捕捉更多的信息。辅导员应该具备精湛的应对能力，以便更好地理解学生，建立联系。心理学在高校教育中的运用越来越普遍，辅导员需要不断提高自身的素质，善于运用心理学知识来提高工作效率。辅导员应成为一个称职的倾听者，现今的大学生常常面临心理问题，其中许多问题源于与家人缺乏沟通和和谐。辅导员在倾听时，需要具备"五心"，包括诚心、专心、用心、耐心和应心。诚心表示辅导员应该怀着虚心态度，真诚地倾听学生的话语。专心意味着仔细地听，不要心不在焉或心思散漫。用心是指要捕捉对方话语中的含义或言外之意。耐心是指在倾听过程中不轻易插话，给学生足够的空间表达自己。应心则意味着给予适当的回应，鼓励对方继续说下去。

（二）顺利剖析舒适度与不适度

对学生的肢体语言的解读和分析有助于辅导员更好地理解学生的内心需求和情感状态，在面对学生的思想意识出现"迁移"，以及可能产生负面行为时，辅导员需要顺利剖析学生的舒适度和不适度。辅导员需要准确解读学生身上的舒适和不适线索，观察学生的肢体语言、姿势、手势以及面部表情，以识别学生是否感到舒适或不舒适。例如，学生可能展现出幸福感、松弛感和愉悦感，这表示他们处于舒适状态。相反，如果学生显现出不高兴、有压力、忧虑、紧张或委屈感，那么他们可能正经历不适状态。通过此种方式，辅导员可以更好地了解学生的情感和思想状态，从而更好地指导他们。辅导员需要根据学生的不同气质选择适当的沟通方式，不同的学生可能有不同的需求和偏好，因此辅导员需要根据自己获得的信息来调整自己的沟通方式。例如，对于处于不舒适状态的学生，辅导员需要采取更加温和和理解的沟通方式，以帮助他们缓解压力和焦虑。而对于处于舒适状态的学生，辅导员可以更自信地与他们交流，以激发他们的积极性。

（三）与学生互动时寻找学生的常态与特异行为

高校辅导员在工作中，需要与学生频繁互动，除了表面的交流，还需要寻找学生的常态与特异行为，以更好地了解他们的需求和情感状态。辅导员需要关注学生与众不同的标志，问题学生通常会表现出独特的行为特质和心理特征，可能不同于其他学生。每个问题学生背后都有独特的形成和发展机制，因此辅导员需要通过观察和交流来发现问题学生的行为表现，以便更好地了解他们的情况。辅导员还需要关注学生的常态偏离和个体差异，问题学生的个体差异可能表现在不同的状态和行为中，并且，问题学生的个体差异可能具有内隐性和情境特异性，这意味着问题学生在不同的情境下可能表现出不同的特征。辅导员需要通过观察和与学生的交流，发现问题学生个体差异的存在状态，并了解这些差异的意义。辅导员可以通过观察和沟通，发现问题学生的症结所在，然后利用引导方式帮助他们寻找问题的解决途径和转化方式。在高校中，许多学校都提供了大学生基本素质训练教程等课程，涵盖礼仪、团队、心理和拓展训练等内容。同时，一些教师也会组织心理沙龙等活动，以解析学生的心理状态，并及时化解学生的心理压力。这些举措有助于引导学生的心理健康发展，帮助他们克服困难，实现个人成长和成功。

（四）培养耐力，获取多种信息

大学生作为一个成年群体，其生理年龄表明他们已经长大了，但心理上仍面临着各种挑战和困惑，给辅导员工作带来了一定压力。大学生在价值观和人生观方面常常存在多样性，由于他们的认知水平和辨析能力尚未成熟，往往难以做出明智的决策。作为辅导员，重要的是不能剥夺学生选择的权利，而是要尊重学生的主体意识，帮助他们提高分辨能力，引导他们做出明智的选择，所以辅导员应具备坚忍不拔的意志力和良好的心理素质。辅导员的工作类似一场马拉松，需要长期的坚持和努力。在与大学生的互动中，肢体语言起到了至关重要的作用。大学生的肢体动作变化可以传达他们的思想、情感、兴趣和意图，但要获得更多的信息，辅导员需要持之以恒地观察和交流。只有通过不断的观察和了解，辅导员才能与学生建立良好的沟通关系，引导学生朝着积极的方向发展。

高校辅导员在工作中要培养学生的自我管理能力，并提供具体的指导，对于性格多元化的学生，肢体语言成为一种有力的工具以建立沟通和理解。学生的自我管理能力在较大程度上影响了其终身成长，但不能一味地强调自我管理，因为学生的性格和气质千差万别。有些学生性格开朗，容易与辅导员建立亲近的关系，交谈便可以很容易达到引导的目的。然而，对于沉默寡言的学生，过于强制交流可能会让他们感到恐惧和厌恶。此种情况下，辅导员可以巧妙地利用肢体语言来改变交流方式，以更好地获取信息。肢体语言可以传达出辅导员的友好和理解，帮助学生放松警惕，减轻紧张感。通过适当的肢体动作，如微笑、眼神接触、鼓励的手势等，辅导员可以传达出自己的支持和关怀。非语言的沟通方式可以帮助学生感到更加舒适，减轻他们可能产生的恐惧感和内心压力。肢体语言还可以用来引导学生参与交流，即使他们不太愿意言语表达。通过示范性的肢体语言，辅导员可以鼓励学生用类似的方式来回应，从而建立更积极的互动，这有助于消除交流障碍，帮助辅导员更好地理解学生的需求，提供个性化的指导。

三、肢体语言在师生交流中的作用

（一）表情达意功能

高校辅导员的肢体语言在工作中发挥着重要作用，能与有声语言配合使用。肢体语言不仅可以用于形容特定事物，还可以用于表达赞成或反对的态度，能丰富和补充有声语言。当辅导员在与学生交流时，肢体语言可以与语声语调相辅相成，使沟通更加生动和有力。例如，当辅导员想要强调某一特定事物时，可以用手势描绘，让学生更容易理解和记忆。同样，当需要表达赞成或反对时，辅导员可以配合点头或摇头的方式，使情感更加明确和直观。肢体语言还可以与体态语结合，增强交流的效果。一个坚定的眼神、一个轻柔的手势都可以潜移默化地影响学生，留下深刻的印象。综合运用肢体语言的方式有助于建立更紧密的联系，增强信任和理解，提高辅导员与学生之间的沟通效果。

高校辅导员的肢体语言还可以在某些情况下用来表达缄默，不置一词，从而更加巧妙地处理敏感或难以言明的话题。在与学生互动时，有时会涉及一些隐晦、敏感的话题，这时辅导员可以巧妙地运用肢体语言来回应，而不必直言不讳。例如，对于上课迟到的同学，辅导员不必严厉呵斥，而可以在教室门口等待，并用手势示意迟到的同学尽快进入教室。辅导员还可以做出严肃庄重的表情，让学生认识到自己的行为是对任课老师的不尊重、对自己的不负责。不言而喻的肢体语言传达了严肃的态度和期望，有助于约束学生的不良行为。辅导员还可以运用肢体语言来观察和倾听学生要表达的意思，当学生面临情感困扰或难以启齿的问题时，辅导员可以通过微笑、摆手示意等方式来鼓励学生表达自己的情感，从而创造一个安全的沟通环境，让学生感到被理解和支持。

肢体语言不仅可以结合有声语言，还可以根据不同交流情境选择不同的结合方式。有两种常见的结合方式，其一是先示之以体态，再诉之于口；其二是先诉之于口，再示之以体态。这两种方式都有其独特的应用场合和效果。当学生向辅导员倾诉问题或情感时，辅导员可以选择先示之以体态，再诉之于口。辅导员可以微微前倾身体，认真听取学生的内容，给学生传达一种亲切感和体谅感。在此过程中，辅导员可以根据交流的内容做出相应的肢体动作或有声语言上的回应，以展示对学生的关心和理解，有助于建立更紧密的联系，让学生感受到被倾听和支持。对于先诉之于口，再示之以体态，辅导员可以先用有声语言进行交流，表达自己的看法和意见，然后再通过体态语言来进一步强调或补充。例如，在交谈中表示认同或支持时，辅导员可以配合微笑、点头等肢体动作，以增强交流的效果。相反，如果感到怀疑或不同意，辅导员可以通过皱起眉头等体态语言来表达。这两种方式的选择取决于具体的情境和交流目的，无论是哪种方式，都需要辅导员具备良好的观察和倾听能力，以便根据学生的言辞和情感做出恰当的肢体动作或有声语言上的回应。

（二）教化育人功能

辅导员的一言一行都会对学生产生深远的影响，因此，他们的形象与举止都需要经过精心塑造，以传递正确的价值观和展示榜样形象。辅导员通常是年青一代，与学生在年龄上有相近之处，这使得他们更容易与学生建立亲近感。然而，这也可能导致学生认为辅导员缺乏威信和权威。因此，辅导员需要在工作中不断积累经验，加强自身的文化底蕴修养，以弥补威信不足的问题。他们应该追求沉着稳重和文化积淀，而不是追求浮躁奢华和急功近利。外在形象和体态语言是反映内在文化修养的载体，因此辅导员的仪表和举止应该端庄得体，既不过于浅薄，又不必过于古板。通过树立崇高的形象，辅导员可以成为学生心目中的榜样，引导他们养成良好的行为习惯和品质。辅导员的体态语言可以营造和谐、融洽的氛围，有助于交流的顺利进行。与此相反，失礼的行为可能会伤害对方的自尊心，导致抵触情绪，从而影响到交流效果。因此，辅导员需要在体态语言方面表现得体，以确保与学生之间的交流是积极的、正面的。

四、肢体语言在高校辅导员与大学生交流中的应用

（一）重视应用积极的肢体语言

高校辅导员要运用积极的肢体语言，避免使用消极的肢体语言。肢体语言是情感的外在表现，而情感又是一种持续变化的心理状态，因此，辅导员的肢体语言可以直接或间接地影响到学生的情感状态。在与学生的交往中，积极的肢体语言有助于传递积极的情感，激发学生的乐观态度，促进他们的心理健康发展和思维拓展。辅导员在工作中应学会克制和调整自己的消极情绪，避免将悲观、厌世、哭泣等负面情感表现在学生面前。不良的情绪或态度可能会直接影响到学生，打击他们的自尊心，甚至引发反感和挑衅。相反，通过积极的肢体语言表现，如微笑、鼓励的手势、体恤的拥抱等，辅导员可以传递温暖、鼓励和支持，对学生的身心发展产生积极的影响。学生更愿意与积极向上、风趣幽默的人互动，积极情感和肢体语言有助于建立融洽的师生关系。辅导员的积极肢体语言可以激发学生的积极性，帮助他们更好地应对生活中的挑战，培养乐观、健康的心态，促进身心的健康发展。

（二）性别差异下的肢体语言应用

虽然男女学生在肢体语言的运用上有一些共通之处，比如鼓掌表示赞同或兴奋，受到惊吓时会自卫性地躲闪，垂头表示丧气等，但由于社会规范和生理差异，两性在肢体语言表达上也存在显著差异。一般而言，女生在情感表达上更加直接，善于运用肢体语言来表达内心感受。她们可能更倾向于用手势、面部表情等方式来传达情感，这使得她们在交流中更加容易表露真实的情感状态。相对而言，男生则可能更加内敛和控制，不太倾向于过多地运用肢体语言来表达情感。然而，男性相对于女性更容易表达愤怒以及与权力相关的情感。有时，男性可能会以愤

怒的情绪来掩盖内心的痛苦或恐惧，此种现象可能源于社会文化对男性情感表达的期望，因为痛苦和恐惧通常被视为失败、软弱和自卑的象征。对于高校辅导员来说，了解性别差异对肢体语言的影响至关重要。辅导员需要拥有敏锐的洞察力，通过观察学生的表象体态语言，去挖掘更深层次的心理状态，这有利于辅导员更好地理解学生的情感和需求，从而确保交流的有效性。

文明礼节和传统道德要求人们在与异性学生交流时保持一定的距离和适度的亲疏远近程度。古语有云："男女授受不亲。"这反映了古代文化中的性别接触规范。虽然现代社会对性别接触有更开放的看法，但辅导员依然需要谨慎处理与异性学生之间的肢体接触问题，以尊重学生的个人空间和舒适度。在与学生交流时，辅导员应该避免不必要的亲密肢体接触，如握手、拥抱等，以确保交流的专业性和尊重性。同时，应保持至少一臂之遥的距离，以避免引发不必要的误会或不适感，从而建立一个舒适的工作和学习环境，使学生感到被尊重，也更有安全感。

（三）尊重民族文化差异，谨慎使用肢体语言

大学中会聚了来自不同地域和民族背景的学生，每个学生都可能携带着自己的民族文化和肢体语言习惯。辅导员应该充分了解并尊重这些文化差异，以建立更加包容的工作环境。辅导员需要认识到不同文化之间存在着不同的肢体语言习惯，例如，维吾尔族在表达悲痛时会用特定的肢体动作，而表示感谢也有独特的肢体语言。辅导员应该学习这些文化特点，以避免误解或冒犯学生。辅导员还需要注意一些文化中被视为禁忌的肢体行为，如挖鼻孔、掏耳朵等，有关行为在某些文化中被视为不礼貌或不尊重，因此，辅导员应该避免在与学生交往时展示这些不适当的肢体动作，以维护良好的沟通关系。辅导员在多元文化的社会中要因人而异地对待不同的文化，尊重学生的民族习惯，以确保工作环境充满尊重和包容。

第四章　高校辅导员话语亲和力的影响因素与提升策略

第一节　话语亲和力理论概述

一、基本概念与理论基础

亲和力，顾名思义，是一种能够拉近人与人之间距离，使人感到温暖、亲切的力量。这种力量不仅体现在外在的形象和言谈举止上，更来自内心的真诚与善良。亲和力是一种个人魅力的体现，也是建立和维护人际关系的重要手段。亲和力理论在心理学、社会学、教育学等多个领域有着深厚的理论基础，人本主义心理学理论认为人的本性是向善的，亲和力是个体展示其积极一面的一种方式；符号互动主义理论认为，人与人之间的交流和互动是通过符号进行的，而亲和力则是这些符号的一种积极、正面的体现。

二、亲和力的多维度分析

亲和力并不是单一的概念，而是一个多维度的整体，其中包括情感维度、认知维度、行为维度等。

（一）情感维度

情感维度主要体现在人际交往中情感的交流与共鸣，在高校辅导员的日常工作中，情感维度的运用可以有效地拉近辅导员与学生之间的距离，从而构建和谐的师生关系。辅导员在与学生的交往中，需要通过情感的交流，建立起与学生的情感联系，使学生感受到关心和支持，从而更好地了解学生的心理状态，为学生提供更加贴心的服务。辅导员可以通过多种方式来增强与学生之间的情感联系，比如积极倾听学生的心声，关心学生的学习和生活情况，为学生提供必要的心理支持等。通过有关方式，辅导员能够让学生感受到自己的重视和关爱，从而在学生心中建立起积极、正面的形象，增强亲和力。

（二）认知维度

当辅导员在与学生的交流中展现出扎实的专业能力时，不仅能够为学生解决问题，更能赢得学生的信任和尊重。辅导员的专业能力是赢得学生信任的基石。当学生遇到问题时，他们通常会寻求辅导员的帮助。此时，辅导员的专业知识和经验就显得尤为重要。如果辅导员能够准确地分析问题，并提供有效的解决方案，就能够帮助学生解决困扰，从而赢得学生的信任。辅导员在提升专业素养的同时，也需要注重与学生的沟通技巧。良好的沟通能够帮助辅导员更好地了解学生的需求，从而为学生提供更贴心的服务。

（三）行为维度

行为维度是亲和力的直接体现，辅导员的言谈举止、行为方式直接影响着学生对辅导员的印象，因此辅导员需要通过积极的行为，展现出自己的亲和力。在日常的工作中，辅导员应该注重自己的言行，时刻以积极、正面的态度面对学生。通过口头语言、肢体语言等方式，辅导员可以传递给学生积极的能量，从而与学生建立起良好的关系。辅导员还需要注意自己的言语是否得体，避免使用不恰当的语言，以免伤害到学生的感情。

第二节　高校辅导员话语亲和力的影响因素分析

一、辅导员的专业素养

辅导员的专业素养直接影响辅导员能否准确、有效地传达信息，从而影响辅导员与学生之间的沟通质量。辅导员的学识水平是专业素养的核心，在较大程度上决定了辅导员能否在面对学生的问题时提供专业、准确的建议和解决方案。学识水平高的辅导员更能够赢得学生的信任，因为学生相信辅导员的专业知识可以帮助他们解决问题。除了学识水平，辅导员的工作能力也是专业素养的重要组成部分，工作能力包括组织协调能力、沟通交流能力以及处理问题的能力等。组织协调能力使辅导员能够更好地安排自己的工作，确保工作的顺利进行；沟通交流能力使辅导员能够更好地与学生沟通，更好地了解学生的需求和问题，从而提供更有针对性的帮助；处理问题的能力使辅导员能够在面对学生的问题时，迅速、准确地找到解决方案，帮助学生解决问题。职业道德是辅导员专业素养的另一个重要方面，它体现了辅导员的责任心和对学生的尊重。职业道德水平高的辅导员能够以学生为中心，以学生的需求为导向，为学生提供优质的服务。具备专业素养的辅导员更容易赢得学生的信任和喜爱，在与学生的沟通中具有亲和力。

二、辅导员的人际沟通能力

人际沟通能力是辅导员话语亲和力的重要组成部分，也是建立良好师生关系的关键。倾听能力体现了辅导员对学生的尊重和关心，使辅导员能够更好地理解学生的需求，从而提供有针对性的帮助。一个优秀的辅导员应该学会倾听学生的声音，了解学生的困惑和需求，以便更好地帮助学生。表达能力是辅导员的另一项重要人际沟通能力，清晰、准确的表达能力使辅导员能够有效地传达信息，使学生能够轻松理解辅导员的意图和建议。一个优秀的辅导员应该具备良好的表达能力，能够用学生容易理解的语言表达自己的观点，使学生能够更好地理解和接受辅导员的建议。情感交流能力则是辅导员人际沟通能力的补充，通过情感的交流，辅导员可以拉近与学生的距离，建立起良好的师生关系。情感交流能力使辅导员能够更好地理解学生的感受，从而为学生提供支持和帮助。一个优秀的辅导员应该具备良好的情感交流能力，用情感来沟通，拉近与学生的距离。

三、辅导员的个人品质

个人品质主要包括辅导员的性格、修养以及心理素质等方面。辅导员的性格直接影响其在与学生交流时的态度和方式，性格开朗、积极的辅导员更容易与学生建立良好的关系，让学生感到亲切。例如，一个总是面带微笑、态度和蔼的辅导员更容易让学生感到亲近和放松，从而愿意与辅导员交流。辅导员的修养体现了其对文化、礼仪等方面的认识和重视。良好的修养不仅能够提升辅导员的个人形象，还会影响学生对辅导员的评价。辅导员应该具备良好的文化修养和礼仪知识，能够在与学生的交流中展现出自己的文化素养，从而赢得学生的尊重。辅导员的心理素质决定了其在面对困难和压力时的应对能力，良好的心理素质可以帮助辅导员保持积极的心态，更好地完成工作。在面对学生的问题和困难时，辅导员需要保持冷静和理智，以便更好地帮助学生解决问题。辅导员应该不断提升自己的心理素质，增强自己的应对能力，从而在与学生的交流中展现出更强的亲和力。

四、辅导员的社会环境

社会环境主要包括辅导员所处的学校、地域以及时代背景等方面。学校是辅导员工作的直接环境，决定了辅导员的工作理念和方式。辅导员需要深入理解学校的文化特点，找到与学校文化相适应的工作方式，以便更好地融入学校环境，有效地与学生交流。例如，如果学校注重学术研究，辅导员就应该积极参与学术活动，用学术的语言与学生交流，以增强话语亲和力。地域是辅导员与学生交流的重要背景，决定了辅导员与学生之间的交流方式。不同地域的学生有着不同的文化背景，辅导员需要根据学生的文化背景，选择合适的语言和交流方式，以便更好地与学生沟通。时代背景是辅导员价值观和观念的重要影响因素，辅导员需要与时俱进，不断更新自己的知识和技能，以便更好地完成工作。在不断变化的时代背景下，辅导员要学会运用现代化的技术和方法，与学生建立有效的沟通，以提升自己的话语亲和力。

第三节 高校辅导员话语亲和力的有效提升策略

一、高校辅导员话语亲和力提升的原则

（一）坚持尊重学生话语主体性的原则

在与学生交流时，辅导员应当强调学生的主体地位，尊重他们的言论自由和思想表达权，不仅要听取他们的声音，还要给予他们自由

表达思想的权利。例如，在社交媒体上，学生可能会发表评论、参与讨论，辅导员应该允许他们在这些平台上自由表达不同的想法。如此，有助于增强学生的思想独立性和参与感，也更有利于深入了解他们的真实想法，从而提升教学效果。辅导员应该在尊重学生话语主体性的基础上，建立一种互动的教育氛围，除了要倾听学生的观点，还要积极参与他们的思想交流和讨论。辅导员可以鼓励学生提出问题，分享经验，并提供积极的反馈和建议。积极的互动可以让学生与辅导员之间建立更加紧密的联系，增进相互理解，这有助于更好地解决问题和实现教育目标。

（二）话语表达注重亲和力的原则

话语表达的亲和力原则要求辅导员密切联系大学生的生活实际，从他们的生活中寻找话语创新的灵感，并以具有亲和力的话语来与他们交流。辅导员需要走进学生的"生活世界"，深入了解他们的思想和实际需求，主要可以通过参与大学网络化生活来实现，包括积极参与社交媒体，了解学生在网络空间中的交往方式、学习习惯以及娱乐喜好。通过亲身体验学生的生活，辅导员可以更好地理解他们的思维方式，与他们建立更紧密的联系。辅导员的话语内容应当贴近现实生活，使用通俗易懂的语言，代替空洞的、抽象的说教。辅导员应该使用亲和力十足的话语，与学生建立更加亲近的关系。这种亲和力的话语应该能够触及学生的内心，引发他们的共鸣，使他们更容易接受和理解。

（三）话语表达方式兼容并包的原则

辅导员需要把握时代脉搏，了解当今大学生的审美时尚和观赏心理，采用大学生常用的话语修辞手法，创造出更多反映时代和事物特征的新鲜话语。辅导员要密切关注网络文化的发展变化，汲取新话语，借鉴网络中的健康、有益、良性的话语形式和内容，丰富高校思想政治教育的话语内容。开放性的话语表达方式有助于与学生建立更亲近的联系，使他们更容易理解和接受。辅导员需要具有全球性的视野，树立全球意识，并增强对全人类的道德关怀和共同责任意识。在当前全球化和网络化的背景下，高校教师应该融入国际社会，成为全球公民，并学会在全球范围内共同生活。辅导员的话语表达应该具有跨文化的包容性，能够适应不同背景和文化的学生，促进跨文化交流和理解。

二、提升辅导员的核心素养

核心素养是辅导员增强话语亲和力的关键因素，因此，提高辅导员的核心素养是增强话语亲和力的重要步骤。高校辅导员应综合分析高校教育对象和教育环境的现实情况，以更好地适应不同学生的需求。通过变革话语传播的方式与内容，辅导员可以不断提升话语亲和力，使教育更具针对性和有效性。这样，大学生能够更好地理解和接受教育内容，最终将知识转化为行为。

（一）提升高校辅导员价值引导能力

高校辅导员在提高话语亲和力的过程中，其自身的价值引导能力是十分必要的，包括对社会主义制度的认同、对马克思主义理论的把握、对中华民族历史文化的认知和情感，以及关注学生思想问题等方面，诸多因素直接影响着高校辅导员的话语亲和力。在复杂多变的外部环境和纷繁复杂的意识形态领域，高校辅导员需要坚守科学立场，坚定社会主义核心价值观，善于甄别错误思潮，明确反对错误思想，并不断增强自身的价值引导能力。通过此种方式，他们可以更好地引导学生明辨是非，帮助学生形成正确的世界观、人生观和价值观，培养高尚的道德情操和坚定的理想信念。

在高校辅导员的工作中，话语亲和力能够影响到辅导员与学生之间的沟通和信任关系。为了提高话语亲和力，辅导员可以借鉴高校教师价值引导能力提升的策略，并结合自身的工作特点进行创新和实践。辅导员应该主动了解学生的需求、兴趣和困难，以便更好地为他们提供支持和指导，这需要辅导员不断积累对学生的了解，包括他们的背景、性格和价值观。辅导员可以通过与学生分享自己的经验和故事，与他们建立情感共鸣，帮助学生感受到关心和理解，增强彼此之间的亲近感。辅导员应该用心倾听学生的问题和感受，不中断、不打断，以示尊重和关注，同时，可以运用肢体语言，如微笑、点头等来表明自己在认真聆听。辅导员在与学生交流中应提供积极的反馈和鼓励，及时肯定学生的努力和进步，激发他们的积极性，增强信任感。辅导员应不断汲取学理养分，提高自己的专业知识和理论水平。只有具备扎实的知识基础，辅导员才能在与学生的交流中以理服人。辅导员可以通过参加培训和研讨会，提高自己的理论引导能力。

（二）转换高校辅导员话语表达理念

高校辅导员在面对学生的情感需求和困难时，需要通过一系列策略来提高话语亲和力，以更好地引导和支持学生。其中一个重要的策略是更新高校辅导员的话语表达理念，使其更适应当代大学生的需求和挑战。辅导员应该从纯粹的说教者转变为引导者，除了告诉学生应该做什么，还要引导他们思考问题，自主做出决策。辅导员可以使用开放性问题，鼓励学生自己找到答案，并帮助他们建立批判性思维。辅导员的话语应该与学生的具体问题和挑战相关联，他们应该了解学生在学业、职业规划、人际关系等方面面临的具体困境，并提供针对性的建议和支持，从而让学生感受到辅导员的关切和帮助是切实可行的。辅导员可以鼓励学生进行自我反思，帮助他们了解自己的需求和目标。通过提问，辅导员可以引导学生思考他们的兴趣、价值观和长远目标，从而更好地规划未来。辅导员要尊重学生的独立性，不强加自己的意见或价值观。辅导员可以提供信息和建议，但最终决策应该由学生自己做出。这有助于培养学生的自主性和责任感。应采用多种方式进行沟通和支持，包括面对面会谈、电话、电子邮件、在线聊天等，进而满足不同学生的需求和偏好。

在与学生互动时，辅导员应该倾听并理解他们的需求和问题。通过积极倾听，辅导员能够更好地了解学生的独特情况，为他们提供更有针对性的建议和支持。倾听也传递了一种关怀和尊重的信息，有助于建立信任关系。辅导员通过分享与学生类似的经历或情感体验来建立共鸣，可以令学生感到自己不是孤独的，自己是被理解的。共鸣可以促进情感连接，增强话语的亲和力。辅导员的语言应该亲切、温暖且富有同理心，辅导员使用积极的措辞和鼓励性语言，能够增强学生的自尊心和自信心。要避免使用冷漠或批评性的语言，以免伤害学生的自尊。辅导员应该提供情感支持，让学生感受到他们在困难时并不孤单，并提供具体的建议和解决方案，以帮助学生应对挑战和问题。不同的学生有不同的需求和沟通风格，辅导员应该灵活适应，根据学生的性格和情境调整话语方式。有些学生可能需要更多的鼓励，而有些学生可能需要更多的挑战。辅导员的话语应该鼓励学生自主解决问题和制定目标，辅导员可以提供指导，但最终的决策应该由学生自己做出，这有助于培养学生的自主性和责任感。辅导员应该接受学生的反馈，从而不断改进自己的沟通和支持方式。学生的反馈可以帮助辅导员更好地理解他们的需求，提升话语的亲和力。

（三）增强高校辅导员人格魅力与共情能力

在提升高校辅导员的话语亲和力的时候，必须重视个人素质和共情能力的培养。问卷调查结果表明，这些因素对于辅导员在工作中建立积极关系和有效沟通至关重要。辅导员应以高尚的道德标准为榜样，展现出诚实、正直和善良的品质，辅导员的道德榜样会赢得学生的尊重和信任，从而提高话语的亲和力。辅导员应不断更新自己的专业知识和教育技能，以更好地支持学生的学术和职业发展，具备卓越的教学能力将增强其话语影响力。辅导员乐观、积极向上的态度可以感染学生，激发他们的积极性和动力。辅导员可以通过展现对工作的热情和责任感来树立正能量的形象。幽默是缓解紧张和建立友好关系的有效工具，通过与学生建立情感联系，辅导员可以更好地理解他们的需求和挑战，提高共情能力。辅导员可以将家国情怀融入教育过程，在教学中传递对祖国和党的热爱，激发学生的家国情感，有助于打造温暖而有温度的课堂，促进与学生共情。

高校辅导员在提升话语亲和力方面，不仅需要关注个人素质，还需加强共情能力，特别是现在面对互联网时代新挑战的情况下。互联网的发展已经改变了教育传播方式，学生可以自主选择信息来源，虚拟环境中的大学生更容易受到多元化信息的冲击，因此辅导员需要采取有效的策略来保持与学生的情感互动。辅导员需要了解并适应互联网时代的信息传播方式，互联网提供了多种媒体平台，如微信、QQ、抖音等，有关平台不仅是信息传播的工具，还是学生互动的场所。辅导员应该积极参与在线教学模式，与学生建立及时的交流和讨论，以便更好地理解他们的需求和反馈。互联网虚拟环境丰富多彩，但与课堂相比，可能让学生感到困惑和冲击。辅导员应该在虚拟空间中展现自己的专业知识和教育经验，塑造自己的专业形象，以建立权威性和可信度。通过发布有深度和有内容的教育话语，辅导员可以吸引学生的注意力，引导他们深入思考。辅导员需要保持虚拟与现实之间的平衡，虚拟环境和现实环境有时难以分辨，辅导员应该明确两者之间的界限，确保话语内容与当下的时政热点和社会焦点相结合。如此，可以使教育话语更具针对性和吸引力，使学生更容易接受和理解。

在互联网时代，高校辅导员面临着学生与新媒体互动频繁、思维灵活的挑战。学生不再习惯传统的"灌输式"和"讲解式"教学,他们更喜欢轻松活泼、内容丰富、多元对话的交流方式。因此,高校辅导员需要采取有效策略来提升话语亲和力,以更好地与学生建立情感联系和理解契合。在互联网时代,情感性的话语交流变得尤为重要。辅导员可以通过贴近学生实际的交接,关注学生内心的情感需求,与学生建立更深入的情感联系。辅导员要了解学生的兴趣、担忧和需求,以情感化的方式引导和支持他们,从而增加学生对辅导员的好感度和认同感。辅导员需要寻求与学生的共同点和契合点,互联网时代的学生更喜欢与教育者建立互动和对话,辅导员通过积极参与学生的讨论和互动,了解他们的观点和想法,提供有针对性的支持和建议。辅导员应营造和谐温馨的话语交流氛围,在互联网时代,虚拟世界中的情感缺失成为一个问题,因此,在现实中,辅导员需要增进与学生的情感交流,建立一种友好、开放和支持的话语交流氛围,使学生感到受欢迎和被理解。

(四)提高高校辅导员的话语运用能力

为了在与学生交流时传递有效的知识和信息,辅导员需要具备扎实的理论基础和较高的学术研究水平。如此一来,他们可以更好地阐释教育案例,用严密的逻辑和科学性的语言说服学生。高校辅导员需要不断汲取最新的学理知识,以保持话语的科学性和时效性,从而提高个人的理论运用能力,增强对学生的理论引导能力。尽管科学性和学理性的知识是重要的,但情感在与学生建立联系和信任方面也起着关键作用。高校辅导员可以通过表达关心、支持和理解,满足学生的情感需求。建立情感联系和共鸣有助于提高话语的感染力,使学生更容易接受和理解所传达的信息。高校辅导员应不断提升自身的沟通技能和教育能力,包括培养良好的表达能力,了解如何在不同情境下使用适当的语言和表达方式,以及如何引导学生进行积极的讨论和互动。

高校辅导员还可以通过参加专业培训和交流活动，不断提升自己的教育水平和沟通技巧。

1. 学习传播学相关知识以增强话语运用能力

辅导员应致力于学习传播学相关知识。在当今互联网时代，每个人都成了信息的传播者，因此了解传播学的基本概念和原理至关重要。传播学涵盖了从信息传播的过程到影响因素的广泛范围，它可以帮助辅导员更好地理解和分析信息的传播方式。辅导员可以学习传播学的核心概念，如传播模型、媒体效应、受众分析等，以便更好地理解当代社会中的传播现象。互联网充斥着大量信息，其中包括虚假或误导性的信息。辅导员需要具备辨别真伪信息的能力，以便为学生提供准确和可信的信息。他们可以指导学生评估信息的可信度，分辨虚假信息的特征，并引导他们远离不实信息，这有助于学生培养批判性思维，提高信息素养。除了学习传播学知识和培养辨别能力，辅导员还应将这些知识和技能应用于实际工作中。他们可以通过与学生的互动和交流，引导学生思考和讨论重要的社会问题，帮助他们建立正确的价值观和思维体系。辅导员还可以在课堂中运用传播学原理，使教育话语更具吸引力和感染力。

2. 增强话语的批评能力

在高校课堂和辅导过程中，辅导员常常面临来自不同学生的各种观点和思考，这些观点可能与传统观点有所不同，或者包含虚假信息和伪善的思想。为了应对这种复杂情境，辅导员应坚定科学立场，在面对不同观点和思潮时，始终以科学的、客观的态度来对待，不受情感或个人偏见的干扰。辅导员应坚信科学原则和真理性，以确保话语的权威性和可信度。在与学生互动时，辅导员应主动引导对话，提出有针对性的问题，引导学生思考和探讨。通过掌握话语主动权，辅导员可以更好地引导学生走向正确的思考方向，防止他们受到虚假信息的误导。辅导员应及时、有效地对虚假和伪善的思想意识形态给予批判。当遇到错误观点或虚假信息时，辅导员应当勇敢地反驳和批评，以保护学生免受错误观点的影响。批判性思维和问题的解决能力是辅导员的重要素养，通过不断练习和培养，辅导员可以更好地履行自己的职责。

（五）提升高校辅导员的媒介素养

在互联网时代，媒介素养成为至关重要的能力，尤其是对于辅导员这一群体来说，媒介素养尤为重要。新媒体是当今学生广泛使用的交流媒介，辅导员需要了解不同的社交媒体和数字工具，以更好地与学生进行互动。他们应该积极参与在线社交网络，理解学生的需求和兴趣，以便更好地与学生建立联系。在接收网络用语和热词时，辅导员应该具备分辨信息真伪和价值的能力，需要透过现象看本质，不被表面现象迷惑，以确保他们传递的信息是准确和可信的，这有助于维护高校教育话语的真实性和科学性。辅导员应努力掌握话语主动权，通过积极参与互联网平台，主动引导对话，提出有针对性的问题，以引导学生进行深入思考和探讨。

媒介素养教育旨在培养人们具备正确使用和有效利用媒介资源的能力，从而在信息化时代保持独立思考和自主判断。对高校辅导员来说，提升媒介素养可以使他们更好地与学生互动，建立更紧密的联系。辅导员需要增加对媒介素养相关知识的学习，包括了解不同媒介平台的工作原理、信息流通的方式以及社交媒体的特点。辅导员通过学习媒介素养相关知识，可以更好地理解学生使用的媒介工具，以便有效地与他们进行互动。培养媒介批评能力对于高校辅导同样员至关重要，他们需要具备分辨信息真伪和价值的能力，以便过滤虚假信息，为学生提供准确和有用的建议，媒介批评能力有助于维护高校教育话语的真实性和科学性。辅导员应该成为媒介资源的有效使用者和内容生产者，可以通过积极参与在线社交网络、发布有价值的信息以及制作教育内容来提高自己的媒介素养，这不仅有助于与学生建立更深入的联系，还可以为学生提供有益的学习资源。

三、优化教育话语内容

（一）加强对教育内容的研究与转化

辅导员首先要深入研究和理解教学内容，掌握其深刻性、科学性和系统性。在高校教育中，内容被认为是至高无上且不可替代的。辅导员需要明白，科研和教学应该紧密结合，而不是相互独立。辅导员的科学研究应该围绕教学内容展开，这要求他们通过大量的阅读和深入分析，获得对专业知识的深刻理解。只有深入研究和思考，辅导员才能够将教学内容的深度和系统性提升到一个更高的水平。辅导员还需要思考如何将理论知识与社会实际相结合，将专业性的理论知识转化为生活化的语言，以便更好地传递给学生。辅导员需要具备将抽象概念变得具体和容易理解的能力，通过将理论知识与实际案例相结合，从而更生动地展示教育内容。

辅导员可以将教材作为基础，但不能仅依赖于教材体系。他们应该以问题为导向，认真研读基础理论，运用理论来解释社会热点和难点问题。通过深入研究和理解基础理论，辅导员可以更好地回答学生的疑问，满足学生的需求，从而提高话语的亲和力。辅导员需要坚持"因事而化"的原则，将教学内容与学生的实际关系对接。这意味着辅导员应该将理论知识与学生的日常生活和社会问题相结合，真正解决学生的困惑。通过将教材中的抽象理论与实际问题相连接，辅导员可以使教学更具吸引力和实用性。辅导员还需要坚持"因时而进"和"因势而新"原则。他们应该不断反映时代心声和时代特征，与时俱进，不断更新教学内容。在快速变化的社会环境中，教育内容需要与时俱进，以保持与学生的沟通和互动，进而提升高校辅导员的话语亲和力，以更好地满足不同学生的需求和期望。

（二）拓展高校辅导员的话语资源

中华传统文化是宝贵的话语资源之一，几千年的文化积淀孕育出许多智慧和价值观，辅导员可以深入研究儒、道等哲学体系，以及古代文学、诗词、戏曲等传统文化元素。将传统文化融入话语中，不仅能传承文化，还能丰富话语内涵，引发学生的兴趣与思考。中国特色社会主义理论体系是另一个重要的话语来源，指导着中国社会的发展方向，更加利于培养学生的理论素养和社会责任感。辅导员可以深入学习和理解该理论体系，将其融入话语中，引导学生树立正确的世界观和价值观。互联网时代的网络话语也是不可忽视的资源，网络空间中涌现出许多积极向上的言论和思维方式，此类元素可以为辅导员提供灵感，辅导员借鉴其中的表达方式和思维逻辑，可以与学生更加深入地互动和交流。

1.汲取中国传统文化中的优秀话语资源

中华传统文化代代传承，承载着中华民族的精神和智慧，蕴含着丰富的人文精神和价值标准。优秀话语资源具有丰富性、民族性、独特性和生动性等特点，是高校辅导员借鉴的宝贵财富。中华传统文化内涵丰富、包罗万象，它反映了中华民族的世界观、价值观和审美观。辅导员可以深入研究传统文化，了解其中蕴含的智慧和人生哲理，将这些精华融入自己的话语中，以引发学生的思考和共鸣。将民族文化精髓内化到高校理论教学中，可以使理论更具文化性、艺术性和民族性。辅导员可以借助生动活泼的语言和具体的案例，将理论知识生动地呈现给学生，让学生更容易理解和接受。融媒体的运用同样重要，辅导员可以利用多元化的传播渠道，如短视频、动画、VR、人工智能、微博、直播等，将传统文化的优秀话语资源传播给学生。新媒体工具可以拉近高校教育与传统文化的距离，提高高校教学的效果。

2.挖掘新时代鲜活素材

随着社会的不断发展，新范畴、新观念和新理论层出不穷，为高校辅导员提供了丰富的话语资源，可以使他们的话语更具吸引力和时效性。高校辅导员需要关注新时代的变局和社会实践，及时筛选出适合大学生认知水平的内容。在面对众多新观念和新理论时，辅导员要具备筛选的能力，将适用于学生的内容提取出来，以便传达给学生。这需要辅导员具备对学生需求的敏感性，了解他们的认知水平和关注点，从而提供符合他们实际需求的话语内容。辅导员要立足中国国情，秉承实事求是的精神进行教育教学，这意味着辅导员需要将新时代的伟大实践与中国国情相结合，将社会实践中的鲜活素材融入话语表达中。当代中国正经历着百年未有之大变局，多元思想在碰撞，辅导员需要审时度势，保持高度的敏锐性，不断从社会实践中汲取、吸收和整理出新的适应社会发展的话语资源，以便形成有中国特色的话语表达内容。辅导员还应关注时代的发展，汲取新鲜词源，提升话语表达内容的时代性。时代是话语创新的土壤，新时代必然会涌现出符合时代特征的新词句，辅导员可以积极关注时事新闻、政策方针等，将其中的新鲜词汇和短语融入话语表达中，以体现新时代的特点和精神。

3.充分利用网络语言

网络语言是与互联网相关的语言，它包含广义和狭义两种类型，广义包括网络专业术语、特别用语和常用词语，而狭义仅指网络常用词语，是青年一代在网络交流中广泛使用的语言形式。一种典型的网络语言是符号图形，它通过符号、标点、数字和其他特殊符号的组合，创造出具有感情意义和形象色彩的符号图形，以表达情感和态度。网络语言丰富了话语表达的方式，使其更具感染力和生动性。表情符号图形丰富了话语表达方式，使其更贴近年轻人的交流方式。另一种典型的网络语言以谐音替代为特点，广泛利用谐音来表情达意，通过谐音的应用，使语言更具幽默和俏皮感，增强话语的吸引力。例如，用"灰常"替代

"非常"、"偶"替代"我",等等。谐音的应用使话语更具特色,更容易引起学生的注意。网络语言还有词语缩略型、词语派生型和生造词语型几种,是将英语或汉语进行缩略、派生或创造新词汇,以便提高网络交往的效率,使话语更富创新性和时代感。网络语言的应用不仅体现在文字上,还包括动画图形和声音表情。通过在聊天工具中使用动画图形,可以更生动地表达情感,例如开怀大笑、吐舌头、握手等;声音表情则通过声音效果来传递情感,增强了话语的情感表达能力。

网络语言的出现和流行,不仅凸显了不同年龄群体之间的意识行为差异,还反映了社会发展的客观趋势。年轻一代在网络语言的使用中表达了他们特有的思维方式和文化特征,这种现象是不可忽视的。如果辅导员不理解、不接纳甚至抵制网络文化和语言,可能会加深与学生之间的代沟,造成隔阂,难以建立良好的师生关系。高校辅导员通过了解和使用网络语言,不仅可以更好地理解网络文化,还可以拉近与学生之间的心理距离。接纳态度有助于缓解两代人之间的交际隔阂,增进彼此的理解和共鸣。辅导员可以借鉴这种策略,积极学习和了解网络语言的使用方式,将网络语言逐渐融入自己的话语中,与学生建立更亲近的关系。

4.合理吸收弹幕语言

弹幕语言源自弹幕视频网站,它是一种以字幕形式直接评论视频内容的语言,在视频播放时会随着时间轴的前进而不断出现,形成一种密集的评论效果。弹幕语言具有自身的特点,辅导员可以借鉴这种语言,更好地与学生进行互动和沟通。弹幕语言具有时效性和即时性,在弹幕视频上,观众们可以实时地对视频内容进行评论和反馈,这种即时性能够引发实时的互动。辅导员可以借鉴这一特点,在与学生的交流中及时回应问题和提供建议,增加话语的时效性。弹幕语言具有代表性和流行性,在弹幕视频网站上,一些弹幕语言因其独特性和幽默性而备受欢迎,被广泛传播和采用。辅导员可以关注这些具有代表性的弹幕语言,将其中的幽默元素和独特风格融入自己的话语，以增加吸引力和引起共鸣。弹幕语言也反映了年轻一代的思维方式和文化特征，年轻人喜欢在弹幕上使用幽默、俏皮的语言和缩写等，这与他们的审美和表达方式相契合。辅导员可以适度采用这些元素，使自己的话语更贴近学生的偏好，增强亲和力。

弹幕语言以其动态化、视觉化、简洁、精练、夸张等特点，可以为辅导员提供一种更具吸引力和有效性的沟通方式。弹幕语言的动态化和视觉化特点能够吸引学生的注意力，在视频播放过程中，快速滑过的弹幕能够引起观众的视觉关注，使信息更容易被注意到。辅导员可以借鉴这一点，通过使用图文并茂、生动形象的语言来吸引学生的眼球，使他们更愿意关注和参与话语交流。由于弹幕的限制，评论信息必须简洁明了，不能太过冗长。弹幕语言的简洁和精练特点有助于传达思想和信息。辅导员可以学习使用精练的语言，将复杂的问题或建议用简练的文字表达出来，以提高话语的清晰度和易懂性。弹幕语言的夸张、极端、重口等语义特点可以增强表达的表现力，在适当的情境下，辅导员可以运用这些特点来强调某些观点或情感，使话语更加生动有趣，引发学生的共鸣。弹幕语言在表意时与当前视频内容和观众的互动关联度高，注重具体细节，这也是一个值得借鉴的方面。辅导员可以根据学生的实际情况和关注点，提供更加具体和个性化的建议与指导，增强话语的实用性和针对性。

弹幕语言的典型特点与青年大学生的心理需求相契合，将它恰当地应用在教育教学中，有助于提升教学效果和增强与学生的互动。弹幕语言迎合了大学生的心理需求，青年大学生是弹幕的主要使用群体，他们把弹幕视为观看视频互动交流的必备工具，因为它满足了他们寻求归属感、缓解心理压力以及追求猎奇求变的心理需求。辅导员可以在教育过程中采用生动、活泼的弹幕语言，以引起学生的兴趣和共鸣，从而提高话语的感染力和亲和力。弹幕语言具有群体传播的典型特征，弹幕现象在视频观看中是一种典型的群体传播方式，学生通过弹幕与其他观众进行互动和交流，形成了即时的群体意识。辅导员可以通过观察弹幕互动，了解学生的共同兴趣、关注点和潜在需求，从而针对性地进行教育工作。弹幕语言有助于高校辅导员深入了解学生的内心状态和潜在的心理驱动力，更好地因材施教，根据学生的需求进行个性化指导和支持。弹幕语言提高了教学话语的互动性，通过匿名发送弹幕，学生更容易提出问题和发表意见，不再受到传统面对面教学中可能出现尴尬心理的束缚。此种互动性有助于激发学生的思考，增强他们的参与感，提高教学的吸引力。

四、改进话语表达方式

（一）转换教材话语，增强话语生动性

辅导员可以通过转换教材话语，增强话语生动性，使话语更具吸引力和亲和力。教材话语通常具有权威性和科学性，但往往较为抽象，难以引起学生的兴趣。辅导员可以将教材话语融入高校辅导员工作中，将抽象的理论转化为生活话语和交心话语，使其更加贴近学生的实际需求，从而丰富他们的情感体验。例如，对于新时代的政治理论，辅导员可以解释其与学生生活的关联，以及如何应用于实际生活中，有助于学生理解和接受教育者的话语。辅导员可以通过开展集体备课等方式，加强对教材的整体把握，确保对教材话语的理解和运用达到更高水平。教育者之间交流与合作，分享各自的教学经验和教材解读，从而更好地理解和运用教材话语。集体备课确保了教材话语在教育工作中的准确传递，提高了学生的理解和认同度。辅导员可以根据学生的特点和课程特色，定制个性化的教育内容和话语表达方式。不同年龄、背景和需求的学生需要不同的教育内容和话语形式，辅导员可以根据学生的具体情况，调整教材话语，使其更符合学生的认知水平和兴趣爱好。

（二）运用新兴载体，创新表达方式

辅导员可以积极开拓网络媒体载体，实现话语表达的立体化、可视化。在新时代，大学生几乎每天都与网络媒体接触，新兴载体为辅导员提供了一个广阔的传播平台。辅导员可以充分利用诸如人民网、学习强国、抖音等大学生常用的网络平台，通过视频、图片等可视化形式进行话语表达，使话语更具生动性和吸引力。例如，可以制作教育教学相关的短视频，以寓教于乐的方式吸引学生的注意力，传达知识和信息。辅导员应深入研究传播学理论，理解新媒体的传播特点和效果，以更好地运用新媒体推进教育教学。传播是社会信息传递的工具，没有传播就没有社区，没有社区也就没有传播。了解媒介的传播特点有助于辅导员更好地利用新媒体与学生进行互动和传达信息。辅导员可以通过研究学生在社交媒体上的行为和偏好，更精准地制定教育内容和传播策略，以提高教育教学的效果。

话语转换的关键在于观照学生的实际需求，拓宽他们的利益和情感表达渠道，将理论创新成果转化为学生易于理解和接受的教学话语，从而实现更深入的沟通和交流。在高校教育中，学生是话语的重要接收者和参与者。因此，辅导员在进行话语转换时，首先应当关注学生的现实需求，包括了解他们的兴趣、需求和情感体验，以便更好地满足他们的期望。辅导员可以将理论创新成果转化为通俗易懂的语言，以便走进学生的课堂，滋润他们的心灵。通过深入了解学生的需求，辅导员可以更好地制定话语策略，增强话语的传播表达力度。同时，辅导员还需要正视融媒体的传播力。在当今社会，融媒体扮演着重要的角色，它能够传递海量信息，激发学生的智慧，提供多样化的信息资源。因此，辅导员应该从学生的角度出发，充分利用融媒体创造的载体，以减少信息传播屏障，提升话语传播的辐射力。通过运用融媒体，辅导员可以更广泛地传播信息，实现更广泛的影响。

（三）借鉴优秀话语表达，创新表达风格

为了使专业理论更易于学生理解，高校辅导员需要使用有趣而生动的话语来阐释理论。专业理论通常较为抽象和难以理解，但通过柔性话语的表达，可以将其变得更加通俗易懂。此种方法能够使学生更容易理解和接受理论知识，因为它能够唤起他们的兴趣和情感共鸣。辅导员应该注意了解学生的思想需求、文化背景和历史基础，以便使用简洁、有理有据、风趣幽默的话语表达方式。辅导员还可以将崇高的理论原则融入家喻户晓的典故中，使听众能够更好地理解和领会。辅导员的话语表达风格也应该具备生动和形象的特点，注重简洁、有力，但又不失严肃和认真。在课堂上使用活泼生动、声情并茂的言语来传达知识，可以增强话语的感染力。通过此种方式，更多的学生将能够积极参与课堂，感受到课堂的积极氛围，获取更多的学业智慧。

（四）优化话语的传播系统

在优化话语的传播系统时，辅导员需要确保各个环节相互协调配合，主要包括话语的产生、传播、接受等环节，都需要顺畅无阻地运行。只有各环节协调有序，才能确保话语体系的高效运行，从而提高话语的实际效果。高校辅导员还需要关注传播系统所能取得的效果，认真思考，分析不同传播方式对学生的影响，以及如何更好地达到教育教学的目标。通过不断优化传播系统，辅导员可以提高话语的传达力和感染力，使其更好地服务于教育教学工作。

1.创新话语传播的中介

话语传播中介是连接教育者与教育对象之间的桥梁，决定了话语内容在时间和空间上的传递效果。随着时代的快速发展，传统的高校教师话语传播方法可能不再适用，因此创新传播中介显得尤为重要。在创新话语传播的中介方面，辅导员可以充分利用融媒体时代的优势。传统的

面对面授课可能被学生认为枯燥和无趣，因此需要探索更具生动性和互动性的传播方式。社交媒体、互联网、电视、广播、云媒体等媒介都可以成为传播话语的工具，辅导员可以通过新媒体，将高校话语内容以更丰富的形式呈现给学生，提高他们的接受度和参与度。辅导员还可以利用互联网的信息丰富性，将高校话语内容与网络媒介相结合。通过在社交媒体平台发布教育内容、开设在线课程、制作教育视频等方式，辅导员可以将话语内容更广泛地传播给学生，让他们能够在自己感兴趣的领域和方便的时间、地点获取知识。

2. 更加灵活地实现话语转换

话语转换是在传播过程中将不同话语转化为有价值、易于学生接受的内容，这需要高校辅导员灵活运用一系列策略来实现。辅导员可以对各个传播中介的话语内容进行深入分析、整理、概括、归纳和总结，形成有条理的话语内容体系，系统性整理有助于辅导员更好地理解和掌握话语材料，以便在不同情境下更好地应用。从教育引导的角度出发，辅导员应将已有的话语内容体系进行整合，根据不同情境和学生需求，采用不同的话语形式，以引入新鲜、多样化的方式呈现，保持学生的兴趣和注意力，使他们更容易接受和理解所传达的信息。辅导员需要将整合后的话语体系与新的内容和形式融合在一起，以实现话语的高效转换，这要求辅导员具备辨别何时以何种形式传达话语内容的能力。例如，在课堂教学与课外活动中，可以结合声音和肢体语言传达实践话语，以增强语义表达的清晰性，提高学生的接受度。在面对新兴词汇不断涌现的情况时，辅导员可以巧妙地结合新语言，运用一定的语言技巧，使话语更具表现力和吸引力。

3. 形成有效的话语效果反馈

话语传播不应仅仅是教育者向受教育者灌输信息的单向过程，而应是一个双向互动的过程，其中有效的反馈环节至关重要。传统的话语传播系统常采用单向线性灌输模式，忽视了受教育者的主动作用，可能导致教育者难以调整话语内容，从而影响话语体系的效果。因此，要建立一个有效的话语效果反馈平台，使受教育者能够积极参与并提供反馈，以促进高校辅导员的话语更具亲和力和实效性。深入分析高校辅导员话语传播的效果，可以帮助理解话语传播系统的各个环节，并为其改进提供指导和建议。话语效果反馈不仅有助于调整话语内容，还有助于提高整个话语传播系统的质量。它应始终贯穿整个传播过程，从话语传播的内容、传播方式、传播手段等多个方面进行反馈和调整，以确保话语传达的最终目标能够得以实现。高校辅导员应认识到话语传播过程中反馈的重要性，并积极收集来自学生的各种反馈信息，这将有助于辅导员更好地理解学生对话语的看法和需求，从而及时、有效地调整和优化话语传播内容。在反馈信息的基础上，辅导员可以增添或删除与学生反馈不符的部分，以提高实际的传播效果。

五、锻造话语表达情境

（一）建立平等、民主、和谐的师生关系

在建立平等、民主、和谐的师生关系方面，辅导员需要将学生置于主体地位，将自己的角色转化为学生的引路人和陪伴者，这意味着辅导员应当坚持"宽容、激励、欣赏"的原则。首先，要鼓励学生以严谨科学的态度来对待学科的理论问题和现实挑战，鼓励他们深入研究和思考。同时，辅导员应该提供更多学生展示自己的机会，发现他们的优点，并及时给予鼓励和赏识。对于学生幼稚的思维和想法，辅导员应该采取引导的方式，而非批评，以促进他们的成长和进步。在课堂之外，辅导员也应坚持"主动、关怀、有爱"的原则，包括主动与学生建立联系，方便彼此之间的沟通，关心学生的日常生活和心理状态，以及关注他们的学习和生活状态。辅导员需要与学生建立真诚的关系，理解和包

容他们，而不是伤害他们的自尊。爱心是建立平等和和谐关系的关键，它有助于辅导员摒弃居高临下的姿态，与学生建立起良好的师生互动，真正成为学生的良师益友。平等、民主、和谐的师生关系将有助于提高辅导员的话语亲和力，当学生感到被尊重、被关心、被理解时，他们更愿意倾听和接受辅导员的话语。这种亲和力不仅有助于建立更加密切的师生关系，还有助于推动学生的积极参与和自我成长。因此，建立平等、民主、和谐的师生关系是高校辅导员提升话语亲和力的有效策略之一，也是培养学生成长成才的关键因素。

（二）提高高校辅导员话语表达的针对性

提高高校辅导员话语表达的针对性是提升话语亲和的有效策略之一。当前的问题在于一些高校辅导员在教学中缺乏足够的针对性，导致教学流于表面，难以深入学生心灵。因此，应针对不同方面的因素加强话语表达的针对性。高校辅导员应注重因材施教，根据不同授课对象的专业背景调整教学内容，将授课内容与学生的专业特点相结合，做到因专业而异，使教学更具针对性和实用性。定制化的教学方法可以更好地满足学生的需求，提高学习的有效性。高校辅导员应针对不同学生的思想状态进行教学调整，通过与学生的沟通，拉近与学生的距离，了解他们的思想倾向、困惑疑难和不同需求。现代化技术平台如"雨课堂"和"学习通"等可以为辅导员提供弹幕互动、线上讨论和投票等，帮助辅导员更好地了解学生的思想状态。特别是弹幕语言以其简洁、诙谐、情感丰富、即时互动等特点，受到大学生的欢迎，可以更好地呈现学生的思想倾向和关注重点，为辅导员提供了了解学生思想的有效途径。辅导员还应注重弹幕语言的匿名性，使学生能够真实地表达自己的思想和看法，获得更全面的了解学生思想的视角。通过弹幕语言，辅导员可以更好地把握学生的思想动态，更准确地解决学生的疑难困惑，使高校辅导员工作语言更具针对性。

（三）加强师生互动交流，增强沟通力

1.充分利用课堂中的师生互动机会

在充分认识到现实因素对师生之间沟通影响的情况下，辅导员可以通过利用课堂中的师生互动机会来增强沟通力，建立更紧密的师生关系。辅导员可以将更多的主动权交给学生，让他们在课堂上展开热点问题的讨论，充分表达自己的观点和看法。辅导员可以充当引导者的角色，引导学生深入思考，并给予适当的评价和建议。这样的互动让师生之间的话语交流更加畅通，学生也更愿意积极参与。辅导员可以通过课堂中的师生互动，更好地了解学生对各种问题的看法，包括社会热点问题和学习方面的困惑，进而建立更紧密的师生关系，增强学生对辅导员话语的接受度。

2.合理利用课间，加强师生交流

在大学里，一些辅导员在上完课后往往立即离开，学生很难与他们建立深入的联系。辅导员可以主动留在课堂外，与学生交流一些与课程内容无关的话题，如生活、时事新闻、兴趣爱好等。这种随意而轻松的交流方式有助于打破师生之间的隔阂，增加亲和力。在与学生聊天的过程中，辅导员可以更好地了解他们的生活和学习情况，掌握他们的兴趣和特长，建立更加个性化的关系，从而使辅导员的话语更贴近学生的需求和兴趣。同时，辅导员利用课间时间加强与学生之间的交流也有助于建立信任，这样学生更愿意与辅导员分享问题和困惑。

3.积极参与学生的课外活动

积极参与学生的课外活动可以让辅导员更好地了解学生的兴趣爱好和特长，进一步拉近师生之间的距离。辅导员担任学生创新创业活动的指导教师、参与学生组织的社团活动、为学生开设讲座等都是积极参与的方式，能够与学生建立更深层次的联系，增进情感交流，提高话语亲和力。积极参与学生的课外活动还有助于辅导员更好地了解学生的

需求和关注点。如此，辅导员可以倾听学生的声音，了解他们的期望和问题。

4.扩展与学生交流的平台及途径

信息化时代为师生之间的交流和沟通提供了新兴又便捷的方式，辅导员可以充分利用网络通信手段，如微信、微博、QQ、电子邮件等社交软件，与学生建立线上联系，开展及时有效的交流。辅导员通过有关平台，能够了解学生的生活、学习和心理状态，为他们提供更好的支持和指导，并增进师生之间的情感，提高话语亲和力。辅导员还可以积极创造与学生交流互动的机会，包括组织线上讨论、发布有趣的话题或挑战，以及参与学生的社交媒体活动。这些方式能够提供更多的互动，拉近师生之间的距离，增强话语的亲和力。

（四）创设非语言情境，增强话语亲和力

教师的非语言亲和力会对学生情感学习和认知学习产生重要影响。因此，辅导员可以采取一系列措施来增强非语言亲和力。面带微笑是建立融洽关系的有效方式，辅导员可以在与学生交流时保持愉快的表情，让学生感受到友好和温暖。保持目光交流也是重要的沟通技巧，通过眼神交流可以表现出对学生的关注和尊重。运用适当的肢体语言，如手势和动作，可以增强表达的生动性和清晰度。在教学过程中，辅导员还可以在课堂中多次走动，与学生进行互动交流，让学生感受到他们的关怀和关注。除此之外，辅导员还可以以更广阔的视野，通过生动、深入、具体的纵横比较，将教育内容讲得更加明白和清楚。同时，辅导员需要站在学生的角度，采用鼓励式、启迪式、生活化的表达方式，以更好地引导学生。

六、创新课程运作机制

（一）课堂模式融合化

传统的课堂模式可能无法充分满足学生的需求，因此辅导员可以积极探索融合化的教学方式。例如，慕课、翻转课堂和智慧课堂等教学模式可以为辅导员提供新的时空领域，以提高话语的慑服力、感染力和针对性。在开放的课堂环境中，辅导员可以鼓励学生进行网络预习，培养他们的研究性学习能力和批判性思维，从而为更深入的课堂讨论奠定基础。在封闭课堂中，辅导员可以集中讨论重点问题，深入阐释难点问题，实现课内外的结合，使虚拟和实际课堂、理论和实践相融合，从而提高话语的效果。融合化的课堂模式有助于更好地满足学生的学习需求，提高他们的参与度和学习兴趣。辅导员可以借助信息技术与课堂教学的深度融合，提供更多互动和个性化的教育体验，使话语传达更加精准和有针对性，更好地理解学生的需求和思想状况，从而提高话语的亲和力和感染力。

（二）考核方式科学化

传统的考核方式可能存在单一性和单调性，无法全面评价学生的学习效果，这可能会影响到学生的学习积极性。因此，辅导员可以通过积极参与和推动科学化的考核方式来提升话语亲和力。辅导员可以倡导尊重学生主体性，确保考核内容与课程目标紧密对接，注重对学生自主性学习和研究性学习能力的考查。主要通过设置与知识、能力和觉悟目标相关的考核内容来实现，从而促进学生的深度学习。辅导员可以提倡过程性考核，将考核分为多个阶段和多次进行，包括平时表现、小测试、读后感、合作组汇报等形式。动态考核方式可以使学生在学习过程中不断受到激励，将考核作为学习的动力，从而更好地提高学习积极性。辅导员可以推动建立科学合理的考核体系，包括课堂考核、行为考核和试卷考核等多种方式。课堂考核主要评估学生学习情感态度，行为考核主要评估学生思想状态和价值践行状况，试卷考核主要考查学生的理论知识掌握程度和理论理解运用能力。不同层次的考核相互配合，全面综合考查学生的学习效果。

（三）亲和力考评机制完善化

目前，我国的考评制度通常过度侧重于教师的教龄和学术研究成果，而较少关注教师的亲和力，尤其是在学生网上评教中，评价的内容主要集中在教学方法、语言、内容等方面，对教师的亲和力评价有所忽视。然而，学生对教师的教育教学活动以及亲和力表现程度有着最大的发言权和判断力，因此建立学生对教师亲和力的评价制度能够有效提升教师的话语亲和力。为实现辅导员亲和力考评机制的完善化，可以采取多种途径，如组织座谈会，邀请学生对辅导员进行客观评价，倾听学生的意见和建议，让学生直接表达对辅导员亲和力的看法，为辅导员提供有价值的反馈。高校可以在校园网络上设立学生对辅导员教学活动及人格魅力等评价的邮箱和网页，为学生提供一个方便反馈的渠道，让他们随时能够表达对辅导员的评价和意见。在线平台可以帮助学生更加自由地发表看法，提高评价的及时性和广泛性。在评教体系中设置考核辅导员亲和力的题目，能确保学生的评价全面覆盖教育教学活动和亲和力表现，将亲和力纳入正式的考核体系，能使其得到更多的关注和重视。应采用匿名问卷调查的方式，以确保学生的评价更加真实和坦诚。匿名性可以让学生更加自由地表达对辅导员的看法，减少可能的顾虑和压力。

为了确立高校辅导员考评的依据，可以以辅导员的教育价值观、个人素养、学生的反馈、预期的辅导目标为主要依据。这些指标包括辅导员的专业知识、辅导技能、沟通能力、心理健康等方面的评价，应特别强调对辅导员的人际沟通能力和关怀学生的程度的评价，以确保辅导员的亲和力在考评中得到充分体现。应建立一套明确有效的育人绩效考评机制，将其细化为多个可以测量的指标，可以包括学生满意度调查、学生辅导记录、学生心理健康状况改善情况等。通过综合考评这些指标，可以更准确地评估辅导员的工作表现，包括其在亲和力方面的表现。同时制定配套的奖惩机制，给予辅导员物质和精神方面的激励，以提高其对亲和力的重视，包括奖励那些在亲和力方面表现出色的辅导员，也可以设定一定的考核标准和奖惩措施，以促使所有辅导员都积极关注和提升自身的亲和力。

第五章 网络时代下的高校辅导员工作语言艺术应用

第一节 网络背景下高校辅导员工作的新特点

随着互联网的教育革命发展，辅导员需要不断适应新媒体的兴起，以提升话语亲和力与学生更好地沟通。新媒体如自媒体、社群以及社会化营销，已经改变了传统的知识获取方式，使学生更容易吸收信息。辅导员可以利用这一趋势，通过创建自己的社交媒体平台，发布有趣、有益的内容，吸引学生的关注。同时，可以参与在线社群，积极参与讨论和互动，建立更亲近的联系。辅导员还可以运用新媒体工具，如视频和播客，创造富有创意和吸引力的教育内容，以提高与学生的互动质量。这样一来，不仅能改善辅导员与学生之间的关系，还能使辅导员更具吸引力和影响力，有助于更好地履行支持和指导学生的职责。因此，新媒体的应用为高校辅导员提供了有效提升话语亲和力的机会，有助于适应互联网时代的挑战。

一、网络背景下对高校辅导员工作的新要求

互联网时代的到来深刻地改变了人们的生活方式，对大学生产生了广泛而深远的影响。互联网为人们提供了一个便捷的信息获取和分享平台，大学生可以通过互联网轻松获取各种学术资料、新闻信息和娱乐内容。他们还可以通过社交媒体分享自己的生活和观点，与世界各地的人建立联系。互联网使得在线学习和远程教育成为可能，大学生可以在全球范围内选择在线课程，获得高质量的教育资源，互联网为学生提供了更高的学术自由度和灵活性。社交媒体平台成为大学生社交生活的一部分，他们可以与同学、朋友和家人保持联系，分享生活的点滴，但也可能因沉浸于虚拟社交而忽略了现实世界。互联网为大学生提供了更多的职业机会，他们可以在网上寻找实习、兼职工作，或者自主创业。一些大学生通过博客、抖音等平台建立个人品牌，实现了个人职业发展。互联网提供了各种各样的娱乐选择，如在线游戏、视频流媒体和社交应用。大学生可以在互联网上找到各种方式来放松自己，但也需要注意时间管理，以避免沉迷于虚拟世界。大学生可以通过在线课程、教程和资源提升各种知识和技能。他们可以学习新的编程语言、烹饪技巧、音乐演奏等，有助于个人成长和兴趣爱好的培养。互联网时代也引发了关于隐私和安全的担忧，大学生需要更加警惕在线威胁和个人信息泄露的风险，学会维护自己的数字隐私。

新媒体时代的到来，深刻地改变了大学生的生活和思维方式，辅导员在这个时代扮演着至关重要的角色。他们需要紧跟时代步伐，积极应对新媒体带来的挑战，寻求创新的思想政治教育和班级管理策略，以更好地引导和服务大学生。新媒体为思想政治教育提供了更为广泛的传播渠道，辅导员可以通过微信公众号、微博等社交媒体平台，发布有关思想政治教育的文章和信息，吸引学生的关注。此外，他们还可以利用在线直播、短视频等形式，举办思想政治教育活动，使教育更加生动和有

趣。新媒体技术可以用于改进班级管理，辅导员可以创建班级管理的在线平台，帮助学生更好地了解班级活动和课程信息。通过在线投票、问卷调查等方式，可以了解学生的需求和意见，更好地满足他们的需求。辅导员需要关注网络上可能出现的负面信息和舆情，及时应对或引导学生正确处理。同时，可以借助网络监控工具，了解学生的网络行为，防范网络欺凌和不良信息的传播，保障学生的心理健康。通过社交媒体平台和在线聊天工具，辅导员可以更加及时地与学生互动。他们可以回答学生的问题，提供帮助和建议，增强学生与辅导员之间的联系。辅导员利用新媒体平台分享有关学业、就业和职业规划等方面的资源和信息，有助于学生更好地规划自己的未来，提高综合素质。同时，应强调网络素养教育，教导学生如何正确使用新媒体、如何判断信息的真伪、如何维护自己的网络隐私和安全。

二、互联网时代的网络思想政治教育

新媒体时代为高校辅导员带来了全新的挑战和机遇，辅导员作为大学生思想政治教育的一线工作者，必须紧跟时代潮流，充分发挥新媒体的优势，积极探索新的教育方式和方法，以更好地引导、教育和服务大学生。新媒体时代的网络思想政治教育具有高度的互动性和传播性，辅导员可以通过建设在线教育平台、制作教育微课程等方式，将思想政治教育内容更加生动地传达给学生。同时，辅导员需要充分利用社交媒体平台，如微博、微信公众号等，与学生建立互动，及时回应学生关切的社会热点和政治问题。辅导员可以借助虚拟现实技术、在线辅导工具等，为学生提供更具吸引力和互动性的思想政治教育体验。例如，通过虚拟实境模拟历史事件，让学生身临其境地感受历史教育的重要性。辅导员利用在线辅导工具，可以为学生提供个性化的思想政治教育指导，更好地满足不同学生的需求。在新媒体时代，网络舆论具有重要影响力。辅导员应积极参与网络舆论引导，引导学生正确看待网络信息，培养批判性思维和信息素养。辅导员可以组织学生参与网络讨论和辩论，引导他们理性表达观点，提高网络信息的辨别能力。辅导员可以创建专门的网络宣传平台，发布有关思想政治教育的信息和活动。此类平台可以用于宣传党的政策、传播社会主义核心价值观，增强学生的思想政治觉悟。辅导员需要关注学生在网络上的表现，及时发现和纠正不良行为，引导他们树立正确的网络伦理和价值观。辅导员在进行网络思想政治教育时，应注重内容的丰富性和深度。他们可以邀请专家学者参与在线讲座，组织政治教育研讨会，提供多样化的学习资源，以使学生更好地理解党的理论和政策，培养坚定的政治信仰。在新媒体时代，辅导员还应强调网络伦理教育，引导学生文明上网，遵守网络法律和规范。他们可以借助案例分析、道德教育等方式，培养学生的网络道德观念，防范网络欺凌和不当行为。

　　辅导员需要了解当前社会和政治热点，及时回应学生的疑虑和问题。他们应积极参与新媒体上的话题讨论，与学生建立起更紧密的联系。此外，辅导员还应该密切关注学生在网络上的行为，确保他们不会陷入网络谣言、极端思想或违法行为的陷阱。通过及时的干预和引导，辅导员可以更好地维护学生的身心健康和社会安全。除此之外，应积极参与网络平台的建设，为学生提供信息和资源分享的机会，包括创建在线社群，为学生提供学术、职业发展和心理健康方面的资讯，以满足他们的多元化需求。同时，辅导员还可以推动学校开发在线学习资源，使学生能够更便捷地获取知识和技能。辅导员还应重视提高学生的网络素养，可以组织网络安全和隐私保护的培训，教导学生如何有效地利用互联网资源，防范网络风险，这有助于学生更加安全地使用新媒体平台，减少潜在的风险和威胁。辅导员应与学校管理部门合作，建立健全的网络管理体系，监督和引导学生的网络行为，包括监测学生在社交媒体上的表现，及时处理网络纠纷，维护校园网络秩序。同时，他们还可以借助网络问卷和反馈机制，收集学生对网络思想政治教育的意见和建议，不断改进工作方法和内容。在新媒体时代背景下，辅导员可以鼓励学生积极参与政治讨论和社会活动，组织网络投票、在线辩论赛、社会实践等活动，培养学生的公民意识和社会责任感。通过参与网络政治，学生可以更好地理解社会问题，积极参与社会建设。

辅导员应充分发挥新媒体的覆盖优势，确保思想政治教育全面覆盖每一个学生。他们可以利用在线教育平台、移动应用程序等工具，为学生提供多样化、个性化的教育内容。无论学生身处何地，都能够随时随地接受思想政治教育的指导和启发。辅导员也可以通过网络平台加强与学生家长的沟通，定期发布家长通讯、举办在线家长会议，与家长共同关注学生的成长和发展，这有助于形成学校、学生和家长之间的教育共同体，共同肩负起培养学生成长的责任。为了更好地应对新媒体时代的挑战，辅导员需要不断自我学习和更新知识。他们可以参加网络思想政治教育的培训和研讨会，了解新媒体技术和趋势，提高自己的网络素养和教育能力。只有不断学习和进步，辅导员才能更好地履行自己的教育使命。

（一）互联网时代背景下网络思想政治教育的新特点与新要求

新媒体时代的网络普及对于高校辅导员而言，是前所未有的挑战和机遇。辅导员的工作不再局限于传统的面对面指导，而是需要在虚拟世界中积极应对学生的需求和挑战。辅导员需要深入了解网络世界的特点和规律。他们应该熟悉不同社交媒体平台的运作方式，了解网络舆论的传播路径，把握网络信息的快速更新特性。只有深刻理解网络环境，辅导员才能更好地开展工作。辅导员可以与学校合作，建立网络媒体监测机制，及时了解学生在网络上的言论和行为。监测学生的网络行为可以帮助辅导员更准确地把握学生的思想政治状况，发现不良行为和违法信息。

在网络时代，辅导员需要创新思想政治教育内容，使其更具吸引力和互动性。他们可以制作在线教育课程、思想政治微课程，以及专题讲座，通过多媒体方式向学生传递党的政策和核心价值观。辅导员还可以组织网络辩论、主题讨论等活动，鼓励学生积极参与。辅导员应该教育学生正确使用网络，培养他们的网络素养。辅导员可以组织网络伦理教育课程，告诉学生如何防范网络风险、识别虚假信息、维护个人隐私，帮助学生树立正确的网络道德观念，防范网络沉迷和不当言行；可以为学生提供网络心理健康支持，帮助他们应对网络引发的心理压力和焦虑；组织心理健康咨询、网络成瘾防治活动，引导学生建立健康的上网习惯，保持心理平衡。

辅导员应积极参与网络舆论引导，引导学生正确看待网络信息，培养批判性思维。他们可以在网络上发布宣传文章、评论社会热点，积极参与网络政治和社会讨论，引导学生积极参与公共事务，培养社会责任感；还可以与学生家长合作，共同关注学生在网络上的行为和发展，定期举行网络家长会议，向家长传达学校的思想政治教育政策和措施，促使家庭和学校共同肩负起培养学生成长的责任。为了更好地应对网络时代的挑战，辅导员需要不断提高自己的网络素养。他们可以参加网络教育培训，学习新媒体技术，了解网络舆论的动向和规律，以便更好地履行职责。辅导员可以建立网络舆论分析团队，由专业人员负责监测和分析网络舆论，提供数据支持，这有助于更准确地把握学生的网络行为和思想动态，制定针对性的教育策略，并且可以建设网络舆论引导平台，发布正面信息和党的政策宣传。通过在网络上积极参与政治宣传和舆论引导，辅导员可以扩大正面声音的影响力，抵制不良信息的传播。最重要的是，辅导员应与学生建立更紧密的联系，了解他们的需求和问题。他们可以利用社交媒体平台与学生互动，回应学生关切的社会问题和政治议题。只有与学生建立更密切的联系，辅导员才能更好地开展思想政治教育工作。

1.网络思想政治教育应注重思想引领

在新媒体时代，网络思想政治教育的角色变得尤为重要，高校辅导员作为推动思想政治教育的关键力量，需要注重创新，以更吸引人的方式引领学生，使教育内容更具亲和力和影响力。高校辅导员可以通过制订个性化的教育计划来满足不同学生的需求，使思想政治教育更具针对性和吸引力。辅导员可以充分利用新媒体平台，如社交媒体和在线课程，传播思想政治教育内容，与学生建立更为紧密的联系，分享有关思想政治教育的资讯和资源。同时，注重思想政治教育内容的创新和实践，将其融入学生的日常生活和兴趣爱好中，使之更具亲和力。

（1）创新思想政治教育内容。在当今新媒体时代，高校辅导员肩负着推动思想政治教育的重要使命。他们需要不断寻求创新，以吸引学生的兴趣，使教育内容更具亲和力和影响力。

辅导员不仅要关注社会热点话题和事件，还要善于将这些话题以符合新媒体传播规律的方式进行内容再造。通过将思想政治教育内容融入吸引人的话题，可以让学生更愿意关注和参与。举例来说，可以在网络平台上发布与学生生活和兴趣相关的思想政治教育内容，从而使其更容易接受和消化。虚拟现实和增强现实技术提供了全新的教育体验，辅导员可以考虑使用这些技术来创造沉浸式的思政教育内容，让学生亲身体验历史事件、伦理问题或社会挑战。学生可以通过虚拟现实，更深入地理解和体验这些概念，从而产生更深刻的影响。

辅导员可以积极利用社交媒体平台，制作有趣且具有教育性的内容，以吸引学生的关注。通过发布短视频、幽默的梗图、互动投票等方式，辅导员可以传达思政教育的核心信息，同时与学生建立更紧密的联系。大数据分析工具可以帮助辅导员追踪学生在网络上的行为和兴趣，分析学生的浏览历史、关注话题和社交圈子，从而进一步有针对性地制订思政教育计划，确保内容更符合学生的需求。辅导员可以与其他学科领域的教师和专家合作，创造跨学科的教育体验。例如，结合艺术、科学和伦理，开展跨界课程，使学生能够在不同领域中思考价值观和道德问题。辅导员可以利用在线游戏的互动性和娱乐性，设计教育性的游戏，让学生通过游戏情境来思考伦理和道德问题，吸引学生的兴趣，使思政教育更具趣味性。艺术形式如戏剧、音乐和舞蹈可以用来传达伦理和社会问题，辅导员可以组织学生参与创意艺术项目，通过表演和艺术表达来探讨伦理和社会问题。利用人工智能和机器学习技术，辅导员可以为每个学生制定个性化的学习路径。这样，学生可以根据自己的兴趣和需求选择适合他们的思政教育内容。

在新媒体时代，辅导员需要积极探索各种新颖的教育方法，以满足学生的需求，同时确保思政教育内容更具吸引力和影响力。创新策略可以帮助辅导员更好地引领学生，使他们更深入地理解和接受核心价值观，从而更好地为社会做出积极贡献。

（2）制作多样化的学习资源。辅导员可以制作教育性的视频内容，通过图像和声音，生动地呈现思政教育内容，并在网络平台上分享，学生可以随时观看，方便快捷。例如，可以制作伦理道德案例分析的视频，引导学生思考道德问题。还可以制作思政教育的音频资源，例如播客或音频讲座，以便学生随时学习思政内容。此种形式的资源可以让学生在休闲时间或行程中学习，提高了学习的便捷性。辅导员可以借助在线平台，制作图文内容，如思政教育文章、漫画、海报等，并通过社交媒体分享，吸引学生的阅读和讨论。图文的方式可以将抽象的思政教育概念具体化，使学生更容易理解。辅导员也可以制作互动性的学习资源，如在线问卷、测验、讨论板等，以激发学生的积极参与和思考，从而了解学生的观点和困惑，进一步调整教育内容。

辅导员可以利用虚拟实验室和模拟环境，为学生创造互动性的学习体验。例如，通过虚拟现实技术，学生可以亲自参与伦理决策情境，从而更深入地理解伦理问题。辅导员借助在线课程和学习平台建立思政教育的虚拟学习环境，让学生可以自主学习和讨论，此种形式的资源允许学生根据自己的兴趣和学习进度进行学习。辅导员可以积极利用社交媒体平台，如微信、微博、QQ群等，建立在线讨论和互动社区，以促进学生之间和学生与辅导员之间的讨论和交流，使学生更容易参与思政教育话题的讨论。通过制作多样化的学习资源，辅导员可以更好地满足不同学生的学习需求，同时增加思想政治教育内容的多样性和吸引力，并且有关资源可以使思想政治教育更具活力，更容易被学生接受，从而更好地实现教育目标。

（3）增强互动性与参与性。辅导员可以积极组织网络辩论活动，选择社会热点或伦理道德问题作为讨论话题。将学生分成不同的辩论队伍，就不同立场进行激烈辩论，这不仅能够提高学生的辩论能力，还能让他们深入思考伦理问题。开展主题讨论是另一种增强互动性的方式，辅导员可以选择特定主题，邀请专家或学者进行线上讲座，然后组织学生进行深入的主题讨论，能够让学生更全面地了解伦理道德问题，并从不同的角度进行思考。也可以提供在线问答平台，学生在上面提出问题，辅导员或其他学生回答，这有助于解决疑惑，促进思想政治教育工作深入落实。辅导员可以将学生分成小组，让他们一起讨论伦理问题，并共同完成合作项目。此种合作方式可以增强学生之间的互动性和团队合作能力，培养他们的社会责任感。辅导员可以利用在线投票和调查工具，了解学生的观点和态度，并且可以引导学生思考伦理问题。学生可以通过投票表达自己的看法，此种形式的互动有助于收集学生的反馈和意见。

（4）借助新媒体平台。在新媒体时代，高校辅导员应当充分利用各种新媒体平台，以更具吸引力和互动性的方式传播思想政治教育内容，从而更好地引导学生积极参与和关注伦理道德等重要议题。微博是一个广泛使用的社交媒体平台，辅导员可以在微博上创建专题页面，定期发布与伦理道德相关的内容，包括新闻、观点、案例分析等。微博可以将思想政治教育内容传播给更广泛的受众，引发学生的思考和讨论。微信公众号是一个受欢迎的内容传播平台，辅导员可以创建自己的微信公众号，定期发布关于伦理道德的文章、视频、漫画等形式的内容。此种方式不仅具有一定的权威性，还能够建立与学生的亲近联系，引导他们深入了解伦理问题。短视频平台如抖音和快手在年轻人中非常流行，辅导员可以制作有趣的、富有创意的短视频，探讨伦理道德问题。短视频的特点是简洁、生动，更容易吸引年轻人的注意力，让他们更愿意参与思想政治教育内容的学习。辅导员也可以利用在线直播平台，定期进行伦理道德讨论和互动。在线直播具有实时性和互动性，学生可以在直播过程中提问和参与讨论，从而更深入地理解和思考伦理问题。还可以在社交媒体上创建专门的小组或社群，聚集对伦理道德感兴趣的学生，该小组可以用来分享有关伦理道德的文章、视频、讨论话题等，有效促进学生之间的互动和思考。

（5）沟通渠道多样化。在新媒体时代，高校辅导员应采用多样化的沟通方式，以更灵活、个性化的方式传递思想政治教育内容，从而更好地满足学生的需求，使思想政治教育更加具体、贴近学生的生活和学习。辅导员可以设计在线课程，涵盖伦理道德等思想政治教育内容，这些课程可以采用各种在线学习平台，如学校的网络课程系统或知名的在线教育平台。学生可以根据自己的兴趣和时间安排学习这些课程，灵活学习伦理道德等内容。辅导员可以组织各类线下活动，如讲座、研讨会、社会实践等，来深入探讨伦理道德问题，提供学生与辅导员、专家和同学面对面交流的机会，促进深入思考和讨论。辅导员可以提供个人咨询服务，让学生有机会私下讨论和解决伦理道德等问题。一对一的咨询可以更贴近学生的个性需求，帮助他们解决特定的疑问或困扰。辅导员可以利用社交媒体平台与学生进行在线互动，回答他们的问题、分享有关伦理道德的文章和资源，引导他们深入思考和讨论，让学生在自己喜欢的社交媒体平台上接受思想政治教育。辅导员可以组建学习群体或社群，让学生在小组内讨论伦理道德等问题。学生可以分享自己的看法和经验，互相启发，形成更有深度的讨论和思考。

（6）融入生活、学习以及情感问题。在新媒体时代，高校辅导员扮演着重要的角色，他们需要不断创新，以更具吸引力和影响力的方式引导学生，使思想政治教育内容更加贴近学生的生活和学习。辅导员可以创建在线思政课程，结合多媒体资源，如视频、音频、图文等，以更生动、多样化的方式呈现教育内容，从而激发学生的学习兴趣，吸引他们更多地参与思政教育。辅导员可以在流行的社交媒体平台上建立专页或账号，发布有关思政教育的内容，与学生进行互动。可以是问题讨论、投票、在线答疑等互动方式，使学生更积极地参与和思考。也可以定期组织网络辩论和主题讨论，让学生就伦理道德等问题展开深入的讨论，有助于培养学生的批判性思维和辩论技巧。利用新媒体的优势，辅导员可以制作短视频和图文资料，以更生动的方式传达思政教育内容，吸引学生的注意力，让他们更容易理解和记忆教育内容。辅导员可以帮助学生建立互助群体，让他们在小组内互相学习、交流和分享，此种互动和合作有助于学生更好地理解和应用思政教育内容。同时可以巧妙组织在线主题沙龙和问答活动，邀请专家或学者参与，回答学生提出的问题，提供更专业的指导，拓宽学生的知识视野。辅导员还可以尝试各种新颖的互动方式，如线上角色扮演、虚拟实境体验等，以更具吸引力和趣味性的方式引导学生思考伦理道德等问题。

（7）制订个性化教育计划。制订个性化教育计划不仅能够更好地满足不同学生的需求，还能够提高思政教育的针对性和有效性。辅导员通过定期与学生互动和交流，了解他们的兴趣、需求以及学术和职业目标，进而确定每个学生的个性化需求，从而为他们量身制订教育计划。辅导员在制订个性化教育计划时，应提供灵活的教育路径选择。不同学生可能需要不同类型的课程、活动或资源。辅导员可以与学生合作，根据他们的兴趣和学术目标，制定适合他们的学习路径。教育计划中的课程内容应根据学生的需求进行调整，包括选择不同难度和专业性质的课程，以符合学生的学术水平和兴趣。制订个性化教育计划后，辅导员应定期进行评估和反馈，这有助于辅导员了解计划实施的效果，并根据学生的反馈和表现进行必要的调整。为了满足不同学生的需求，教育计划可以包括多样化的教育资源，如在线课程、研讨会、实践机会等，可以根据学生的需求进行个性化选择和安排。除了学术知识，个性化教育计划还应关注学生的综合素质发展，包括领导力、沟通能力、创造力等方面。辅导员可以为学生提供相关的机会和资源，以培养这些重要的技能和品质。个性化教育计划可以促进跨学科教育，使学生能够跨足多个领域，形成综合思维能力和问题解决能力。个性化教育计划还可以包括职业规划和导师指导，帮助学生更好地规划未来的职业生涯和发展路径。

（8）利用网络与新媒体。为了更好地引领思政教育，辅导员需要采取一系列创新举措，使教育内容更具吸引力、亲和力和影响力。如今，在新时代发展背景下涌现出了诸多的多媒体教育资源，辅导员可以积极借助多媒体教育资源，如视频、音频、图文等，来制作吸引人的思政教育内容。结合多种媒体形式的呈现，可以更好地吸引学生的注意力，使他们更容易理解和接受教育内容。不仅如此，辅导员利用网络平台，可以组织虚拟讲座和网络研讨会，邀请专家学者和行业领袖参与，为学生提供多样化的学术和职业观点，进一步有效促进学生的思考和讨论，拓宽他们的视野。社交媒体平台能够有效增加沟通，辅导员可借此与学生进行互动，分享有趣的思政教育内容和话题。结合在线社交互动可以建立更亲密的联系，同时能更快速地传达重要信息。借鉴智能推荐算法，辅导员可以根据学生的兴趣和学习历史，向他们推荐相关的思政教育资源，进一步确保学生获得个性化的学习体验，提高他们的参与度。

辅导员可以考虑建立在线思政教育平台，提供丰富的教育资源和互动活动。该平台可以包括课程材料、在线测评、学术论坛等，为学生提供全方位的思政教育支持。辅导员应积极关注网络上的热点话题和事件，将有关话题与思政教育内容相结合。与学生讨论与他们生活和兴趣相关的社会议题，更贴近学生的日常生活，可以激发他们的学习兴趣和思考欲望。同时可以创建在线问答和讨论板块，鼓励学生积极参与，表达自己的观点和看法。互动性的教育内容可以促进学生深入思考和交流，提高教育效果。短视频平台在年轻学生中非常流行，辅导员可以利用有关平台制作有趣的思政教育短视频，以吸引学生的注意力，传达重要的教育信息。

2.网络思想政治教育应从服务学生着手

在新媒体时代，高校辅导员的使命不仅仅是传授知识，更是引导和服务学生。网络思想政治教育应该从服务学生出发，为学生提供更贴心、更有价值的服务，以建立信任和亲和力，同时充分利用网络资源，构建更为立体和多维的思政教育框架。

（1）学生需求导向的思政教育。在当前新媒体时代，高校辅导员的角色不仅仅是传授思想政治理论知识，更重要的是如何以学生为中心，根据他们的需求和兴趣来调整思政教育内容，以满足不同学生的个性化需求，提高思政教育的吸引力和实效性。提供学生需求导向的思政教育需要辅导员深入了解学生的具体需求。辅导员可以通过定期举行座谈会、问卷调查、个人咨询等方式，了解学生对思政教育的期望和关注的问题。例如，一些学生可能对职业规划和就业前景感兴趣，而另一些学生可能更关心社会热点问题。通过积极与学生沟通，辅导员可以更好地把握学生的需求。个性化服务是满足学生需求的关键，辅导员可以根据学生的需求，提供个性化的思政教育服务。例如，对于关心就业问题的学生，辅导员可以提供一对一的就业指导，帮助他们制定职业规划和求职策略。对于关心社会问题的学生，可以组织相关的社会实践活动或参与社会公益项目，个性化的服务可以使学生感到思政教育的实际帮助，建立对辅导员的信任。还可以充分利用新媒体平台，将思政教育内容融入吸引人的话题中。例如，在社交媒体上发布与学生生活和兴趣相关的思政教育内容，以图文、视频、音频等多种形式呈现，使学生更容易接受和消化。这样一来，可以吸引学生的兴趣，提高思政教育的影响力。建立互信机制也是学生需求导向思政教育内容的重要组成部分，辅导员应该与学生建立良好的互信关系，鼓励学生提出问题和建议。辅导员可以定期举行互动性强的座谈会或在线讨论，听取学生的反馈，根据学生的建议进行调整和改进。此种开放式的反馈机制可以让学生感到他们的声音被听到，增强与辅导员之间的信任和亲近感。

（2）利用网络资源。如今，高校辅导员作为关键的思想政治教育推动者，应积极利用网络资源，充分发挥互联网的力量，以更具吸引力和实效性的方式服务学生，满足他们的学术、职业和心理需求。辅导员可以建立在线教育和咨询平台，以更便捷的方式为学生提供咨询和支持。也可以创建虚拟社区，在线上与学生进行互动，回答他们的问题，提供学术和职业建议，以及提供心理支持，这种方式不仅可以弥补线下咨询的时间和地点限制，还可以让学生在自己选择的时间里获得帮助，提高服务的便捷性和灵活性。辅导员可以开设网络讲座、在线问答和专题研讨会等活动，为学生提供更多的学习和成长机会，可以涵盖各种主题，包括学术技能提升、职业发展规划、心理健康管理等。利用互联网的全球性和互动性，辅导员可以邀请专家学者、行业精英等来进行在线讲座，使学生能够接触到不同领域的知识和经验。同时，在线问答和研讨会可以促进学生之间的互动和交流，创造有利于学生学习和成长的社交环境。辅导员还可以与其他高校、机构或组织合作，共享网络资源，为学生提供更多的机会和资源。例如，可以建立跨校的在线学习平台，让学生能够参加其他学校的课程和活动。跨界合作可以丰富学生的学术和文化体验，拓宽他们的视野，提高他们的综合素质。

（3）建立互信机制。当前时代背景下，高校辅导员需要建立互信机制，以更好地服务学生，促进教育服务的不断改进。可以利用新媒体平台开展实时在线问卷调查，问卷可以涵盖各种主题，包括课程满意度、思政教育内容、学习需求等。学生可以通过问卷的形式，随时提供反馈和建议，而辅导员可以根据这些反馈及时调整自己的工作方式和教育内容。问卷调查开放的反馈机制不仅能够让学生感到他们的声音被听到，还可以让辅导员更贴近学生的需求，提高教育服务的质量。辅导员可以建立虚拟沟通渠道，为学生提供一对一的在线咨询服务，通过互联网与学生建立更紧密的联系，随时回答他们的问题，提供学术、职业和心理方面的支持。一对一的沟通方式可以增进学生与辅导员之间的信任和互动，使学生更愿意分享自己的问题和困惑。辅导员可以开展定期的线上互动活动，如网络讨论会、主题沙龙等，促进直接交流，讨论关注的问题，并分享彼此的看法和经验。辅导员可以通过互动，更好地了解学生的思想状况和需求，并传达思政教育内容，使学生更深入地参与其中。辅导员还可以借助社交媒体平台，与学生建立更多元化的联系。通过微博、微信公众号等平台，辅导员可以发布有关思政教育的信息和资源，与学生分享有趣的故事和观点。此种互动方式更贴近学生的日常生活，还可以促进学生与辅导员之间的交流和沟通。

（4）培养学生学习的自主性。在新媒体时代，辅导员的工作除了需要提供信息和指导外，还需要积极培养学生自主性学习和思考的能力。辅导员可以通过在线学习平台提供多样化的学习资源，而此类学习资源可以包括视频课程、在线阅读材料、学术文献等。辅导员可以根据学生的兴趣和需求，为他们推荐适合的学习资料，并提供指导和反馈。此种方式利于学生自主选择学习的内容，培养自主学习的习惯。辅导员可以组织在线辩论和主题讨论等互动活动，激发学生积极参与的兴趣，使其主动表达自己的观点和看法，并且锻炼批判性思维和问题解决能力。辅导员可以设立辩论赛、写作比赛等竞赛，激发学生的竞争意识，提高他们的学术水平和综合素质。辅导员还可以鼓励学生参与社交媒体上的学术和专业讨论，加入学术群组、关注领域内的专家和研究者，参与在线研讨会和学术活动，从而更深入地了解自己的领域，扩大学术视野，培养自主思考和学术探究的能力。除此之外，还要鼓励学生参与项目和实践活动。学生可以选择参加学术研究项目、社会实践、创业项目等。辅导员可以为他们提供项目指导和资源支持，帮助他们实现自己的学术和职业目标。通过项目参与，学生可以锻炼自主解决问题的能力，提高实践能力，培养创新精神。

（5）构建线上和线下融合的教育框架。在新媒体时代，辅导员在推动思想政治教育时，需要构建线上和线下融合的教育框架，以满足不同学生的需求，并适应其学习方式。该框架不仅可以提供便捷的学习机会，还可以增强学生的社交和实践体验，从而使思政教育更为全面而有效。辅导员可以通过线上教育提供便捷的学习机会，随着互联网的发展，线上教育已经成为一种重要的学习方式。辅导员可以借助在线学习平台，为学生提供丰富多样的学习资源，如视频课程、在线阅读材料、学术文献等。学生可以根据自己的时间和兴趣，自主选择学习的内容，实现自主学习。此种方式具有灵活性，可以满足不同学生的学习需求。结合线下活动能增强学生的社交和实践体验，尽管线上教育提供了便捷的学习机会，但面对面的交流和互动仍然是不可替代的。辅导员可以组织各类线下活动，如学术讲座、讨论会、社会实践等，为学生提供与同学和专家交流的机会，可以增强学生的社交能力，并且能够提供切实的实践体验，帮助他们将理论知识应用到实际中去。辅导员还可以将线上和线下教育有机结合，构建多维立体的思政教育框架。例如，在线上学习之后，可以组织线下讨论会，让学生深入探讨学习内容，进行思想碰撞和交流。同时，可以将线下活动的成果进行线上分享和讨论，形成一个闭环式的学习过程。融合式的教育框架可以更全面地满足学生的需求，使思政教育更加深入和有趣。

3. 网络思想政治教育应坚持引导、开放、互动的原则

在网络时代背景下，辅导员在推动网络思想政治教育时，应秉持引导、开放、互动的原则，以更好地服务大学生的成长和发展。该原则有助于为学生指明正确的思想政治方向，还能够促进学生与辅导员

之间的密切互动和信息交流。

（1）引导大学生多关注国家级新媒体平台。在当今时代，辅导员不仅需要关注学生的学业和生活，还需要引导他们正确看待国家政策和党的方针，培养积极向上的思想政治观念。为此，辅导员可以通过引导大学生多关注国家级新媒体平台来实现这一目标。

辅导员可以鼓励学生积极关注国家级新媒体平台，如新华网、共青团中央等。此类平台在网络上具有广泛的影响力，是传递国家政策和党的方针的重要渠道。通过阅读此类平台上的文章、观看相关视频，学生可以更好地了解国家政策的制定背景、重要内容和实施方案，同时能够掌握正确表达爱国爱党的方式，这种方式有助于提高学生的政治意识，使他们更加关注国家大事，积极参与社会实践，培养社会责任感和使命感。辅导员可以利用这些国家级新媒体平台的资源，组织学生参与相关活动。例如，可以邀请专家学者在平台上举办在线讲座，讲解国家政策和党的方针，引导学生深入了解和思考。此外，还可以组织学生参与一些与国家政策相关的竞赛或项目，提供相关的学习资料和指导，帮助学生更好地理解政策内容，并将其运用到实际中。互动性的教育方法能够使学生更加深入地参与和学习，培养他们的综合素质和实践能力。辅导员可以借助国家级新媒体平台，开展一些主题教育活动，引导学生积极向上，传播正能量。主题教育活动可以包括学生分享自己的成长故事、参与志愿服务、参加爱国主义教育等，通过切实参与活动，学生可以提高积极性和参与度，形成社会责任感和公民意识，更好地融入社会主义建设和发展中。辅导员还可以利用国家级新媒体平台，与学生进行深入的互动和交流，可以开设在线问答、讨论区、专题研讨等，鼓励学生提出问题和观点，与专家学者互动交流，帮助学生更好地理解国家政策和党的方针，从而与学生建立联系，取得信任。通过这种方式，辅导员还可以更好地了解学生的需求和问题，为他们提供更加有针对性的服务和指导。

（2）充分利用各种平台和渠道，积极传播先进文化。在新媒体时代，辅导员的工作内容变得更加复杂和多样化，不再局限于传统的学业指导和生活帮助，而是需要充分利用各种平台和渠道，积极传播先进文化，引导学生参与并传播正面的文化价值观。

班级是学生日常学习生活的主要场所，也是传播文化价值观的重要场所。辅导员可以在班会上组织各种主题讨论、分享会、文化活动等，让学生更加深入地了解先进文化，培养积极向上的文化观念。例如，可以邀请专家学者来班级举办讲座，介绍国家政策和社会发展的相关内容，激发学生的兴趣和参与度。同时，还可以组织学生参加一些文化体验活动，如参观博物馆、美术馆、剧院等，让学生亲身感受到文化的魅力和价值。辅导员可以通过班级新媒体平台传播正面的文化信息，随着新媒体的发展，班级通常都有自己的社交媒体账号或微信群等在线平台。辅导员可以利用平台发布有关先进文化和价值观的文章、视频、图片等内容，引导学生关注和学习。其中的内容可以包括国家政策的解读、社会热点的讨论、先进人物的故事等，通过多样的形式和内容，激发学生的思考和讨论。辅导员还可以开展一些线上主题活动，如网络讲座、在线问答等，让学生有机会深入了解和学习文化知识。辅导员通常拥有自己的微博、微信公众号、博客等社交媒体账号，可以在这些平台上发布有关文化和价值观的内容，分享自己的观点、见解和经验，引导学生更好地理解文化的重要性和影响。个人媒体发声平台的使用方式可以更加灵活，有助于传达更具个性化的信息。辅导员可以组织各种文化活动，培养学生的批判性思维和创新能力。文化活动可以包括文化讲座、文化沙龙、文化节等，旨在通过多样的方式和内容，激发学生的兴趣和创造力。辅导员可以邀请文化领域的专家或学者来校园举办讲座，介绍各种文化领域的知识和发展趋势，并且应积极组织、鼓励学生参加文化创意比赛、文化艺术展览等，培养他们的创新能力和艺术鉴赏力。在参与有关文化活动的过程中，学生不仅可以增长知识，还可以提升综合素质，更好地理解和传播正面的文化价值观。

（3）密切关注网络舆论和学生的日常行为表现。随着互联网的普及，网络舆论具有广泛的影响力，可以迅速传播信息和观点。辅导员应该密切关注网络舆论，定期浏览各类新闻网站、社交媒体以及学校的网络平台，了解当前的网络舆论热点和话题，特别是与大学生相关的事件和讨论。辅导员及时了解网络舆论，可以更好地把握学生所关心的问题和思想动态，为后续的思政教育工作提供有力的依据。学生的行为表现往往能够反映他们的思想和价值观，辅导员应该关注学生的日常行为表现。辅导员可以通过观察学生的言行举止、参与社交活动的方式以及在课堂上的表现等来了解学生的思想动态。例如，如果辅导员发现学生在网络上频繁参与争议性的讨论或发表极端的观点，就需要及时介入，与学生进行沟通和引导，帮助他们理性思考并树立正确的思想政治观念。辅导员还应结合网络事件及时给予学生正确的思想政治教育和引导，网络上经常发生各种各样的事件，有些事件可能会引发学生的关注和讨论，其中也可能包含一些不良信息或误导性的观点。辅导员可以借助这些事件，与学生进行有针对性的讨论，帮助他们理解事件背后的真相和社会背景，引导他们形成正确的价值观和思想观念。例如，如果有一起涉及争议性言论的网络事件，辅导员可以组织讨论活动，让学生分享自己的看法，并提供相关法律法规和道德原则的知识，帮助学生正确理解和评价事件。通过与学生的互动和反馈，辅导员可以更好地了解学生的需求，为他们提供更有针对性的服务。辅导员可以定期举行在线问卷调查，听取学生的反馈和建议，了解他们在思想政治教育方面的需求和困惑。开放式的反馈机制，能让学生感到自己的声音被听到，有助于增强学生与辅导员之间的互动和信任。同时，辅导员还可以通过个人咨询、集体座谈等方式，深入了解学生的个性和需求，为他们提供个性化的思想政治教育和引导，确保每个学生都能够受益于这些服务。

（二）互联网时代网络思想政治教育的新方法

在新媒体时代，大学辅导员的使命在于以创新的方式引领大学生思想政治教育。传统的教育主要依赖于课堂和校园活动，但互联网时代为人们提供了新的机会。辅导员需要将互联网技术与思政教育深度融合，以满足新一代学生的需求。辅导员应积极利用网络这一新媒体平台，补充和丰富传统教育的"第二课堂"。互联网提供了广泛的信息渠道和社交平台，辅导员可以通过在线社交媒体、虚拟社区等途径，将思政教育内容传递给学生。此种互动方式可以更好地引导学生思考，使他们更深入地了解社会和国家的发展。辅导员需要将社会主义核心价值观教育与网络传播规律紧密结合，借助新媒体平台，将社会主义核心价值观融入有趣的教育内容中，激发学生的兴趣。通过创新的多媒体制作和在线互动，辅导员可以吸引学生的注意力，传播积极的价值观念，促进学生的全面发展。辅导员应因时制宜地调整教育策略，确保思政教育工作的有效性。互联网时代信息变化快速，辅导员需要不断学习和更新知识，以适应新形势下的教育需求。与学生建立更紧密的联系，了解学生的反馈和需求，有助于辅导员及时调整教育方案，确保思政教育工作的质量和实效。

1.实施"泛在"教育方式

在当今互联网时代，高校辅导员在网络思想政治教育中扮演着至关重要的角色。传统的思想政治教育方式已经不能满足学生的需求，因此，辅导员需要采用创新的教育方式，如"泛在"教育方式，以更好地引导学生认同和践行社会主义核心价值观。

（1）辅导员可以采用"泛在"教育方式，基于互联网、移动互联网和软件平台，让学生可以在任何地点、任何时间学习任何内容。在当今迅猛发展的互联网时代，高校辅导员的角色不仅仅是传统思想政治教育的传递者，更应该是创新者和引领者。传统的思想政治教育主要依赖大学课堂和校园活动，但随着互联网技术的不断发展，辅导员可以采用创新的教育方式，如"泛在"教育，以满足学生在互联网时代的需求。

辅导员可以充分利用互联网和移动互联网的便利性，采用"泛在"教育方式，让学生在任何地点、任何时间都可以学习和参与思政教育活动。通过班级网络共享平台或手机 App，辅导员可以轻松地组织各种网络主题教育活动，如微电影比赛、小视频摄影比赛、PPT 制作比赛等。"泛在"以多样化的活动方式吸引学生的兴趣，让他们能够在自己的时间安排内积极参与，不再受制于传统教育的时空限制。自主学习让学生更有学习的动力和主动性，并且更好地适应了他们多样化的学习需求。

辅导员可以将互联网和新媒体的特点融入思政教育中，以更好地传递思政教育的内容。辅导员可以制作宣传小视频、收集名家讲座的视频并将其上传至共享平台或 App，为学生提供多样化的学习资源，在吸引学生兴趣的同时，以生动直观的方式传达社会主义核心价值观和其他重要思想政治教育内容。通过视频、互动交流等形式，学生能够更深入地了解和掌握这些知识，且更容易与其互动，提出问题和交流看法。多媒体教育方式更符合学生的学习方式和互联网时代的特点。辅导员需要在"泛在"教育中注重互动和交流，互联网不仅仅是内容传递的平台，更是互动和交流的平台。辅导员可以积极组织在线讨论、互动评价等活动，鼓励学生积极参与讨论和分享自己的观点，不仅可以帮助学生更好地理解和吸收思政教育内容，还可以培养他们的批判性思维和问题解决能力。通过在线互动，辅导员可以更好地了解学生的需求和问题，为他们提供更有针对性的教育和引导。互联网时代的思政教育不仅是内容传递的过程，更是互动、参与和反馈的过程。

（2）辅导员可以利用"泛在"教育方式深入挖掘社会主义核心价值观的内涵，使其更贴近学生的实际生活。采用"泛在"教育方式是其中一种创新方法，能够深入挖掘社会主义核心价值观的内涵，让它更贴近学生的实际生活，提升思政教育的实效性。辅导员可以通过微电影、小视频、自拍照比赛等形式，将社会主义核心价值观融入学生的生活场景中。微电影和小视频是当今互联网上广受欢迎的内容形式，辅导员可以鼓励学生以多样化的方式表达自己对社会主义核心价值观的理解和认同。例如，以国家发展为主题组织微电影比赛，学生可以通过拍摄影片展示中国的发展历程和取得的成就，以及中国特色社会主义制度的优越性。通过参与影片制作，学生能够更深刻地领悟到这些核心价值观的重要性，同时可以通过影片将核心价值观的内涵传递给更多的人。此外，围绕"中国梦"组织PPT制作比赛也是一种有效的方式。学生可以用自己的视角和理解来诠释"中国梦"，通过PPT展示他们对国家发展和个人价值的思考。参与式的活动能够让学生更深入地思考和体验社会主义核心价值观，使其不再停留在抽象的层面，而是通过实际操作和创作加深对社会主义核心价值观的理解。活动的核心在于通过学生的创作和参与，使社会主义核心价值观不再局限于理论知识，而是融入他们的生活和思维。实践性和体验性的教育方式能够更好地引导学生认同和践行社会主义核心价值观，培养他们的思政教育意识和能力。

（3）辅导员在推行"泛在"教育方式时需要注重互动和交流。通过积极的互动和交流，辅导员可以更好地传递思想政治教育内容，同时培养学生的批判性思维和问题解决能力。辅导员可以鼓励学生积极参与在线讨论，在网络环境下，学生可以方便地进行讨论和交流，辅导员可以设立在线讨论板块，组织学生就特定话题展开讨论。这种方式不仅可以让学生分享自己的观点和看法，还能够促使他们思考和辩论，从而更好地理解思想政治教育内容。辅导员可以起到引导和监督的作用，确保讨论的质量和深度。互动评价也是一种促进学生互动和交流的方式，辅导员可以设立在线测验、问答和评价环节，让学生参与其中。通过互动环节，学生可以检验自己对思政教育内容的理解程度，同时可以与同学进行辩论和交流，激发学习兴趣。辅导员可以及时反馈学生的表现，鼓励他们在学习中不断进步。在线团队项目和合作也是促进互动和交流的有效方式，辅导员可以组织学生参与团队项目，让他们合作解决问题和完成任务。这样一来，能够培养学生的团队合作精神，还能够促进思政教育内容的共享和交流。辅导员可以鼓励学生分享他们在项目中的体验和收获，让整个团队从中吸取经验和教训。辅导员可以建立微信群、QQ群或其他社交媒体群组，使学生随时分享信息、观点和资源。辅导员可以定期发布有关思政教育的资讯和话题，引导学生进行讨论和交流。社交媒体互动能够满足学生迅速获取信息和交流的需求，也能够促进他们之间的联系和互助。

2.借助新媒体平台了解学生动向

在新媒体时代，辅导员可以借助新媒体平台更好地了解学生的思想动向，满足他们的需求，并进行个性化的思政教育。新媒体的广泛应用为辅导员提供了一个与学生互动的重要渠道，辅导员应思考如何运用新媒体平台了解学生动向和进行个性化教育。辅导员应积极关注学生在新浪微博、今日头条、微信公众号等网络新媒体平台上的活动，有关平台是学生获取信息、表达观点和分享生活的重要渠道。通过监测学生的行为和关注的话题，辅导员可以了解他们的兴趣和关注点。例如，如果学生经常关注关于就业和创业的话题，辅导员可以提供相关的职业规划和创业指导，以满足他们的需求。辅导员还可以借助有关平台与学生进行互动，回答他们的问题，分享有关思政教育的信息，建立更紧密的联系。辅导员可以利用新媒体平台进行学生的思想引导和心理教育，定期发布有关心理健康、情感管理和人际关系的文章、视频和活动，帮助学生更好地应对压力和挫折，提高心理素质。辅导员还可以通过新媒体平台传播积极向上的正能量，鼓励学生积极面对生活，培养积极的心态。例如，在微博或微信公众号上分享一些成功人士的故事，或者举办一些与情感管理相关的在线讨论活动，都有助于学生的心理成长和价值观的形成。针对学生在社交媒体上表现出的自卑、偏激、消极等问题，辅导员可以进行更深入的分析，了解问题的根源。然后，辅导员可以通过私信或在线咨询的方式与学生进行平等对话，了解他们的需求和困扰，提供个性化的帮助和建议，通过精准的教育方式解决学生的问题，使他们更好地适应大学生活和社会环境。辅导员可以借助学生的微信朋友圈、QQ空间、个人微博等发声平台进行观察和互动，关注学生在这些平台上发布的言语和情感动态，更深入地了解他们的情感状态和社交圈子。辅导员可以在适当的时候与学生进行私下交流，提供支持和关心，建立更加亲近的师生关系。此外，辅导员还可以借助这些平台发布有关思政教育的内容，引导学生在社交媒体上传播正能量，促进社会价值观的传递和传播。

三、互联网背景下的班级管理工作

在新媒体时代，班级管理工作对高校辅导员来说具有新的特点和挑战，辅导员需要不断适应这一时代的发展，从而更好地履行立德树人的根本任务，引领学生形成积极的世界观、人生观、价值观。

（一）互联网背景下班级管理工作的新特点与新要求

大学生班级管理工作面临着新的挑战和机遇，其中网络和新媒体的普及对管理工作提出了新的要求。辅导员在此背景下需要积极引导和管理大学生在使用网络和新媒体方面的行为，以更好地履行管理工作的职责。

1. 在班级开展有关的媒介素养课程

在当今社会，大学生对手机和新媒体的依赖程度日益加深，对大学生的学习、生活和社交产生了深远影响。辅导员作为大学生班级管理和思想政治教育的引导者，应该积极应对这一现象，采取新的举措来引导学生理性使用手机和新媒体，以提高他们的媒介素养和网络文明意识。

（1）培养大学生的新媒体素养和批判性思维。辅导员可以积极开展新媒体素养课程，旨在帮助学生正确使用手机和新媒体工具。新媒体素养课程可以包括如何设置隐私设置、防止个人信息泄露、避免网络欺诈等内容，结合实际案例和互动演练，学生可以更好地掌握在网络空间中的自我保护技能，提高信息安全意识。在信息爆炸的时代，学生常常面临虚假信息和谣言的困扰。辅导员可以引导学生查看多种来源的信息，培养他们的信息辨别能力，教他们验证信息的可信度和真实性，让他们能够识别和过滤不准确的信息，从而提高信息获取的质量。辅导员还可以开设课程或讲座，关注新媒体中的伦理和法律问题，还可以涵盖信息传播的道德准则、知识产权、言论自由等议题。学生需要了解在新媒体环境下，他们的行为和言论可能对社会和个人产生的影响，从而更加负责任地使用新媒体。另外，辅导员可以引导学生参与社会性媒体上的公共事务和社会问题讨论。通过在社交媒体上参与公共话题的讨论，学生可以增强批判性思维，理解不同观点，培养辩论技巧，并提高参与社会治理的能力，同时也有助于学生更好地理解社会问题和关心国家大事。开展实践活动能培养学生的新媒体素养，主要包括媒体制作、社交媒体管理、网络宣传等方面的实践活动。通过亲身参与，学生可以深入了解新媒体的运作和影响力，积累实际经验，提高自己的媒体素养。

（2）引导学生正确解读网络信息。在新媒体时代，辅导员的角色变得更加关键，他们需要成为学生的导师，引导学生正确使用和理解网络信息。辅导员可以组织讨论和辩论活动，让学生参与讨论有关网络信息的话题，主要可以涉及当前热门新闻事件、社会问题或网络现象。学生在实际参与讨论的过程之中，不仅能够表达自己的观点，还能够倾听他人的看法，从而促进思想碰撞和观点交流。辅导员可以充当引导者的角色，提出问题，鼓励学生深入分析和思考，帮助他们形成更为全面和批判性的观点。辅导员可以组织学生分析网络新闻、视频和社交媒体内容的活动，主要可以涵盖事实核实、信息来源评估、传播途径分析等方面的内容。学生在参与有关活动时，能够学会如何审查和验证信息的可信度，辨别虚假信息和谣言，以及了解信息传播的机制。辅导员可以提供实际案例和工具，帮助学生进行信息分析和评估，提高他们的媒体素养。

　　辅导员可以通过开展深度分析或写作引导学生分析网络信息背后的意义和影响。学生可以选择一个特定的网络信息话题，研究其背后的社会、文化或政治因素，并撰写分析报告或文章。通过深入研究，学生更好地理解信息的背景和内涵，从而形成批判性思维和分析能力。辅导员应积极鼓励学生参与社交媒体上的信息传播和互动，使其编写博客、发布评论、分享文章等，参与社交媒体平台的讨论和互动。辅导员可以提供指导和建议，帮助学生有效地传播他们的观点，同时培养他们的网络社交技能。

　　（3）教育学生在网络世界中遵纪守法，强调信息发布的社会责任。在新媒体时代，辅导员需要引导学生正确使用网络并承担信息发布的社会责任。辅导员可以通过案例分析来教育学生遵纪守法，并强调信息发布的社会责任。也可以选取一些相关的法律案例或道德纠纷案例，与学生一起分析案例的起因、过程和结果，让学生了解不当行为的法律后果和道德影响。通过实际案例的讨论和分析，学生将更清楚地认识到在网络上的行为可能对自己和他人造成的影响，从而更加慎重地对待信息发布和互动。辅导员可以开展道德教育，强调信息发布的社会责任，与学生讨论网络道德、虚假信息传播、恶意攻击等相关话题，引导学生思考什么样的信息是应该传播的，什么样的信息是应该避免传播的，结合道德教育，促使学生更好地理解信息发布背后的社会伦理，提高自己的道德素养。辅导员还可以进行法律知识普及，让学生了解网络行为的法律和法规，邀请法律专家或律师来校园进行法律讲座，向学生介绍网络法律、网络侵权和隐私保护等方面的知识。学生将更清楚地了解在网络世界中如何避免触犯法律。同时，辅导员可以提供相关法律文件的阅读材料，鼓励学生主动学习相关法律知识。除此之外，组织学生参与社会责任项目或活动，以实际行动强调信息发布的社会责任。学生可以参与网络清洁行动、网络义务宣传等项目，积极传播正能量和社会价值观。学生在亲身参与有关活动的过程之中，将更深刻地体会到信息发布的社会责任，认识到自己可以在网络上发挥积极作用。

（4）建立与学生的密切联系，了解他们在网络和新媒体使用方面的需求和问题。在新媒体时代，辅导员的工作之一是引导学生正确使用网络和新媒体，以及承担信息发布的社会责任。辅导员可采用个性化的辅导方法，根据学生的网络和新媒体使用需求和问题提供定制化的指导和支持，主要可以通过面对面的交流、定期开展座谈会、小组讨论和问卷调查等方式来实现。辅导员应与学生建立亲近的关系，倾听他们的声音，了解他们的心理状况和网络习惯。通过与学生的深入交流，辅导员可以更好地洞察他们的需求，针对性地提供解决方案，帮助学生更好地适应新媒体时代的挑战。

辅导员可通过在日常工作之中组织专题研讨会和培训课程，提高学生的新媒体素养和信息辨别能力。此类课程可以包括如何正确使用手机和新媒体工具，了解信息的可信度和真实性，以及如何避免网络诈骗和不良信息的侵害。通过有关培训课程，学生将能够更好地应对媒体信息的洪流，提高他们的信息辨别和处理能力。辅导员可以邀请专家和行业内人士来进行培训，让学生获得权威的指导和建议。同时，应促进学生参与社会责任项目和志愿活动，引导他们用网络和新媒体传播正能量和社会价值观。学生可以参与网络清洁行动、义务宣传和志愿者活动等项目，积极传播正能量和社会价值观，为社会做出积极贡献。辅导员可以作为项目的组织者和指导者，帮助学生规划和实施社会责任项目，培养他们的社会责任感和公民意识，并且建立学生与辅导员之间的在线沟通渠道，以便学生能够随时向辅导员寻求帮助和建议，主要以通过建立在线咨询平台、社交媒体群组和电子邮件等方式来实现。辅导员可以定期发布信息，提供有关网络安全、信息辨别和社会责任的建议，同时鼓励学生参与讨论和互动。在线沟通渠道有助于辅导员与学生保持密切联系，及时解答学生的疑问，提供支持和指导。

2.增加网络安全方面的教育内容

如今，互联网已经深刻改变了大学生的学习和生活方式。随着手机应用的普及和各种在线服务的涌现，网络安全问题变得尤为突出。高校辅导员有责任增加网络安全教育的内容，以帮助学生更好地应对这一挑战。

（1）组织网络安全知识普及和体验活动，让学生亲身感受网络安全的重要性。辅导员可以组织模拟网络攻击和密码保护比赛，此类比赛可以让学生扮演攻击者或受攻击者的角色，从而更好地了解网络攻击的方式和可能的漏洞。学生通过比赛亲身体验网络安全威胁的真实性，提高网络安全意识。辅导员也可以引导学生参与网络诈骗案例分析，让学生分析真实的网络诈骗案例，了解骗术和识别欺诈的方法。深入研究实际的案例，学生更容易识别潜在的网络威胁，并学会如何保护自己免受网络诈骗的侵害。辅导员还可以鼓励学生参与网络安全演练，模拟网络攻击和网络安全事件的应对过程，让学生在安全环境中练习应对网络安全问题的技能。学生通过参与演练，将更自信地应对潜在的网络威胁，提高网络安全能力。

（2）将网络安全教育融入日常的班级管理工作。辅导员定期在班级例会或座谈会上组织讨论网络安全话题，包括分享最新的安全信息、网络威胁案例以及防护技巧等。通过与学生进行开放性的讨论，辅导员可以帮助学生更好地理解网络安全的现实威胁，引导他们积极参与保护自己的行动。辅导员可以邀请网络安全专家来校园举办讲座，专家可以向学生介绍网络攻击的常见手法和防范方法，同时提供实用的防范建议。专家讲座可以为学生提供深入了解网络安全的机会，并且让他们学会在日常生活中保护自己的个人信息和财产安全的技能。通过将网络安全教育融入班级管理工作，辅导员可以确保学生在日常生活中不断提高网络安全意识，掌握必要的防护知识和技能，更好地应对潜在的网络威胁，保护自己的个人信息和财产安全。网络安全教育不仅仅是一项关乎个体利益的任务，也是帮助学生在数字化时代成功立足的重要一环。

（3）借助新媒体平台开展网络安全教育。辅导员可以充分利用新媒体平台，以更富有互动性和吸引力的方式将网络安全知识传达给学生；创建微信公众号、班级微博、QQ群等，用以发布有关网络安全的文章、提示和案例分析。这些渠道是学生日常使用的社交媒体工具，因此，辅导员能够通过有关平台将信息传递给学生，并提醒他们保护自己的网络安全。此种方式具有广阔的覆盖面，因为学生通常会频繁浏览这些社交媒体。辅导员可以通过组织在线网络安全知识竞赛来激发学生的学习兴趣，以有趣的方式呈现网络安全问题，例如谜题、小测验或趣味问答。学生参与其中不仅能够学到实用的知识，还可以通过竞赛的形式提高参与的积极性，提高对网络安全问题的警觉性。

（4）鼓励学生主动参与网络安全维护工作，培养其自我保护意识和社会责任感。在培养学生的网络安全意识和社会责任感方面，辅导员可以鼓励学生积极参与网络安全维护工作，有助于学生将理论知识转化为实际行动，提高综合素质和社会参与能力。辅导员可以引导学生参与学校的网络安全团队或志愿者组织，致力于监测和解决校园网络安全问题，包括网络攻击、信息泄露等。学生加入其中可以更深入地了解网络安全的实际挑战，并参与解决问题的过程，这不仅有助于学生将理论知识应用到实践中，还培养了他们的团队合作和问题解决能力。学生可以通过参与志愿者活动方式为学校和社区提供网络安全服务，例如，他们可以组织网络安全讲座、工作坊，向其他同学和社区居民传播网络安全知识，分享防范网络诈骗的经验。学生自愿参与的方式不仅有益于他们自己的成长，还有助于推广网络安全教育，提高更多人的网络安全意识。

（二）互联网时代完成班级管理工作的新方式

在互联网时代背景下，辅导员必须积极探索新的班级管理方法，以更好地满足学生的需求和应对现代化管理的挑战。借助新媒体工具和网络平台来完成班级管理工作，不仅能提高管理的效率，还能增强辅导员与学生之间的互动与亲近感。

1.充分利用网络平台和新媒体技术建立班级管理的虚拟空间

随着科技的高速发展，辅导员的工作方式正在经历革命性的变化。其中一个创新的方法是建立班级管理的虚拟空间，这对于辅导员而言是一种崭新且强大的工具，有助于更好地完成班级管理工作。虚拟空间可以采用多种形式，如专门的班级微信群、QQ群，或者是班级社交媒体页面。虚拟空间将学生、辅导员以及班级学生干部等聚集在一起，形成一个线上的社群。虚拟空间成为信息传递和沟通的主要平台，辅导员可以在这个空间内发布通知、安排活动、提供学习资源等。此种方式比传统的班级通知更为高效，因为信息可以实时更新，不再受限于纸质通知或班会安排。这样一来，学生和辅导员之间的信息传递更加迅速、准确。虚拟空间促进了学生之间的互动和交流，学生可以在这个空间内提出问题、分享意见、交流资讯，有助于建立更为紧密的班级关系，增强班级凝聚力。学生之间的互动不再受课堂或实体空间的限制，他们可以随时随地进行交流，有助于形成更加开放和友好的学术环境。

2.借助新媒体平台开展心理健康教育和职业发展指导

在当今时代背景下，辅导员可以借助各种在线平台开展心理健康教育和职业发展指导，以更好地满足学生的需求。辅导员可以在虚拟空间中定期发布有关心理健康的文章和资源，包括心理健康知识、压力管理技巧、情绪调控方法等。辅导员可以选择多样化的内容形式，如文字文章、视频讲座、心理测试等，以满足不同学生的学习偏好。通过有关资源的分享，辅导员可以帮助学生更好地理解自己的心理状态，学会应对压力和焦虑，提高心理素质。辅导员可以利用在线平台开展职业发展指导，主要涉及职业规划、实习就业信息、面试技巧等方面的内容。辅导员可以发布有关不同职业领域的介绍和发展前景，帮助学生更清晰地了解自己的职业兴趣和目标。辅导员还可以组织线上职业发展讲座，邀请校友或行业专家分享就业经验和建议。学生通过有关活动可以获得有关就业市场的最新信息，并提前做好职业规划。同时可以安排线上心理咨询服务，为有需要的学生提供支持和帮助。在线咨询平台便于学生与专业心理咨询师进行沟通，分享他们的困扰和问题。辅导员可以提供咨询师的联系信息，帮助学生寻找适合自己的心理咨询资源，让学生及时获得心理支持，进一步提高他们的心理健康水平。

3. 利用新媒体平台开展班级文化建设和校园文化活动

高校辅导员应灵活借助互联网平台组织各种比赛和活动，涵盖多个领域，如文学创作、音乐演出、体育竞赛等。举例来说，辅导员可以组织班级微电影比赛，鼓励学生发挥创意，拍摄有趣的微电影作品，不仅有助于培养学生的创造力和团队合作能力，还可以通过在线平台展示他们的作品，让更多的人欣赏和分享。小视频创作比赛也是一种吸引学生参与的方式，通过制作短视频，学生可以表达自己的创意和观点，与班级同学互动交流。辅导员还可以利用虚拟空间组织校园文化活动，包括线上音乐会、文化节、艺术展览等。学生可以上传自己的音乐作品或艺术作品，参与线上音乐会或艺术展览，与班级同学分享自己的才艺，既有助于展示个人的艺术和文化水平，又可以丰富校园文化生活，增进学生之间的友谊和合作。

第二节　网络语言对高校辅导员工作的影响与应对举措

在当今网络盛行的时代，社交平台如 QQ、微博和微信已经成为大学生主要的沟通和交流方式。与传统的严肃和正式语言相比，网络语言以其简明易懂、幽默诙谐以及迅速传播的特点应运而生，并深受当代大学生的喜爱和追捧。网络语言不仅在虚拟世界中广泛使用，而且在现实生活中也广泛应用，已经成为大学生思想、学习和生活不可或缺的一部分。大学生是国家民族的希望，也是高校辅导员工作的关键对象。辅导员在工作的第一线，扮演着学生的引路人和人生导师的角色。大学生话语表达方式的变化意味着高校辅导员需要跟上时代的步伐，调整传统的庄重刻板的话语表达方式，更好地与学生互动，走进学生的世界，以满足新形势下的教育需求。

一、大学生使用网络语言对高校辅导员工作的双重影响

网络语言是一种由包括大学生在内的网民广泛使用的语言工具，用于聊天和表达思想。它由简短的词语、表情、符号和图像等元素组成，生动、简洁、个性化，迎合了大学生随性表达和展示个性的需求。网络语言已经成为当代大学生日常生活的一部分，影响着他们的思维方式和言行举止。在此背景下，高校辅导员作为教育的关键力量，需要理性认识大学生使用网络语言所带来的影响，既不能全盘否定，又不能全盘肯定。

（一）大学生使用网络语言对辅导员工作的积极影响

1.深入研究大学生网络语言，利于提高辅导员工作的针对性

语言是思维的外壳，是思想和行为的表达工具。网络语言作为适应网络时代交流和沟通的工具，承载着网民的思想和价值观念，也反映了大学生的思维方式、价值观念、思想动态和行为方式。因此，高校辅导员需要了解并研究大学生在网络平台上使用的语言，包括网络用语、缩写词、表情符号等。通过深入研究，辅导员可以更好地理解学生的思维方式，洞察他们的需求和关注点，有针对性地开展思想政治教育工作。深入研究网络语言还有助于辅导员与学生建立更加密切的关系，当辅导员能够理解和使用学生常见的网络语言时，他们可以更轻松地与学生进

行沟通和互动，建立更加亲近的师生关系。师生之间亲近和融洽的关系有助于学生更好地接受辅导员的引导和教育，提高辅导工作的实效性。

2.规范运用大学生网络语言，利于增强辅导员工作的实效性

（1）改善师生关系。在当今网络时代，辅导员的角色和工作方式正在经历深刻的变革。其中，规范运用网络语言是提高辅导员工作效率和改善师生关系的重要方式，高校辅导员应思考如何运用网络语言改善师生关系，并让辅导员工作更加高效。传统的师生关系往往显得严肃和正式，但网络语言更具轻松和亲和力，可以打破这种沉闷的氛围。通过使用幽默、友善和尊重的网络语言，辅导员可以赢得学生的认同和亲近感，从而建立更加开放和融洽的关系。如果学生觉得辅导员是易于接近和理解的，那么他们通常更愿意向辅导员分享问题和困惑。规范运用网络语言可以消除师生之间的沟通障碍，辅导员可以在网络背景下以更加亲切和友好的方式回应学生的提问，使学生感到受到鼓励和支持。亲切的沟通方式有助于学生倾诉，提高辅导工作的实效性。规范运用网络语言有助于建立信任关系，辅导员的言辞和态度会直接影响学生对他们的信任程度。通过使用友善、尊重和关心的网络语言，辅导员可以树立良好的形象，使学生更愿意信任和依赖他们。此种信任关系为学生提供了更多的支持和指导，提高了辅导员工作的实效性。

（2）提高信息传递效率。在现代高校环境中，辅导员的工作内容已经不再局限于传统的学术指导和生活辅助，他们也扮演着重要的心理辅导和生涯规划的角色。在此背景下，规范运用网络语言除了能够有效提高信息传递的效率，还有助于辅导员更好地履行自己的职责，与学生建立更亲近的关系。网络语言的快速传播特性有助于辅导员在虚拟空间中快速传递信息，无论是重要的活动通知、学术资源发布还是紧急事件通报，辅导员都可以瞬间将信息传达给学生，避免信息滞后的问题，从而确保学生在关键时刻获得必要的信息，特别是在有紧急事件或重要学术活动的情况下。辅导员可以利用网络语言发布各种类型的信息，从学术

资源到心理健康指导，再到生涯规划建议。信息的多样性有助于满足不同学生的需求。例如，一些学生可能需要特定课程的学习材料，而另一些学生可能更关心心理健康问题或职业发展。通过规范运用网络语言，辅导员可以为广泛的学生群体提供有针对性的信息，确保信息的多样性和全面性。

（3）增强学生参与感。在数字化时代，辅导员的工作内容不仅局限于传统的学术指导和生活辅助，还包括心理健康、职业规划以及思想政治教育等多个领域。通过规范运用网络语言，辅导员可以增强工作实效性，同时加强与学生的互动。网络语言通常富有幽默感、活泼，且贴近学生的口味，因此有助于辅导员创造出更轻松亲和的互动氛围。辅导员可以在虚拟空间中使用幽默、风趣的网络语言与学生互动，让学生感受到自己不仅是指导者，还是有趣的伙伴。增强语言的亲和力有助于建立更加融洽的师生关系，学生更容易倾听和接受来自这样的辅导员的建议和指导。规范运用网络语言有助于辅导员引导学生积极参与在线讨论和活动，辅导员可以定期组织与社会热点、时事政治和思想教育相关的话题讨论，鼓励学生分享自己的看法和观点，促使学生在参与互动的过程中培养批判性思维、问题解决能力，丰富知识和见识。通过网络语言的引导，学生可以更自信地表达自己的观点，参与到有益的讨论中。

（4）有效工作方式。辅导员可以积极主动地利用 QQ、微信、微博等思想政治教育微平台，与学生建立更紧密的联系。辅导员可以通过这些平台，及时回应学生的问题和需求，增加师生之间的互动机会，这有助于辅导员更好地了解学生的思想、困惑和需求，还可以拉近彼此之间的距离，建立更加融洽的师生关系。通过合理合法地使用大学生乐于接受和认同的网络语言，可拉近辅导员与学生之间的距离。网络语言通常更具亲和力和轻松感，有助于学生更积极地参与互动。辅导员可以在虚拟空间中使用网络语言进行讨论、发布信息和组织活动，从而激发学生的兴趣和参与积极性，学生更容易与辅导员沟通，辅导员也可以更好地了解学生，走进学生的内心。

3.选择性吸收大学生网络语言，利于提高辅导员工作的创新性

网络语言的兴起已经在大学生群体中形成了一种文化现象，而辅导员作为大学生思想政治教育工作的重要力量，应该灵活运用这一文化现象，以提高工作的创新性。

（1）引入网络用语，注入新元素。辅导员可以选择性地吸收网络语言中的一些常用词汇和表达方式，并将它们引入话语表达中。例如，"给力""正能量"等接地气的网络用语，不仅能够传递积极向上的信息，还容易引起学生的共鸣。采用有关网络语言可以为传统话语体系注入新的元素，使辅导员的言辞更加接地气、贴近学生，从而增强工作的实效性。辅导员可以通过组织有趣的网络活动来吸引学生的参与，例如，可以举办网络用语创作比赛，鼓励学生创作具有创新性和幽默感的网络用语。创作活动不仅可以提高学生的创造力，还能够增强他们对辅导员工作的兴趣。辅导员还可以利用网络平台组织线上座谈会、讲座或辅导活动，使学生更好地理解和参与思想政治教育。网络语言中有很多传递正能量的用词和短语，辅导员可以积极运用这些表达方式，传递积极向上的信息。例如，可以使用"正能量"等网络用语鼓励学生积极面对挑战和困难，增强他们的自信心和积极性。

（2）鼓励学生创新思维。网络空间是创新思维的温床，许多大学生在网络上创造出了新颖、幽默的网络新词和表达方式。辅导员可以积极鼓励学生参与创新，促使他们展示自己的创造力。例如，可以组织网络创新比赛，鼓励学生提出新的网络用语或表达方式，奖励他们的创意。这样一来，能够增加学生的成就感，激发他们的创新意识，从而有利于提高辅导员工作的创新性。辅导员可以借助网络平台开展各种网络文化活动，以吸引学生的兴趣。例如，可以举办网络文化节，邀请学生展示自己在网络上的创意作品，如短视频、网络小说等，学生在展示才华的同时，还能够增加对网络文化的了解，提高参与度。辅导员可以充当活

动的组织者和推动者，与学生一起共同创造具有创新性和活力的网络文化活动。辅导员可以为学生提供创新思维培训，帮助他们更好地应对网络时代的变化。培训内容可以包括创新方法、创意思维、问题解决等方面的知识和技能。在此基础之上，可以帮助学生培养创新意识，激发他们的创造力，使他们更好地适应网络时代的要求。

（3）借鉴网络文化传播方式。辅导员可以将传统的教育内容以多媒体形式呈现，如制作教育视频、网络漫画、动画等。这种方式更贴近学生的学习习惯，教育内容更具吸引力和趣味性。例如，可以制作有趣的短视频，讲解重要的知识，或者创作网络漫画，让学生通过图文并茂的方式更好地理解教育内容。此种传播方式可以激发学生的兴趣，增强他们的参与感。辅导员可以积极利用社交媒体平台，如微博、微信公众号、抖音等，传播思想政治教育信息。通过在有关平台上发布有趣的教育内容，辅导员可以吸引更多学生的关注和参与。例如，可以定期发布教育知识小贴士、名人名言、学习方法等内容，以丰富学生的知识并提高他们的学习积极性。同时，辅导员还可以借助这些平台组织在线互动活动，如答题竞赛、讨论话题等，以增强学生的参与感和互动性。辅导员可以与学生合作，共同创作网络内容，以传达教育信息。例如，可以邀请学生参与制作教育视频、校园新闻报道等。学生的参与不仅可以增加他们的学习兴趣，还可以培养他们的创新思维和团队合作能力。

（4）创造积极的网络文化氛围。辅导员可以定期组织学生参与网络创作比赛和网络文化节等活动，鼓励学生展示他们的创造力和创新思维，形式可以涵盖文章、图片、音频、视频等。学生在有关活动中可以分享自己的作品，同时能够欣赏他人的创作，促进文化交流和分享。辅导员的角色是提供支持和指导，以确保活动的积极性和创造性。辅导员可以通过网络语言引导学生参与社会问题的讨论和行动，例如，可以组织线上的社会公益活动，让学生参与到环保、慈善、志愿者等方面的工作中，有助于培养学生的社会责任感，还可以提高他们的团队协作能力和领导才能。同时，辅导员可以鼓励学生使用网络语言倡导积极向上的价值观念，传播正能量，使网络空间充满积极的能量和文化。辅导员可以引导学生提高文化素养，培养他们对文化和艺术的欣赏能力。通过推荐优秀的文学作品、音乐、电影等文化资源，辅导员可以帮助学生拓宽视野，丰富内涵。学生可以通过网络语言分享他们的文化发现和感悟，促进文化交流和学习。辅导员的任务是激发学生对文化的兴趣，引导他们积极参与文化活动，提高文化素养。辅导员可以创建一个专门的网络文化交流平台，让学生在这里分享他们的文化创意和想法。平台可以包括博客、论坛、社交媒体群组等，为学生提供一个展示自己作品和与他人交流的场所。辅导员可以定期组织主题讨论、文化活动和分享会，以促进学生之间的文化交流和合作。

（二）大学生使用网络语言对辅导员工作的消极影响

1.西方文化与价值观以网络语言为载体，冲击着大学生对主流价值观的认同

如今，随着网络技术的快速发展，西方的文化与观念以网络语言的形式传入了我国，并且随着时间的流逝逐渐占据了我国的文化市场。当代大学生正是依据网络而认识甚至吸纳西方的文化与价值观念的，消费主义以及文化虚无主义正在逐渐影响着大学生的主流价值观念，"自由至上""享乐至上"等价值观念正在潜移默化之中侵蚀着当代大学生的价值观，冲击着大学生对社会主义核心价值观的认同感。大学生的心智尚未发育成熟，社会阅历尚浅，他们通常缺乏一定的政治辨别能力，容易盲目从众、盲目跟风、盲目跟帖等，且比较容易被有心之人利用，淡化了对主流价值观的认同。

2.网络语言使用的不规范，冲击着中国传统语言文化的传承及发扬

作为民族振兴与国家富强的中坚力量，大学生理应承担起传承以及

发扬中国语言文化的重要责任，以中国语言为荣，以中国语言文化为傲。虽然网络语言具有交流方便、沟通快捷的特点，但是大学生通常在使用网络语言的过程中，除了简短的词语之外，还会夹杂词语搭配。此种语言使用的随意性在一定程度上打破了语言的规范性，并且淡化了中国汉字文化博大精深的内涵，忽视了语言文化艺术与语言文化的内涵，冲击着中国传统语言文化的传承与发扬，并且进一步加重了大学生对于中国文化自信的缺失感。

二、高校辅导员工作的应对策略

作为与大学生交流最频繁、接触最密切的人，辅导员应对大学生网络语言所造成的机遇与挑战保持理性认识，敢于担当，勇于创新，同时应采取应对措施，利用其积极的方面，消除其消极的方面。

（一）以网络语言为抓手，提升高校辅导员自我素养

在互联网时代背景下，网络语言的盛行对高校辅导员的自我素养提出了新的要求和挑战。辅导员作为大学生思想政治教育的中坚力量，需要不断提升自身素养以适应这一新形势，从而更好地履行教育工作的职责。辅导员需要与时俱进，更新教育理念。传统的教育理念可能已经不能满足当代大学生的需求，因此辅导员需要关注网络语言的流行趋势，了解学生在网络上的表达方式和需求，以更好地理解他们的思想和行为。这样一来，辅导员能够更好地引导学生，使教育工作更贴近学生的现实生活。辅导员需要改进工作内容和方式，网络语言的兴起意味着信息传递的速度和方式发生了变化。辅导员可以利用这一趋势，更主动地与学生互动，使用网络平台传递重要信息和思想教育内容。结合网络语言，辅导员可以更迅速地响应学生的需求，提供帮助和指导，提高工作的时效性。辅导员需要加强自身的网络培训，提高网络运用能力和媒体素养，了解不同网络平台的特点和规则，熟练使用 QQ、微信、微博等

社交媒体工具，以及了解网络安全和隐私保护等方面的知识。只有具备有关技能，辅导员才能更好地与学生互动，有效地传达思想政治教育内容。辅导员还应从多个方面提高自我素养，提高教育和心理咨询的专业知识，以更好地应对学生的需求和挑战。同时，辅导员还应具备跨文化沟通的能力，尊重多样性，并且包容、接纳不同的思想和观点，以建立更加积极和开放的师生关系。

（二）以社会主义核心价值体系为引领，创新高校辅导员话语表达

新时代的高校辅导员需要不断创新自己的话语表达方式和内容，以满足当代大学生的需求，特别是在互联网时代网络语言的盛行下，如何以社会主义核心价值体系为引领，创新高校辅导员的话语表达成为一项紧迫的任务。高校辅导员可以充分利用新媒体工具，如 QQ、微博、微信等教育微平台，与学生进行互动。通过建立群聊和私信方式，辅导员可以更加贴近学生，倾听他们的声音和关切，了解他们的需求，提高信息传递的效率，同时也能让学生感受到关心和关注，从而更愿意参与思政教育活动。辅导员可以通过多媒体手段，如图片、文字、视频和音频，生动形象地诠释思想政治理论知识和社会主义核心价值体系。多样化的媒体形式更符合当代大学生的学习方式，能够更容易引起他们的共鸣。例如，可以制作精美的图文并茂的 PPT，结合案例和实际生活中的故事，将抽象的理论具体化，让学生更容易理解和接受。此外，辅导员还应该注重语言的生动性和亲和力。网络语言的特点是简洁、幽默、接地气，辅导员可以借鉴其中的元素，使自己的话语更加贴近学生，更容易被接受。当然，这并不意味着要放弃传统的思政教育语言，而是要在保持严肃性的前提下，灵活运用网络语言的特点，使思政教育更富有吸引力。最重要的是，辅导员需要深入理解社会主义核心价值体系，并将其贯穿于话语表达中。只有辅导员自己深刻理解和坚定信仰社会主义核

心价值体系，才能真正引导学生，让这一价值观念深深扎根于他们的心中。辅导员要重视以身作则的作用，成为学生的榜样，以自己的言行影响学生的思想和行为。

（三）建设校园文化，加强中国传统语言与文化教育

高校辅导员在当前的教育背景下，有着重要的任务，即加强对大学生的中国传统语言和文化教育，建设校园文化，让学生提高文化自信，弘扬社会主义核心价值观。必须认识到文化自信是价值观自信的基石，然而当代大学生的文化自信普遍缺失，该现象在一定程度上影响了他们对社会主义核心价值观的认同和理解。随着网络语言的流行，大学生对传统语言和文化的了解逐渐减弱，中国传统语言和文化的传承面临着危险。因此，高校辅导员需要积极参与培养学生的文化自信，帮助他们更好地理解和传承中国传统文化。高校辅导员可以借助校园文化建设，开展形式多样的大学生易于接受的传统语言和文化方面的系列活动，包括文化讲座、座谈会、竞赛等，以吸引学生的兴趣和参与。通过一系列的活动，学生可以亲身体验和感受中国传统语言和文化的魅力，增强文化自信。另外，高校辅导员还可以组织主题班会，深入探讨中国语言和文化的重要性和价值。学生通过讨论和交流，可以更深入地了解中国传统文化的内涵，激发对文化的热爱。辅导员还可以组织系列竞赛，并鼓励学生积极参与，以增强他们对传统文化的兴趣和认同。

（四）以线上线下结合为原则，强化大学生网络道德教育

在当今社会，虚拟网络空间已成为大学生情感宣泄和交流的主要窗口。然而，一些平日里表现正常的大学生在网络上却常常表现出低俗和粗鄙的言行，这不仅有损个人形象，还给其他经常上网的大学生带来了极大的负面影响。面对此现象，高校辅导员的任务之一是引导大学生维护洁净的网络环境，进行网络道德教育和法律意识教育。高校辅导员可

以通过日常生活中的教育疏导，教育学生不仅在公众面前要遵守文明礼貌，遵守社会公德，而且在个人独处时也要时刻铭记并遵守文明言行。自律教育有助于大学生提高自身的网络道德素养，增强他们在虚拟空间中的文明意识，使他们成为网络世界中的积极向上的力量。高校辅导员应积极鼓励和教育大学生在网络空间使用文明语言，进行文明互动和文明学习。大学生需要时刻谨记不浏览或传递不健康信息，不访问不合法、不健康、不文明的网站，自觉主动遵守网络文明公约。高校辅导员可以组织讲座、座谈会，以及开展网络道德教育的主题班会，向学生传达正确的网络行为准则和道德规范，帮助他们树立正确的网络价值观。高校辅导员还可以在法律意识教育方面发挥积极作用，邀请法律专家或警察等相关人员来校园进行法律知识的普及和宣传，让学生了解网络世界中的法律法规，明白言论自由并不等同于违法行为。通过法律教育，可以提高学生的法律意识，让他们在网络环境中更加自觉地遵守法律，维护网络的健康和谐。

（五）以学生意见领袖为榜样，监督与引导大学生文明使用网络

在当今社会，虚拟网络空间已经成为大学生日常生活的重要组成部分。然而，一些大学生在网络上的言行举止仍然存在不文明和低俗的问题，给网络环境带来了负面影响。为了引导大学生文明运用网络，高校辅导员可以采取一系列有效措施，其中之一是以学生意见领袖为榜样，监督和引导大学生。高校辅导员应该从学生中挑选出有潜力的优秀学生，并进行有针对性的培养。这些学生应该具备可爱、可信和可为的特质，能够在同龄人中树立较强的威信力和号召力。他们应该是网络中的积极分子，积极传播文明网络使用的理念，成为网络上的榜样。被培养的学生意见领袖可以在网络中充当引导者和监督者的角色，他们可以在网络上发布文明用语的示范，传播网络文明的重要性，并引导其他大学生改善他们的网络言行。由于这些学生意见领袖年龄和经历与其他大学生相似，因此他们的网络言行更具说服力和感染力，其他大学生更容易接受和模仿他们的行为，从而逐渐养成文明网络使用的习惯。学生意见领袖还可以与高校辅导员密切合作，在辅导员的指导下正确引导大学生文明运用网络。他们可以协助辅导员监测网络舆情，及时发现网络不文明行为并采取措施加以引导。他们还可以组织网络道德教育活动，促使更多的大学生参与到网络文明建设中来。

第三节　网络语境下高校辅导员工作语言的艺术及技巧

一、培养高校辅导员工作语言的亲和力

在当今高校网络化环境下，语言表达的艺术与技巧对于高校辅导员的工作至关重要。辅导员不仅需要具备专业知识，还需要通过语言亲和力来拉近与学生之间的距离，建立良好的关系，增强思想教育工作的效果。高校辅导员应思考在网络语境下，如何增强语言亲和力，以更好地履行辅导员的职责。语言亲和力是建立与学生之间良好关系的关键因素，辅导员作为高校教育工作的主要力量，需要时刻关注以学生为本的理念。有亲和力的语言表达可以让学生感受到辅导员的关心和理解，更容易与辅导员建立亲近的联系，从而消除心理障碍，还能够增进彼此之间的感情，为辅导员教育管理工作奠定良好的基础。有效的管理和教育方式源于与学生的良好沟通，辅导员需要通过语言来传达信息、指导学生，以实现教育目标。具有亲和力的语言表达能够让学生更愿意倾听和接受辅导员的建议和指导，使教育工作更加顺利。良好的沟通还有助于辅导员更好地了解学生的需求和问题，因此语言亲和力不仅是一种工作

技巧，更是心理基础，有助于建立良好的师生关系。在网络语境下，语言亲和力的培养尤为重要。网络交流通常是书面表达，辅导员需要注意书写的准确性和清晰性。同时，网络上的语言表达也需要更加亲切和尊重，因为书面文字容易被误解。辅导员可以通过使用友好、鼓励性的语言，表达理解和支持，来传递积极的信息。身为高校辅导员应充分尊重学生的观点和意见，给予他们充分的表达空间，以建立更加平等的交流关系。

在网络语境下，辅导员的语言亲和力显得尤为关键。辅导员通过网络平台与学生交流、分享资源，甚至进行职业规划和指导，具有亲和力的言行将潜移默化地影响到学生的思想和行为，特别是带有感情色彩的语言，往往会直接影响到学生的判断标准。因此，高校辅导员在网络语境下的语言表达必须具备亲和力，以确保学生更容易接纳和理解。辅导员的语言亲和力不仅体现在文字表达上，还包括口头沟通。通过网络平台进行在线指导时，辅导员的口头表达必须温和友善，充满理解和关怀。这样的语言态度可以建立起师生之间的信任，使学生更愿意分享问题和困惑，从而更好地接受辅导。辅导员的言行举止也应当体现亲和力，例如，在回复学生问题时，可以使用鼓励性的语言，积极肯定学生的努力和思考，从而激发他们的学习积极性。在分享资源和教育内容时，可以注重言辞的友好和尊重，以示对学生的尊重和理解。

二、提升语言的平等性与真挚感

在网络语境下，辅导员的语言表达必须注重平等性和真挚感，以建立融洽的师生关系，理解学生的需求和内心想法，以及准确地做出回应。通过提升语言的平等性和真挚感，辅导员可以更好地与学生沟通，增进师生之间的互信，体现对学生人格的尊重。一种有效的方法是使用第一人称的语言，例如"我们班、我们同学、我们大家、我的学生们"等，这种用词能让学生感到自己有一种归属感，认为辅导员充分认可他们，与他们地位平等。此种语言表达方式能够激发学生的主人翁意识，使他们更积极地参与和合作。辅导员还应该展现出对学生的理解和包容，与单一的说教式思想灌输相比，辅导员更应该采用一种理解、支持和鼓励的语言，这种方式更能触动学生的内心，产生共鸣。辅导员的人格魅力，正是通过平等、真挚的语言信息传达的。

三、塑造语言立体效果

基于网络语境，高校辅导员需要注意塑造语言的立体效果，以确保他们的言辞更加简洁明了、通俗生动、幽默风趣，呈现多方位、多层次的效果。幽默作为一种积极的表达方式，在此背景下尤为重要，它能够帮助辅导员更好地传达思想和情感，吸引学生的关注，增加信息的时效性和传播性。在网络语境下，语言的简洁明了和风趣生动更容易引起学生的兴趣，能够以通俗生动的方式表达人生哲理和职业规划。辅导员可以运用幽默风趣的语言，结合图片或其他多媒体元素，将重要的信息生动地传达给学生。与传统的严肃说教相比，此种方式更容易让学生理解和记忆所传达的内容。幽默也是一种有效的工作手段，在日常工作中，辅导员既要尊重学生，又要及时纠正他们的错误行为和思想。通过使用幽默的语言，辅导员可以更加简洁明了、重点突出地传达对学生的批评和教育，以生动入理的方式启发他们思考和反省，进而促使学生在轻松愉快的网络环境中接受批评和教育，警示自己，改正错误。

四、增强网络素质

在网络语境背景下，高校辅导员不仅需要提升工作的语言艺术与技巧，还需要不断充实自身的理论知识。理论基础是做好工作的前提，辅导员必须保持对时事热点的密切关注，关注学生的思想动态和时代特征，以便更好地引导学生，提供准确的指导和建议。辅导员可以充分利用丰富的网络信息资源，但在此过程中需要具备鉴别、筛选和分类信息的能力，这意味着辅导员不仅要了解各类信息，还要科学地进行归类和取舍，以确保向学生传递积极、健康、正确的社会导向。辅导员应当帮助学生理性地利用网络资源来丰富自身的生活和学习，提高综合素质。辅导员要以学生为本，因人而异，因材施教。他们应根据不同学生的特点和需求，提供政治性与哲理性相结合的指导和启发，激励学生健康成长。

辅导员的工作需要建立在爱心的基础之上，爱心仍然是做好辅导员工作的重要条件，尤其是在网络时代，辅导员需要更加关注和关爱大学生，借助网络平台了解他们的思想动态和需求。辅导员需要具备一定的网络知识，跟上时代的发展步伐，不断更新自身的知识储备和技能，包括深入了解学生熟悉的网络传播规律，熟练地与学生在网络上进行沟通和交流。只有这样，辅导员才能更好地理解学生，在网络上建立更加亲近的联系。辅导员可以利用技术手段，对不良信息进行拦截，对不健康领域加强访问控制，以维护学生的网络环境安全，创造一个更加健康和积极的网络氛围，有利于学生的成长和发展。另外，积极参与学生的活动，关心学生的需求，多站在学生的角度去考虑问题，都是增进辅导员与学生关系的有效方式。通过这种方式，辅导员能够赢得学生的信任，让他们感受到辅导员的坦诚和真挚。只有学生真正信任辅导员，辅导员才能更好地展开工作。

第六章　非语言交际在高校辅导员工作管理中的实践运用策略

第一节　非语言交际的界定

一、非语言交际的定义

非语言交际，作为一种广泛存在于人际互动中的交流方式，扮演着不可或缺的角色。尽管其重要性一直存在，但常常被低估或被辅之以次，非语言交际的定义和作用在近半个多世纪以来一直备受学者的争议和研究。非语言交际提供的信息量远远超过语言交际，非语言交际包括丰富多样的元素，如身体语言、面部表情、手势、眼神、姿态等。诸多元素在交际中扮演着重要的角色，能够传递出丰富的信息和情感。例如，一个人的微笑可能传达出友好和愉快的情感，而沉默或紧皱的眉头则可能暗示着不安或不满。非语言交际的重要性在于它提供的信息量，与口头语言和书面语言相比，非语言交际往往更直接、更真实，因为它是人类交际的天然组成部分。人们在交际中常常通过面部表情、姿态和声调等方式来表达情感和态度，这些信息对于理解对方的想法和情感至关重要。

非语言交际需要在特定的语境中进行，这意味着交际的环境和情境对非语言交际起着重要作用。例如，一个亲切的微笑在社交场合中可能表达友好，但在悲伤的场合中则可能显得不合适。因此，了解交际的背景和语境影响了正确解读非语言信号。非语言交际的信息对于交际双方都具有潜在价值，发送者通过非语言行为传达信息，接收者则通过观察和解释有关的信号来理解发送者的意图，相互的信息交流更加有助于建立深入的理解和更亲近的关系。

二、非语言交际的特点

（一）隐蔽性

非语言交际在人际互动中的作用十分关键，然而，它通常被忽视或低估，主要是因为它具有一定的隐蔽性。从习得的顺序来看，非语言行为早于口头表达和书面表达而出现。这些行为是潜在的、自发的，往往不受人为控制，反映了个体的内在情感和意图。隐蔽性的特点体现在非语言行为的细微和难以察觉上，有些非语言动作极为微妙，需要细致的观察才能察觉到，因此常常被忽略。比如，当一个人感到尴尬时，可能会轻微地脸红；当人生气时，可能会咬牙切齿；当人紧张时，可能会有口吃的现象。细微的变化往往逃过了人们的注意，但却传递着深层的情感和信息。

（二）真实性

语言是人际交往中的重要工具，分为口语和书面语，但它常常具有修饰和美化的特点，使得字面意义背后的深层含义难以准确判断。在这一点上，人们常常引用中国的俗语："百闻不如一见。"这句话意味着无论语言如何描述，都不如亲眼所见来得真实。因此，非语言交际在传递事物的原貌和真实性方面发挥着关键作用。语言交际是经过思维加工后产生的，输出者常常留给接收者很大的想象空间，使得信息的真实性难以确定。只有在面对面的交流中，通过观察非语言行为，人们才能更好地把握确凿的信息。例如，测谎仪器利用机器测试人类的生理反应，如心跳、呼吸速度、体温、瞳孔大小等微小变化以及行为动作，从而相对准确地判断被测试者是否在说谎。

（三）多维性

非语言交际是一个多维的概念，它并不是孤立存在的，而是紧密依赖特定的语境。在特定的语境中，非语言行为的表达通常是明确的，可以清晰地传达出信息。然而，一旦脱离了语境，非语言行为的含义可能会变得模糊不清，难以准确解读，从而无法实现交际的价值。因此，非语言交际必须紧密结合语境，才能真正发挥其辅助沟通的作用。人们在交际中不仅运用言语来传达信息，还借助表情、手势、身势、服饰、时间、场景、语速、语调、颜色、气味、化妆等多种手段来辅助沟通。非语言行为可能是有意识的，也可能是无意识的，而它们在不同的情境中传递出不同的信息。例如，当人们穿着正装、表情严肃时，可以理解这是一场商务谈判；而在休假时，人们倾向于穿着舒适的衣物，神情轻松。因此，非语言交际的有效性和表达力与特定的语境密切相关。

第二节　非语言交际对高校辅导员工作实效性的影响与作用

一、高校辅导员非语言交际的内涵与影响

高校辅导员的工作旨在教育和管理学生，有效的沟通与交流是他们最为常用的手段之一。在这个过程中，除了口头和书面语言的运用外，非语言沟通也扮演着重要的角色。非语言沟通包括身体动作、仪态、衣

着等多种形式，它是一种视觉语言符号，具有强大的影响力，对大学生的个人成长和发展起着积极的作用。高校辅导员通过非语言沟通管理，关注学生的学习和生活，为他们提供非语言艺术的启发和营养。非语言沟通与直接的语言交流不同，它可以通过肢体语言和动作行为在无意识的情境下引导学生形成正确的思想和情感。辅导员的非语言沟通方式能够使学生在特定场景中对其管理方式和行为表达产生认同感，从而体现出非语言沟通的教育性特点。通过与高校辅导员的沟通与交流，学生与辅导员之间建立情感联系，共情能力增强，加深了对辅导员工作方式和内容的认可。高校辅导员在语言沟通的基础上，融合非语言沟通的形式，以准确获取学生的信息和数据，制订个性化的教育和管理计划，提高工作效率，增强非语言沟通对于学生思想观念、行为规范以及情感和价值观念的正面影响。非语言沟通教育在协调解决学生和老师之间的矛盾时也发挥了积极作用，达到了非语言沟通的本质目的。

二、非语言交际在高校辅导员工作中的作用

非语言沟通在高校辅导员的工作中占有重要地位，它是一种直观且具体的语言符号，通过辅导员的行为、肢体语言、目光表达等方式，对他们的工作产生着不同程度的影响。高校辅导员利用非语言沟通能够深化学生的思想认知和行为，提高学生的心理健康素质。通过一些肢体动作、表情和态度，辅导员能够传达对学生的赞赏、认可或者对错误行为的坚决态度。非语言沟通方式有助于强化学生的社会行为准则和为人处世观念，为辅导员提高工作实效性创造了基础条件。现代社会的高校学生对于非语言情感交流有较高的需求，辅导员利用非语言沟通可以增进与学生之间的关系，建立与学生情感沟通和互动的纽带。亲近性的沟通方式有助于强化辅导员的责任意识，使他们更好地履行自己的职责。以非语言沟通为主，语言交流为辅的方式，可以最大限度地提高非语言沟通在教育和管理中的效果，提升辅导员的工作质量。然而，非语言沟

通也存在一定的双面性。一方面，它能够对学生产生积极的影响，帮助他们建立学习自信心，实现自我价值提升；另一方面，如果辅导员采用"一刀切"的方式，不考虑学生的个体差异，可能会限制有效的交流沟通。这可能导致辅导员的工作效率下降，甚至加剧教育和管理方面的矛盾。

三、高校辅导员运用非语言交际时应遵循的原则

（一）结合性原则

高校辅导员的教学与管理交流需要遵循结合性原则，即将非语言沟通与适当的语言艺术相结合，以丰富教学与管理手段，提高工作效率，确保实质工作内容的顺利展开。非语言沟通并不仅仅限于肢体、目光、情绪和态度等方式的交流，而是一个更加广泛的概念。辅导员在与学生交流时，可以通过肢体语言、面部表情、姿态和声音语调等多种方式来传达信息。然而，非语言元素需要与适当的语言表达相结合，以更好地达到教育与管理的目标，提高教育有效性。

（二）选择性原则

高校学生在性格特征和对教师教学管理的认同感上存在差异，因此，辅导员需要遵循选择性原则，根据学生的个性和思维方式，有针对性地选择适合他们的沟通方式，以提高学生的合作程度、学习动力，实现高校辅导员教育与管理水平的提升。每个学生都是独一无二的，拥有不同的性格、背景和学习方式。辅导员应该通过观察了解学生的个性特点，识别出他们对沟通和管理的偏好。有些学生可能更喜欢直接的、坦诚的沟通方式，而另一些学生可能更喜欢温和耐心的交流。通过根据学生的需求和性格特点调整沟通方式，辅导员可以建立更加积极的师生关系，更好地满足学生的需求。选择性原则还涉及识别学生的思维方式和

学习风格，有些学生更喜欢听觉方式的信息传递，而另一些则更适应视觉或触觉方式。辅导员可以根据学生的思维方式选择不同的沟通方式，强化沟通的针对性，以便更好地传达信息和指导学习。

（三）主体性原则

现代社会受到科技和文化的影响，学生的思想和意识形态呈现多层次且多元化。在此背景下，辅导员在与学生的沟通过程中可能会面临一定的困难，因为不同学生有不同的观点和价值观。因此，辅导员需要倾听学生的声音，尊重他们的意见，给予他们表达自己观点的机会。如此，能够增强学生的自信心，还可以促进他们更积极地参与沟通和决策过程。主体性原则还包括培养学生的沟通交流主体意识，辅导员可以通过引导学生思考、提出问题、参与讨论等方式，帮助他们意识到他们在沟通中的重要性和影响力。

（四）多样性原则

高校辅导员在与学生进行非语言沟通时，应遵循多样性原则，灵活运用不同的形式、类型和强度的非语言沟通方式，以促进有效的师生交流。非语言沟通具有很大的变化性，不同的学生和不同的情境可能需要不同的非语言沟通方式。高校辅导员应根据学生的实际情况和需求，选择适当的非语言沟通形式，如肢体语言、音调、表情等，以便更好地传递信息和建立情感联系。通过多样性的非语言沟通方式，学生能够更全面地理解辅导员的意图，提高沟通的顺畅性。与此同时，学生也应该积极参与非语言沟通的过程。他们需要明确自己的实际情况，并根据辅导员的非语言指导来加强自己的实践和探究。通过设身处地地考虑问题，建立与辅导员的信任感，学生可以更好地理解和回应非语言沟通。

第三节　高校辅导员工作中应用非语言交际的实践策略

一、保持辅导员仪容仪表，深化辅导员职业形象

辅导员作为思想建设的"领头羊"，应时刻注意保持整洁大方的仪容仪表，强化自身的职业形象，把握好与学生之间的关系，提高工作的有效性。辅导员的仪容仪表利于职业形象塑造，高校辅导员通常被视为学生的榜样和导师，他们的仪容仪表直接影响着学生对他们的看法。一位整洁大方、仪表得体的辅导员会给学生留下积极的印象，表现出职业性和专业性。相反，如果辅导员自己的仪容仪表不整洁或不得体，学生可能会对其失去信任，甚至质疑他们的职业素养。因此，辅导员应时刻关注自己的外表形象，确保整洁、得体，以强化自身的职业形象。辅导员的仪容仪表对学生的信任和沟通产生直接影响，当辅导员呈现出整洁大方的仪容仪表时，学生更有可能信任他们，并更愿意与他们建立积极的师生关系。信任是非常重要的，因为它可以促进有效的沟通和交流。当学生感到辅导员是一个值得尊重和信任的人时，他们更有意愿倾听他们的建议，积极参与辅导员的工作。因此，通过保持仪容仪表，辅导员可以提高学生对他们的信任程度，增进与学生之间的关系。辅导员的仪容仪表还可以通过示范积极向上的思想观念，促进学生的发展和成长。当辅导员展现出整洁大方的形象时，他们传达给学生的信息不仅是外表，还包括积极向上的价值观念。此种示范效应可以影响学生的行为和态度，使他们更愿意面对问题，及时协调解决问题，建立积极的自我形象。辅导员保持仪容仪表，可以向学生传递积极向上的思想观念，帮助他们更好地应对生活中的挑战。

二、辅导员面部微表情与肢体行为的合理运用

面部微表情与肢体行为是非语言交际中的重要元素，高校辅导员应该能够灵活运用它们，以更好地与学生进行沟通和管理。高校辅导员应思考如何合理运用面部微表情与肢体行为来提高非语言交际的效果，增强对学生的理解和支持。高校辅导员需要根据不同学生的性格特点和思维方式，合理控制和运用面部微表情。面部微表情是人们在瞬间表现出的情感信号，通常是无意识的反应。辅导员可以通过微笑、眉毛的抬升、眼神的交流等方式，向学生传递积极的情感信息，增强学生的认可度和学习兴趣。例如，当学生感到沮丧或焦虑时，辅导员可以通过微笑和关切的表情来安抚他们，使他们感到被支持和被理解。辅导员合理运用面部微表情，可以更好地与学生建立情感联系，帮助他们克服困难，提高学习效果。

肢体行为语言也是非语言交际的重要组成部分，辅导员可以通过肢体语言来强调或补充他们的言语信息，从而更好地传达沟通内容。例如，当辅导员想要强调某个重要观点时，他们可以用手势或动作来增强语言的表达力，让学生更容易理解和记住。辅导员还可以使用开放性的肢体姿势，如张开双臂或保持身体面向学生，来传递友好和接纳的信息。通过合理运用肢体行为语言，辅导员可以提高与学生之间的沟通效果，使学生更容易接受和理解他们的信息。另外，高校辅导员在非语言交际中应明确自己的责任，将非语言沟通与语言沟通相结合，以全面接收学生的沟通内容。辅导员应该倾听学生的言辞，同时注意他们的面部微表情和肢体语言，这样可以更全面地理解学生的需求和情感状态。例如，当学生说出一些困扰他们的问题时，辅导员可以通过观察他们的面部微表情和肢体语言来判断他们的情感状态，进而更好地提供支持和建议。通过细致化的分析，辅导员可以更好地理解学生，提高沟通工作的质量。

三、辅导员应懂得换位思考与善于倾听

高校辅导员需要懂得换位思考，将自己置于学生的角度。辅导员不仅要理解学生的思维方式和情感状态，还要反思和调整自己的行为、语言和情感表达方式，以更好地与学生建立联系。辅导员应该成为一名倾听者，积极聆听学生的声音，关注他们的需求和关切，了解他们的独特背景和情感体验。换位思考能使辅导员更好地理解学生的世界，提供有针对性的支持和引导，注入正确的文化意识和思想观念，从而提高学生的思维品格。高校辅导员应该善于倾听学生的意见和建议，充分认识到非语言交流的重要性。倾听不仅是听到学生说的话，还包括观察他们的面部微表情、肢体语言和情感状态。辅导员应该主动寻求学生的反馈，并积极回应他们的需求。通过倾听，辅导员可以更好地理解学生的感受和期望，建立起互信的关系，加强与学生之间的联系，提高工作效率。高校辅导员需要转换管理理念，从严肃威严的转向平易近人。非语言交流可以帮助辅导员更好地传达友善和支持的信息，使学生感到舒适和受尊重。辅导员应该成为高校管理团队中的合格倾听者，注重与学生建立积极和谐的关系，而不是仅仅强调纪律和严格的管理。通过转变管理角度，辅导员可以更好地满足学生的需求，提高工作效率，同时产生积极的影响。

四、加强行为引导，拓展沟通的渠道

在高校辅导员的工作中，语言交流不总是能够达到理想的效果，有时候需要更多地依赖非语言沟通来提高沟通效果。为此，辅导员可以采取一系列行为引导措施，拓宽沟通渠道，从而更好地满足学生的需求和提高工作效率。辅导员应注重激发学生的内在动机，深化沟通。非语言沟通在此过程中发挥关键作用，辅导员可以通过积极的面部微表情、肢体语言和情感表达，传递鼓励和支持的信息，深化沟通，帮

助学生理解彼此的思想和情感，从而实现内在转化。例如，通过面带微笑、眼神交流以及肯定的肢体动作，辅导员可以激发学生的积极态度，增强他们的自信心，引导他们积极面对学习和成长的挑战。辅导员鼓励学生时应该采用多样化的沟通方式，以满足不同学生的需求。每个学生都有自己独特的沟通方式和喜好，辅导员应该了解这些差异，并灵活运用非语言沟通工具。通过与学生建立更全面、细致的沟通，辅导员可以更好地理解他们的思想和情感，提供更精准的支持和指导。例如，对于一些内向的学生，辅导员可以采用温和的面部表情和肢体动作来建立亲近感，使他们感到更舒适和放松。对于外向的学生，辅导员可以采用更积极的非语言沟通方式，从而更好地引导他们的思考和行为。

五、重视学生的沟通反馈，加强后续追踪

学生的反馈是提高工作效率的宝贵资源，辅导员应当充分重视学生的沟通反馈，可以通过与学生的互动和讨论，收集他们的反馈意见，了解他们对非语言沟通的看法。也可以面对面的会谈、在线问卷调查、小组讨论等方式进行。通过积极听取学生的反馈，辅导员可以更好地理解他们的需求和期望，有针对性地调整自己的沟通策略，提高工作的质量和效果。沟通并不是一次性的活动，而是一个持续的过程。辅导员需要加强后续追踪，与学生保持联系，了解他们在沟通之后的变化和发展，后续追踪可以通过个人会谈、电子邮件、社交媒体等多种方式进行。辅导员可以通过跟踪学生的发展，更好地了解他们的需求，及时解决问题，帮助他们克服困难，实现自身目标。辅导员应该结合个人非语言沟通与集体非语言沟通形式，以保证沟通的新颖程度和多样性。在面对不同的学生群体和情境时，辅导员可以灵活运用非语言沟通技巧，以适应不同的需求和背景。例如，在与国际学生进行沟通时，可以借助肢体语言和面部微表情来弥补语言障碍，建立更紧密的

联系。同时，辅导员也应该深入挖掘非语言沟通的优势和特点，以提高沟通效率。这包括提高沟通的情感表达能力、增强信任感、建立亲近感等方面的技巧。辅导员需要坚持思想指导，确定师生非语言沟通的走向，避免潜在的思想问题。在非语言沟通中，思想和情感都扮演着重要的角色。辅导员应该通过积极的思想引导，帮助学生理解和适应非语言沟通的方式，防止不必要的误解和冲突。辅导员还应该关注学生的思想问题，及时采取措施解决潜在的沟通障碍，以确保沟通交流的顺畅和有效。

六、多角度进行非语言交际，调整学生心理压力与消极情绪

高校辅导员在与学生进行沟通交流时，需要考虑学生面临的教学和就业压力，以及由此可能引发的消极情绪和心理压力。非语言沟通在这方面可以发挥重要作用，辅导员可以采用多种方式来调节学生的情绪和缓解压力，帮助他们建立自信，改善心理状态。高校辅导员可以适当弱化语言沟通的不利影响，采用循循善诱的方式来引导学生。有时候，一句话或一种表达方式可能会触发学生的消极情绪，辅导员可以通过巧妙的非语言沟通来减轻这种影响。例如，通过面部微表情、肢体语言和声音的音调来传递鼓励和支持，以帮助学生建立自信，应对挑战和压力。非语言的积极情感表达可以改善学生的情绪状态，让他们更愿意积极面对问题。

非语言沟通涵盖了广泛的领域，辅导员可以多角度开展非语言沟通形式，不仅可以通过面部微表情和肢体语言来传递信息，还可以通过其他方式，如使用图像、图表、音频等，来进一步了解学生的信息和需求。多元化沟通方式可以更好地适应不同学生的特点和喜好，从而建立更加亲近和自由的交流氛围。辅导员可以通过正确的行为引导来改变学生的思想认知，加强与学生之间交流的深度和广度，消除隔阂，包括帮助学生塑造积极的思维模式，培养解决问题的能力，以及

提高自我认知和情感管理的技能。辅导员采用非语言沟通可以向学生传递有关信息，鼓励他们积极思考和行动，从而改善心理状态和情感体验。高校辅导员应该充分调动学生的主动性和积极性，建立平等和自由的交流氛围。学生在积极参与交流和决策过程中会感到更有动力，因此，辅导员可以通过非语言沟通来鼓励学生表达自己的意见和想法，让他们感到被尊重。

第七章 高校辅导员与学生之间交谈的对策研究

第一节 高校辅导员与学生谈心工作的开展

一、高校辅导员谈心工作的意义与作用

（一）利于建立良好的师生关系

大学生正处于一个特殊的成长阶段，他们逐渐拥有了独立的思想和观念，与家长之间的代沟常常变得较大。在此背景下，辅导员的角色变得至关重要，而通过有效的谈心工作，辅导员可以更好地了解学生的个人心理和想法，从而建立更加友好融洽的关系。谈心工作有助于消除学生与辅导员之间的隔阂。在大学生活中，许多学生可能会因各种原因而对教育管理者抱有一定的抵触情感，他们可能会觉得辅导员是纠察者或者处罚者。通过与学生进行言语上的交流，辅导员可以打破这种负面印象，向学生传递关怀和支持，让学生逐渐卸下不必要的戒备，愿意更加坦诚地与辅导员沟通。辅导员借助谈心工作，能够更好地鼓励和支持学

生。在大学生活中，学生可能面临各种挑战，包括学术压力、人际关系问题、情感困扰等。辅导员可以通过倾听学生的困扰和抱怨，为他们提供积极的反馈和建议，鼓励他们积极面对问题，增强解决问题的信心和能力。

（二）利于大学生身心健康成长

辅导员的谈心教育工作在潜移默化中影响了大学生的身心健康发展，辅导员开展经常性的谈心工作，能够及时发现学生可能存在的问题情况、个人困难以及学习上的阻碍和压力，从而有助于学生的全面成长。谈心工作有助于及时纠正学生心理和行为上的错误，大学生面临着各种挑战和诱惑，可能会出现焦虑、抑郁、适应问题等心理困扰。辅导员通过与学生建立信任和沟通的渠道，可以帮助学生识别并处理这些问题。当辅导员发现学生的心理状态出现异常时，可以及时提供心理支持和引导，帮助学生应对挫折和压力，从而促进其心理健康发展。谈心工作有助于解答学生生活中的难题，大学生在校园中面临各种生活问题，如人际关系、职业规划、家庭困扰等。辅导员可以成为学生的倾诉对象，倾听他们的烦恼和困扰，并提供建议和指导。通过与辅导员的交流，学生可以更好地厘清问题，找到解决方案，减轻内心的负担，身心健康发展。

（三）利于帮助学生解决实际问题

谈话的重要性在大学生活中不可低估，因为学生在成长过程中面临各种挑战和困难，需要有人关心和指导他们。辅导员与学生交谈，可以倾听他们的问题和困惑，理解他们的需求和期望。倾听能让学生感到被关心和重视，有助于建立互信关系。在与学生的谈话中，辅导员可以帮助学生识别问题的根源，并提供解决问题的建议和策略，包括学业上的困难、人际关系问题、情感压力等。辅导员可以在谈话中提供情感支持，鼓励学生表达他们的情感和感受。有时候，仅仅是有人倾听并理解他们的情感，就可以帮助他们减轻压力和焦虑。通过与学生交谈，辅导员可以帮助他们设定明确的目标，并规划达成这些目标的步骤。这有助于学生更有条理地解决问题，提高自我管理和计划能力。结合鼓励和积极的反馈，辅导员可以帮助学生建立自信，让他们相信自己有能力克服困难和解决问题。

（四）利于提升辅导员的能力素质

辅导员的能力素质直接影响学生工作的开展，不仅包括专业知识，还涵盖了人际沟通、心理疏导和问题解决等方面的能力。通过与学生的交流和谈话，辅导员有机会提升自身的能力素质，这对于他们在大学中更好地开展工作至关重要。辅导员通过与学生的交流，可以掌握沟通和谈话的技巧。与不同性格和背景的学生进行有效的沟通是一项重要的技能，不仅包括言语表达能力，还包括倾听和理解对方的能力。辅导员通过与学生的谈话，可以不断改进自己的沟通技巧，提高与学生之间的交流质量。大学生面临学生就业压力和情感问题，辅导员需要具备一定的心理疏导能力，从而更好帮助学生应对这些问题。通过与学生的谈话，辅导员可以学习如何识别和处理学生的情感问题，提供适当的支持和建议，帮助他们恢复心理健康。在与学生交流的同时，辅导员还可以提升自己的问题解决能力。学生在大学生活中可能会遇到各种各样的问题，包括学业、人际关系和生活等方面的问题，辅导员可以通过与学生的谈话，了解问题的根源，并提供解决问题的方法和策略，促使辅导员更好地开展工作，为学生提供帮助和指导。

二、辅导员对学生实施谈心教育遵循的原则

（一）平等原则

辅导员在进行谈心教育时，应秉持一系列重要的原则，其中之一是平等原则。平等原则利于建立积极的辅导关系和有效的交流。在谈心教育中，辅导员应该保持平等的心态，将学生视为与自己地位相当的伙伴，辅导员不应该展现出居高临下或傲慢的态度，而是应该以平等的姿态与学生交往。平等心态有助于建立互信，让学生感到自己受到尊重。在交流和沟通中，辅导员应以朋友的身份对待学生，不应采用简单的说教方式，而是应该建立友好的关系，以理解和支持的角度与学生互动。通过以朋友的方式接近学生，辅导员可以更好地了解学生的需求和问题。平等原则还要求尊重学生的人格和情感，辅导员在探讨做人和做事的道理时，应充分考虑学生的情感和个性特点，以入情入理的方式与他们交流，更容易让学生接受和理解教育内容。辅导员在帮助学生解决问题或排忧解难时，应以理服人、以情感人。这意味着辅导员不仅要提供理性的分析和建议，还要倾听和关心学生的感受，与他们建立情感连接。

（二）激励原则

激励原则是辅导员在谈心教育中的一项重要策略，有助于激发学生的积极性和创造力，帮助他们发掘自身潜力。辅导员在谈心教育中应该积极发现学生身上的优点和闪光点。每个学生都有自己的独特之处，辅导员可以在交流中留心观察，发现学生在学业、生活或社交方面的积极表现。当辅导员及时表扬并肯定学生的优点时，可以增强学生的自信心，激励他们更加努力和自觉地面对挑战。辅导员可以通过鼓励学生去追求自己的目标和梦想，提高他们的积极性。辅导员可以与学生分享真

实的成功故事和榜样的经历，让学生看到通过努力和坚持可以实现自己的梦想，激发动力，更有信心去追求自己的目标。辅导员还可以利用大众熟知的事例来进行教育和鼓励，引用一些公众人物或事件的例子，让学生更好地理解重要的价值观念和道德原则。此类案例故事可以生动地传递信息，引发学生的共鸣和思考，有助于塑造他们的价值观念和决策能力。

（三）不完全帮助原则

不完全帮助原则是辅导员在谈心教育中的一项重要原则，它强调了学生自主思考和解决问题的能力。在谈心教育中，辅导员不应急于为学生提供直接答案，而是要引导学生思考问题的根本原因和可能的解决途径。辅导员应该鼓励学生独立思考和探索问题，通过提出开放性问题，辅导员可以帮助学生主动分析和思考，从而提高他们的问题解决能力。辅导员可以采用启发式的方法来激发学生的思维，通过分享一些类似的经验或案例，让学生从中受到启迪，自己找到解决问题的思路。如此一来，能够提升学生的分析和判断能力，并且能够培养他们的独立思考能力。在谈心教育中，辅导员可以向学生提供一些参考资料、建议或引导他们去寻找适当的人或机构来获取更多信息和支持。辅导员鼓励学生主动寻求资源和帮助，可以培养学生主动解决问题的能力，让他们逐渐摆脱依赖性，更加自信地应对生活和学业中的挑战。

（四）保密隐私原则

辅导员在与学生谈心订应秉持保密隐私原则，保密隐私原则涉及学生的信任和个人尊严的保护。辅导员应该建立一个安全、互信的谈话环境。这种环境可以让学生感到放心，愿意分享他们的问题和困扰。辅导员应该表现出对学生的尊重和理解，强调谈话的机密性，明确告知学生他们的隐私将受到严格保护。这有助于建立辅导员与学生之间的信任关系，让学生敞开心扉。辅导员在记录和保存谈话记录时要十分谨慎，任何与学生的谈话记录都应该妥善存放，避免泄露学生的个人信息。辅导员需要明确了解学校和法律法规关于隐私保护的规定，严格按照要求处理谈话记录，确保学生的隐私得到保护。辅导员在与其他专业人员合作时也应当遵循保密原则，如果学生需要进一步的支持或引导，辅导员可能会与其他专业人员协作，但在此过程中，辅导员必须确保学生的隐私信息不被泄露。因此辅导员需要与其他专业人员建立明确的合作协议，共同承担保密责任。

（五）循序渐进原则

循序渐进原则强调了耐心、持续的关怀与引导，在辅导员的谈心工作中起着重要作用。辅导员应该明智地规划谈心工作，学生的问题通常需要时间，不可能通过一次短暂的交谈就完全解决。因此，辅导员应该制订一个合理的计划，逐渐深入了解学生的情况，建立起更深层次的信任关系。这需要辅导员有耐心，不急于追求立即的解决方案。辅导员需要认真倾听学生的心声，并通过倾听更好地理解学生的需求和问题。辅导员应该表现出对学生的真诚关心，鼓励他们分享内心的感受，不论是积极的还是消极的情感。学生的问题和情感状态可能会随着时间而变化，辅导员应该持续关注学生的变化，及时调整谈心的方式和内容。辅导员敏锐观察学生的心理变化，有助于更好地满足学生的需求，引导他们逐渐改变不良习惯和消极态度。不仅如此，辅导员还应该选择适当的时机进行后续谈心，不同的学生在不同的阶段可能需要不同的关怀和支持。辅导员应该灵活地安排后续谈心工作，确保在学生需要帮助的时候及时出现，直到问题得到解决为止，坚持不懈的支持有助于学生不断改变自己的不良习惯、消极心态和行为方式。

三、高校辅导员与学生谈心工作的有效开展

在当前形势下，对大学生进行谈心教育已经成为高校辅导员日常管理服务的一种有效方式，它为学生提供了全方位的思想教育，进而促进了大学生的政治思想水平提升。因此，高校辅导员需要掌握相应的工作方式和方法，将谈心教育工作置于重要位置，以实现学生思想政治教育的目标，助力学生更好地成长发展。

（一）做好调查研究，力争有的放矢

作为大学辅导员，了解并掌握学生的相关情况是保证谈心工作精准和高效的前提。为了达到这一目标，辅导员需要进行充分的调查和研究，以确保在谈心时能够准确地找到问题的症结所在，从而更好地帮助学生。辅导员需要提前了解家庭情况，包括了解学生的家庭背景、成长环境以及学习经历等方面的信息。通过各种登记表和学生的自我介绍，辅导员可以获取这些关键信息，从而建立更加全面的学生档案，为谈心工作提供有力的支持。了解学生的家庭情况可以帮助辅导员更好地理解学生的内心世界，从而更好地与他们建立联系。学生在校期间可能会面临各种各样的问题，如恋爱问题、个人成长问题、学业压力等。辅导员需充分了解学生在校的表现和遇到的问题，以便找准主要矛盾，明确谈心的目标。在此过程中，辅导员需要解决学生当前最迫切的问题，而不是贪多求全，精准解决一个问题比零散地处理多个问题更为有效。每个学生都具有独特的个性和心理特点，因此，在进行谈心工作时，辅导员还需要了解学生的个性特点，根据学生的个性特点采取不同的疏导和谈心方法。有些学生可能需要循循善诱，而有些学生可能需要更加直接的指导。辅导员需要根据学生的特点来选择合适的方法，以达到引导和激发学生的效果。谈心工作是一个长期的过程，其中可能会遇到各种挫折和困难。在谈心工作进展困难或陷入僵局时，辅导员需要有应对策略，

准备应急预案，以确保感情联系不中断，并为下次谈心工作保留火种，包括寻求其他辅导员或专家的帮助，采取不同的方法来解决问题。

（二）把握心理脉搏，实现共情疏导

在当今互联网时代，大学生获取信息的速度和范围都得到了显著提升。他们拥有更快的知识获取能力，但同时也面临着新的挑战和困惑。辅导员在进行谈话时，需要敏锐地把准学生的心理脉搏，做到共情疏导，以更好地帮助他们处理与价值观、思想观念相关的问题。随着大学生知识储备的增加，他们对新鲜事物的接受能力也更强。然而，大学生需要清楚认识到在学术知识上的积累并不等同于对社会现实的深刻理解。大学生通常是从一个相对封闭的学习环境过渡到一个更加自由的学习和生活环境，此过程中可能会遇到各种新的信息和观点。由于缺乏实践经验，他们在对待一些具有引诱性的事物时可能缺乏足够的判断力，容易受到不良信息的影响。每个大学生的世界观和人生观都是独特的，因此在处理问题时，他们的思考方式和价值观可能会有所不同。而此种差异可能导致他们在面临重大决策或困惑时缺乏全面性的思考，进而可能产生不良结果，如产生心理阴影或自信心下降。因此，辅导员在进行谈话时，首先需要建立起与学生的互信关系，让学生感受到自己是一个可以信赖的谈话对象。其次，辅导员需要倾听学生的声音，了解他们的思想、观点和困惑，尊重他们的个体差异，而不是简单地将自己的观点强加给学生。最后辅导员还可以通过提供信息、引导思考、提出问题等方式，帮助学生更好地理解和处理复杂的社会问题，进一步提高他们的价值观和思维观念。

（三）建立谈心计划，避免随性而为

辅导员在进行谈心教育时，绝不能随性而为，而是需要制订合理的计划和方案，选择适当的谈心时机，目的是确保谈心教育的有效性和针

对性，以更好地帮助学生面对困难和挑战。辅导员需要提前计划谈心的内容，且该计划应当有明确的目标和方向，而不是随意聊天。辅导员可以事先了解学生的情况，包括他们的学业、生活、情感等方面的问题，然后有针对性地选择合适的话题进行谈心。在谈话中，辅导员还需要根据学生的反应和需求，灵活调整谈心的内容和方向，以更好地满足学生的需求。选择适当的谈心时间至关重要，辅导员应该关注学生的情绪状态和表现，特别是在学生遇到困难、情绪低落或取得成绩时。在学生最需要关心和鼓励的时刻，辅导员的及时介入和支持会产生积极的影响。例如，当学生处于低谷时，辅导员的及时倾听和鼓励能够帮助他们克服困难，重拾信心。而在学生取得好成绩时，适时的赞扬和鼓励可以激发他们更大的动力，增强学生的成就感，培养积极乐观的心态。

辅导员可以主动与学生联系，了解他们的情况，关心和关爱他们，建立亲近的关系。尤其是对于一些性格较强的学生，辅导员可以采用耐心的方式，多次与他们交流，找到与之沟通的突破点，逐渐建立信任。辅导员要根据学生的个性特点选择适当的沟通技巧，对于性格急躁的学生，辅导员需要稳定他们的情绪，耐心解答问题，并积极帮助其解决困难。辅导员还可以选择从学生的优点入手，因为每个人都有自己的骄傲之处，能够认可和夸赞学生的优点有助于打破心理防线，建立更好的沟通关系。更为重要的是，辅导员应该读懂学生的内心世界，理解他们的需求和情感状态。只有真正理解学生的心情和情感，辅导员的话语才能够深入学生内心，产生积极的影响。因此，辅导员需要用心倾听学生的倾诉，关注他们的感受，以便更好地指导和帮助他们。

第二节　高校辅导员与学生有效谈话交流的对策分析

一、高校辅导员与学生谈话的重要性

（一）工作性质决定

谈话不仅是了解学生思想动态的途径，也是解决学生思想困惑和生活问题的有效手段。通过与学生建立密切的沟通，辅导员可以深入了解他们的需求和困难，为他们提供有针对性的帮助和指导。直接的互动方式有助于建立师生之间的信任和联系，使辅导员更好地开展工作。工作性质决定了高校辅导员必须具备出色的谈话技巧和教育能力，他们需要善于倾听，理解学生的需求，并能够巧妙引导他们思考和成长。在此过程中，辅导员不仅需要关注学生的思想问题，还需要关心他们的日常学习和生活困难，以确保他们在大学期间能够获得全面的支持和指导。

（二）工作对象决定

当前的大学生主体逐渐从"90后"过渡到"00后"，这一代学生的特点和需求在思想与行为上已经有了显著的变化。他们成长在互联网时代，具有更强烈的个性化和自我表达欲望，相对较少关注传统的集体观念。然而，与此同时，他们在信息获取方面拥有更多的机会，但也容易受到信息过载和信息虚假的困扰，这可能导致他们的困惑和问题。对于高校辅导员来说，了解并适应工作对象的特点至关重要。辅导员需要明白"00后"学生更加注重个性和自我，因此在与他们进行谈话时，需要采用更加开放、尊重个性的态度。辅导员可以鼓励学生表达自己的观点和想法，促使他们更好地理解自己。辅导员需要帮助学生处理信息过载和信息虚假的问题，在网络时代，学生可能会受到大量信息的干扰，而辅导员可以教导他们如何筛选和辨别信息的真伪，培养批判性思维。辅导员应该建立与学生的密切联系，以便更好地理解他们的需求和问题。而这需要辅导员具备出色的沟通和倾听技巧，建立信任和亲近感，以便学生能够毫不保留地分享他们的问题和疑虑。

（三）工作环境决定

随着网络化和信息化时代的来临，新媒体的广泛应用为大学生提供了更多获取信息和表达情感的途径。这种趋势既为高校辅导员的工作带来了新的挑战，又为他们提供了机会。在这种工作环境下，辅导员需要灵活应对，善于利用新媒体与学生建立联系，运用谈话技巧更好地完成工作。辅导员应认识到学生借助新媒体在网络世界中表达情感和倾诉心声的倾向，他们可能更愿意通过社交媒体、在线聊天等方式来与他人交流，因此辅导员可以主动利用这些渠道建立联系，向学生传递关怀和支持。辅导员需要提高自己在新媒体环境中的沟通技能，包括了解各种社交媒体平台的使用方式和特点，学会与学生进行在线互动，以及如何有效传递信息和建议。辅导员还可以积极参与在线讨论，为学生提供有益的信息和引导。辅导员应保持开放的心态，积极倾听和理解学生在网络世界中的声音。他们可能会在社交媒体上分享自己的困惑、疑虑和情感，辅导员可以通过关注学生的信息，了解他们的需求，并在必要时提供帮助和建议。

二、高校辅导员与学生谈话的原则

（一）尊重为先

从心理学的角度来看，每个人都有一种自尊心，一种渴望被尊重和认可的内在需求。这种自尊心驱使着人们追求自身的进步和发展，是积极向上的力量。因此，在与学生进行谈话时，尊重学生的人格和自尊心应该是辅导员的首要原则，能进一步与学生建立起良好的互动关系。尊重学生意味着要尊重他们的观点和看法，哪怕这些观点与自己的观点不同或者偏激。辅导员不应该在谈话中急躁或生气，更不能打断学生的发言，更不能仅仅以理性的方式反驳对方。相反，辅导员应该表现出耐心和关心，信任学生的判断力，耐心听取他们的意见，然后进行适当的引导和反馈。辅导员尊重的态度可以使学生感到被重视，有助于建立良好的沟通氛围。尊重学生还意味着要理解他们的接受程度，每个学生都有不同的背景和生活经历，因此对信息和观点的接受程度会有所不同。辅导员应该根据学生的特点和需求，以温和的方式进行引导和教育，避免过于强势或过于武断，从而更好地满足学生的需求，使他们在谈话中感到舒适和被尊重。

（二）事实作基

在与学生进行谈话时，事实是建立有效沟通和解决问题的基础。辅导员应当以客观的事实为依据，确保谈话的科学性和合理性。这不仅有助于进行思想教育工作，还有助于谈话的顺利进行，同时也彰显了辅导员工作的科学性。以事实作基的方法体现了对学生的人文关怀，当学生提出疑虑或问题时，辅导员应当以事实为基础，寻找合理和正当的解决方案，有助于满足学生的需求，为谈话的成功进行创造条件。对于不能立即解决的问题，辅导员也应当以事实为依据，诚实地向学生解释情况，并引导他们明白任何诉求的实现都必须以事实为基础，符合实际情况。以事实为基的方法也体现了辅导员工作的科学性，只有全面了解信息，掌握事实真相，辅导员才能更好地理解学生的内心，建立信任关系，并为成功的谈话打下坚实的基础。以事实为基还意味着在谈话中要就事论事，不与其他事情相比较。辅导员应当把握谈话的原则，同时也要有灵活性，根据具体情况进行分析和引导。

（三）耐心为辅

耐心倾听是一种修养，也是建立信任、解决问题的有效途径。在实际工作中，辅导员不管是主动与学生谈话还是应学生之邀，都应始终保持耐心和包容。耐心倾听可以有效建立信任关系，通常而言，学生来找辅导员谈话是因为他们面临问题或困扰，需要一个可以倾诉、理解和支持他们的人。如果辅导员能够耐心倾听，学生就会感受到被尊重和关心，从而更愿意与辅导员分享内心的疑虑和困难。信任关系的建立是成功谈话的基础，有助于更好地帮助学生解决问题。耐心倾听有助于深入了解学生的问题和情况，通过仔细聆听学生的话语，辅导员可以更好地理解学生所面临的挑战、思考方式以及情感需求。深入进行了解有利于辅导员提供更有针对性的支持和指导，帮助学生更好地应对困难和挫折。耐心倾听也有助于促进学生思考和自我认知，当学生得到充分的倾听和回应时，他们更有可能自觉地反思问题，寻找解决方案。辅导员可以通过巧妙的提问和引导，帮助学生自我探索，促进他们的思维成长。

三、高校辅导员与学生有效谈话交流的对策

（一）选择谈话的时机

在与学生进行谈话时，不同的时机会影响谈话的效果和学生的接受程度，可见，选择合适的时机至关重要。选择在事情发生后进行谈话通常是最常见的情况，这时，谈话能够迅速介入并防止问题进一步扩大。对于学生来说，及时的沟通可以起到警示作用，帮助他们认识到问题的重要性，避免侥幸心理。如果错过了这个时机，问题可能会变得更加复杂，难以解决。等待当事人情绪平稳后再进行谈话是针对那些情绪较为激动的学生，在问题发生后立即与他们谈话可能会激化

矛盾，因此等到他们情绪冷静下来后再进行谈话更为合适。此种时机下，辅导员可以更有效地与学生沟通，帮助他们分析问题，平衡利弊，寻找解决方案。第三种时机是在学生取得成绩的时候进行谈话，该时机可以用来巩固学生的正面改变，增强他们的自信心，激发更大的学习动力。通过及时的正面反馈和鼓励，学生将更有动力持续改善自己，取得更大的成就。当学生主动找辅导员进行谈话时，辅导员应该以倾听者和引导者的角色出现。学生在这种时机下，可能已经自己思考了问题，希望得到辅导员的建议和指导。辅导员应该倾听他们的需求，鼓励他们表达自己的想法，并给予恰当的建议，引导他们更好地理解问题并找到解决方法。

（二）选择谈话的地点

不同的谈话内容和性质需要不同的谈话地点，合适的环境可以增强谈话的效果和学生的舒适感。对于需要进行批评教育或处理严肃问题的谈话，通常可选择在办公室进行。办公室的环境通常会带来一种正式和严肃的氛围，有助于强调问题的重要性。然而，辅导员在这种情况下需要特别注意，要在态度上表现得和蔼亲切，以平等的姿态与学生交流，以减轻学生的抵抗情绪。在严肃的环境中展示亲切和理解，可以更好地引导学生接受批评并理解问题。对于涉及学生心理困惑或情感问题的谈话，选择合适的环境非常重要。辅导员在此种情况下，可以选择在轻松愉快的地方进行谈话，例如清幽安静的校园小路，帮助学生放松情绪，减轻焦虑感，打开心扉，分享内心的困扰。

（三）选择谈话的对象

谈话对象的选择是重点，不同类型的学生需要不同的谈话方法和关注点。综合素质不错的学生，如院系学生干部和三好学生等，通常表现出较高的学术成就和领导能力。与此类学生进行谈话时，辅导员应以正面的方式对待，充分肯定他们身上的优点和成就，鼓励他们继续努力。同时，辅导员也可以提出更高的期望，帮助他们不断进步，发挥出更大的潜力。一般的学生群体在学校中占据较大比例，辅导员对于此类学生应该给予足够的重视，进行有针对性的谈话。在谈话中，辅导员可以肯定他们的优点，同时鼓励和督促他们朝着更好的方向发展。正面的反馈和支持可以激励学生积极进取，提高自己。懒散、自由散漫的学生可能经常出现问题，针对这部分学生，辅导员需要提前采取措施，进行预防性的谈话。辅导员可以在学生还没有犯错之前找他们谈话，引导他们改进不良的学习和行为习惯。提前干预有助于减少问题的发生，维护校园秩序。对于曾经遭遇不幸事件的学生，辅导员需要保持敏感和关心。在与这类学生进行谈话时，辅导员应以同理心和关怀的态度倾听他们的经历和感受，同时提供必要的支持和帮助，防范不良事件的再次发生，并为学生创造更稳定和和谐的校园环境。

第三节　总结与展望

一、总结

（一）多元化需求

在高校中，辅导员是学生的朋友和导师，他们的工作对学生的成长起着至关重要的作用。在多元化的需求面前，辅导员的工作不仅仅是学业指导，更涉及情感支持、职业规划、心理咨询等多个层面。因此，辅导员需要不断扩展自己的知识和技能，以更好地满足学生的需求。面对多元化的学生需求，辅导员首先要具备丰富的知识储备和专业技能。除了掌握基本的教育学、心理学知识外，辅导员还需要了解相关的职业发展趋势、心理健康知识等，以便在学生遇到困难时提供专业的指导和帮助。在与学生的日常沟通中，辅导员不仅要了解学生的需求，还要及时发现学生的问题，并提供相应的帮助。这要求辅导员能够运用恰当的语言和方式，使复杂的信息简单化，让学生更容易接受辅导员的建议。辅导员需要帮助学生找到自己的兴趣和目标，引导学生实现自己的梦想。为此，辅导员不仅需要具有丰富的专业知识，还需要有一定的人际交往能力，能够准确识别学生的优点和不足，并采取合适的方法激发学生的潜力。良好的师生关系能够使学生在学习和生活中感受到辅导员的关心和支持，从而更好地成长。因此，辅导员需要在平时的工作中，主动与学生沟通，共同解决学生在学习和生活中遇到的问题。

（二）新媒体影响

在信息时代互联网和新媒体的蓬勃发展极大地改变了高校辅导员的工作模式。新媒体不仅为辅导员提供了更便捷的沟通渠道，还为学生的成长提供了更多元的支持与服务。辅导员的语言是信息传递的工具，更是帮助学生解决问题、实现梦想的重要载体。因此，辅导员要充分利用新媒体平台，运用适当的语言，更广泛地传达信息，为学生提供更多样的在线资源，同时也要通过互联网和新媒体平台与学生建立更紧密的联系。

新媒体时代的辅导员工作语言需要更加贴近学生的需求，在信息爆炸的时代，学生获取信息的渠道更加多样化，辅导员需要及时了解学生的需求，运用更符合学生接受习惯的语言，以最有效的方式向学生传递信息。辅导员的语言也要更加简洁明了，在互联网时代下，人们的注意力更加分散，因此辅导员在传达信息时要尽可能做到简洁明了，避免冗长的说教，使学生能够在短时间内接受并理解信息。传统的教育方法在新媒体时代已经不能完全满足学生的需求，辅导员需要不断创新自己的工作方法，运用新媒体的优势，发挥自己的创造力，为学生提供更有针对性的服务。互联网虽然提供了丰富的资源，但也存在很多不良信息，因此，辅导员在使用新媒体工具时，要引导学生学会辨别信息的真伪，养成良好的网络习惯。

（三）多元文化教育

在全球化的背景下，高校的国际化趋势越来越明显，国际学生的数量也不断增加。基于此，辅导员不仅要关注本土学生的需求，还需要培养跨文化的敏感性，帮助国际学生更好地融入校园生活。辅导员在与国际学生的沟通中，需要运用贴近学生文化背景的语言，尊重学生的文化差异，用包容的心态和学生建立良好的师生关系。只有如此，才能够真正地理解国际学生的需求，为他们提供合适的帮助。在与国际学生沟通时，辅导员需要注意使用简单、清晰的语言，避免使用地方方言或文化背景深厚的词汇，以免造成误解。同时，辅导员还要学会运用非语言的沟通方式，比如肢体语言、眼神交流等，更好地与学生建立联系。辅导员的语言是传递信息的工具，更是搭建跨文化交流桥梁的重要手段。因此，辅导员需要不断提升自己的跨文化沟通能力，了解不同国家和地区的文化背景，掌握不同文化下的沟通方式，用合适的语言为国际学生提供更加贴心的服务。

（四）个性化服务

在现代高校教育中，由于学生的个体差异越来越明显，辅导员需要跳出传统的服务模式，提供更为个性化的服务，在工作中运用语言的力量，深入了解学生的需求和特点，为学生量身定制计划，从而取得良好的工作效果。辅导员的语言不仅仅是传递信息的工具，更是与学生建立联系、了解学生需求的桥梁。辅导员在与学生的沟通中，要运用贴近学生的语言，尊重学生的个体差异，用包容的心态和学生建立良好的师生关系。通过深入的沟通，辅导员可以更好地了解学生的需求和特点，从而为学生提供更为个性化的服务。在提供个性化服务的过程中，辅导员需要运用精准的语言，明确学生的需求和特点，然后根据学生的实际情况，量身定制帮助计划。在此背景之下，辅导员不仅仅要有丰富的专业知识，更需要具备良好的沟通能力，能够准确把握学生的心理状态，用合适的语言为学生提供适时的帮助。在个性化服务的过程中，辅导员还需要运用积极的语言，激发学生的内在动力，帮助学生树立信心，克服困难，实现自我发展。通过积极的语言，辅导员可以让学生感受到被关注和被重视，从而增强归属感，更好地融入校园生活。

二、展望

（一）跨领域合作

在高等教育的未来发展趋势中，跨领域的合作将成为高校辅导员工作的重要组成部分。辅导员将不再局限于传统的辅导角色，而是需要更多地与其他专业人士如心理健康专家、职业规划师、国际事务专家等进行协作，从而为学生提供更全面的支持和服务。在跨领域合作的过程中，辅导员的语言能力尤为重要。辅导员需要通过精准、清晰的语言与其他部门的专业人员进行有效的沟通，共同探讨学生的需求，制定合适的辅导方案。同时，辅导员还需要运用专业的语言，向学生准确传达合作部门提供的资源和服务，帮助学生更好地理解和利用这些资源。在与心理健康专家的合作中，辅导员需要具备一定的心理学知识，能够运用专业的语言，与心理健康专家沟通学生的心理状态，制定合适的心理辅导方案。同时，辅导员还需要运用积极、鼓励的语言，帮助学生树立信心，克服心理障碍，保持健康的心理状态。在与职业规划师的合作中，辅导员需要运用专业的语言，与职业规划师共同探讨学生的职业兴趣和发展方向，制定合适的职业规划方案，并且应积极运用鼓励的语言，帮助学生树立职业目标，提升职业竞争力，实现职业发展。在与国际事务部门的合作中，辅导员需要具备一定的跨文化沟通能力，能够运用包容的语言，帮助国际学生融入校园生活，了解不同文化的价值观和行为规范，并运用积极的语言，帮助国际学生树立信心，克服文化差异带来的困难，实现文化的融合。

（二）数字化创新

数字化创新的浪潮正在改变着高校辅导员的工作环境和工作方式，虚拟现实、人工智能等前沿技术的应用，为辅导员提供了新的工具，使他们能够更好地服务学生，提高服务的效率和质量。未来的辅导员工作，将更多地依赖于这些技术，以实现更精准、更高效的服务。虚拟现实技术的应用，使辅导员能够模拟出真实的场景，为学生提供更为生动的辅导环境。未来，辅导员将更多地运用虚拟现实技术，创造出更多的模拟场景，以更好地满足学生的需求。辅导员需要更好地运用语言，将复杂的虚拟现实技术解释得通俗易懂，帮助学生更好地理解和适应这种新的辅导方式。人工智能技术的应用，使辅导员能够更好地分析学生的行为数据，更准确地了解学生的需求和特点。未来，人工智能将成为辅导员的得力助手，辅导员需要更好地掌握这一技术，以实现更精准的服务。在此过程中，辅导员需要运用专业的语言，与人工智能系统进行有效的沟通，获取更多的关于学生的信息。

（三）全球化视野

随着全球化的发展，高校正在成为一个文化多元的学术共同体，吸引大量的国际学生。辅导员应拥有全球化的视野，加强国际化教育理念，以更好地帮助学生适应多元文化的环境。在未来的高校辅导员工作中，语言将成为连接不同文化的重要桥梁。辅导员需要具备良好的语言沟通能力，能够用多种语言与不同文化背景的学生进行有效的沟通。辅导员需要运用语言，传递出包容和尊重多元文化的价值观，帮助学生更好地融入多元文化的校园环境。辅导员还需要运用语言将国际化教育理念融入日常的辅导工作中，向学生传授国际化的知识和理念，帮助学生建立全球化的视野，并运用专业的语言，向学生介绍不同文化的特点和价值，帮助学生更好地理解和尊重不同的文化。

参考文献

[1] 中共中央宣传部宣传教育局. 2021 最美高校辅导员最美大学生 [M]. 北京：学习出版社，2022.

[2] 蒋艳红. "一种"与"百种"的对话与牵手 [M]. 南京：南京大学出版社，2021.

[3] 夏吉莉. 高校辅导员核心职业能力研究 [M]. 昆明：云南大学出版社，2020.

[4] 陈静. 高校辅导员工作谈话中的身份选择研究 [M]. 南京：南京大学出版社，2020.

[5] 程树武. 高校辅导员工作机制研究 [M]. 南昌：江西高校出版社，2020.

[6] 郭霖，张美华，曾婧，等. 人际沟通与公众表达 [M]. 重庆：重庆大学出版社，2018.

[7] 贝静红. 高校辅导员队伍专业化发展研究 [M]. 武汉：武汉大学出版社，2016.

[8] 张玮琦. 高校辅导员谈话艺术研究 [D]. 长春：长春理工大学，2022.

[9] 郭娟霞. 高校辅导员亲和力提升研究 [D]. 兰州：西北师范大学，2022.

[10] 肖自立．高校辅导员形象塑造研究 [D]. 重庆：西南大学，2022.

[11] 张艺嘉．高校辅导员职业能力提升研究 [D]. 郑州：郑州大学，2021.

[12] 罗雄．高等学校时代新人培育研究 [D]. 湘潭：湘潭大学，2020.

[13] 张振卿．高校思想政治教育语言艺术运用研究 [D]. 重庆：重庆邮电大学，2020.

[14] 向伟．新时代高校辅导员素质及提升策略研究 [D]. 长沙：湖南师范大学，2020.

[15] 马婧．论大学辅导员的专业素养及其形成 [D]. 太原：山西大学，2010.

[16] 黄晓仑．高校辅导员与学生谈话方法运用研究 [D]. 武汉：华中师范大学，2008.

[17] 黄超群．浅谈高校辅导员语言魅力在班级管理中的作用 [J]. 大学，2022（2）：127–129.

[18] 张珊珊．基于人际语用学视角的辅导员谈心谈话工作实效提升探究 [J]. 陕西青年职业学院学报，2022（1）：16–19.

[19] 付琳．高校辅导员语言艺术化的路径研究 [J]. 科学咨询（科技·管理），2021（4）：10–11.

[20] 安江燕，张丽芳．高校辅导员谈心谈话技能提升实践探索研究 [J]. 河北农业大学学报（社会科学版），2020，22（6）：85–91.

[21] 顾盼盼．新时代辅导员工作的语言艺术研究 [J]. 科教文汇（中旬刊），2020（17）：41–42.

[22] 何小翠．浅议语言幽默性在高职辅导员工作中的应用 [J]. 产业与科技论坛，2019，18（21）：188–189.

[23] 肖汉仕，向伟．大学生对辅导员语言的接受研究 [J]. 高校辅导员学刊，2019，11（5）：14–20.

[24] 吴晓珊，郑汉斌．新常态下高校辅导员语言表达艺术研究 [J]. 传播与版权，2016（8）：140–141.

[25] 柳琦. 高校辅导员语言艺术感染力的应用 [J]. 现代交际，2016（14）：185-186.

[26] 李闪. 高校辅导员的语言艺术 [J]. 河南教育（高教），2016（2）：69-71.

[27] 洪剑儒. "语言是叶子，行动才是果实" [N]. 国际商报，2023-09-25（2）.

[28] 颜维琦. 探索新题材创造新语言 [N]. 光明日报，2023-09-24（9）.

[29] 姚飞，景艳. 修炼语言艺术 提高管理实效 [N]. 语言文字报，2023-09-13（7）.

[30] 李春燕. 媒体语言政策的问题与对策 [N]. 山西科技报，2023-09-12（A06）.

[31] 陈晓东. 数字技术与大语言模型时代 [N]. 中国社会科学报，2023-09-05（7）.

[32] 汪慧珍. 把握语言形式与情感表达的逻辑关系 [N]. 语言文字报，2023-08-30（4）.

[33] 练志闲. 打破语言障碍 建设更包容的学术界 [N]. 中国社会科学报，2023-08-18（3）.